个性化学习视域下
大学生思想政治教育创新研究

谷照亮 著

四川大学出版社

项目策划：杨岳峰
责任编辑：杨岳峰　吴连英
责任校对：吴近宇
封面设计：何东琳
责任印制：王　炜

图书在版编目（CIP）数据

个性化学习视域下大学生思想政治教育创新研究 / 谷照亮著. — 成都：四川大学出版社，2019.12
ISBN 978-7-5690-3455-4

Ⅰ.①个… Ⅱ.①谷… Ⅲ.①大学生－思想政治教育－研究－中国 Ⅳ.① G641

中国版本图书馆 CIP 数据核字（2020）第 014629 号

书名　个性化学习视域下大学生思想政治教育创新研究
GEXINGHUA XUEXI SHIYU XIA DAXUESHENG SIXIANGZHENGZHI JIAOYU CHUANGXIN YANJIU

著　　者	谷照亮
出　　版	四川大学出版社
地　　址	成都市一环路南一段 24 号（610065）
发　　行	四川大学出版社
书　　号	ISBN 978-7-5690-3455-4
印前制作	四川胜翔数码印务设计有限公司
印　　刷	成都市新都华兴印务有限公司
成品尺寸	170mm×240mm
印　　张	12.5
字　　数	240 千字
版　　次	2020 年 6 月第 1 版
印　　次	2020 年 6 月第 1 次印刷
定　　价	54.00 元

◆ 版权所有 ◆ 侵权必究

◆ 读者邮购本书，请与本社发行科联系。
　电话：(028)85408408/(028)85401670/
　(028)86408023　邮政编码：610065
◆ 本社图书如有印装质量问题，请寄回出版社调换。
◆ 网址：http://press.scu.edu.cn

四川大学出版社
微信公众号

前　　言

　　伴随着高等教育的全球化、信息化和现代化步伐不断加快，教育资源开始在国际上进行自由配置，各国教育资源相互交流，相互竞争，相互包容，相互激荡，共同促进世界教育的繁荣和发展。在这种形势下，国外的教学方法、教育理念不断涌入，加速了我国高等教育的改革进程。同时，随着知识经济时代和信息化时代的来临，教育信息化与现代化步伐不断加快，高等教育教学改革不断深化，传统的整体化、批量化人才培养模式被逐渐消解，个性化学习渐成潮流。

　　个性化学习的生成离不开网络的发展和普及，互联网改变了传统的学习方式方法，为学生提供了更加灵活的选择，使学习者可以根据社会需要与个人兴趣选择相关的课程开展学习，使因材施教和创新性人才培养变成了现实。与此同时，个性化学习也给高校思想政治教育带来了现实的挑战。

　　本书以大学生思想政治教育创新为自变量，以"个性化学习"为因变量，通过对高校思政教师、大学生、教学管理者和辅导员的深度访谈，对大学生的个性化学习进行深入分析。基于马克思主义人的全面发展理论、中国古代文化关于个性化知识学习的理论、建构主义学习理论、人本主义学习理论、多元智能学习理论等个性化学习的理论，立足大学生个性化学习在学习空间开放化、学习载体个性化、选课方式自主化和学习方式多样化等方面的表现，结合大学生个性化学习的开放性、主动性、交互性、情景性、人文性等特点，系统分析个性化学习对大学生思想政治教育理念、教育模式、教育内容、教育方法、教师队伍、教育评价等带来的机遇和挑战，进而从大学生思想政治教育理念创新、教育模式创新、教育内容创新、教育方法创新、教师队伍建设创新、评价机制创新六个方面探寻个性化学习视域下大学生思想政治教育的创新对策。

　　本书的研究一方面有利于帮助高校思想政治教育工作者把握个性化学习视

域下大学生思想政治教育的脉搏,掌握个性化学习视域下大学生思想政治教育工作的新方法,提高思想政治教育工作的实效性;另一方面有利于促进大学生思想政治教育理论研究的创新与深入发展。

目 录

第一章　绪　论……………………………………………………（ 1 ）
　　第一节　问题的提出……………………………………………（ 1 ）
　　第二节　研究意义………………………………………………（ 5 ）
　　第三节　研究现状综述…………………………………………（ 7 ）
　　第四节　研究目标、方法与创新………………………………（ 25 ）

第二章　个性化学习的基本理论…………………………………（ 28 ）
　　第一节　个性化学习的内涵及特征……………………………（ 28 ）
　　第二节　个性化学习的理论基础………………………………（ 35 ）
　　第三节　个性化学习的方式……………………………………（ 57 ）

第三章　大学生个性化学习的表现与特点………………………（ 60 ）
　　第一节　大学生个性化学习的表现　…………………………（ 60 ）
　　第二节　大学生个性化学习的特点……………………………（ 70 ）

第四章　个性化学习给大学生思想政治教育带来的机遇与挑战
　　　　　——基于实证研究……………………………………（ 74 ）
　　第一节　个性化学习的背景与现状……………………………（ 75 ）
　　第二节　目前个性化学习对大学生思想政治教育产生的效果………（ 81 ）
　　第三节　个性化学习给大学生思想政治教育带来的机遇……（ 84 ）
　　第四节　个性化学习给大学生思想政治教育带来的挑战……（100）

第五章　个性化学习视域下大学生思想政治教育的理念、模式、内容及
　　　　　方法的创新………………………………………………（127）
　　第一节　个性化学习视域下大学生思想政治教育理念的创新…（127）
　　第二节　个性化学习视域下大学生思想政治教育模式的创新…（134）

第三节　个性化学习视域下大学生思想政治教育内容的创新 ……… (138)
　　第四节　个性化学习视域下大学生思想政治教育方法的创新………… (144)

**第六章　个性化学习视域下大学生思想政治教育队伍建设方式方法与
　　　　　评价机制的创新**…………………………………………………… (151)
　　第一节　个性化学习视域下大学生思想政治教育队伍建设方式方法
　　　　　　的创新………………………………………………………… (151)
　　第二节　个性化学习视域下大学生思想政治教育评价机制的创新…… (159)

参考文献………………………………………………………………… (168)

附录1　访谈提纲（在校大学生）
　　　　——个性化学习给大学生思想政治教育带来的机遇与挑战…… (176)
附录2　访谈提纲（高校教学管理者）
　　　　——个性化学习给大学生思想政治教育带来的机遇与挑战…… (180)
附录3　访谈提纲（高校思想政治理论课教师）
　　　　——个性化学习给大学生思想政治教育带来的机遇与挑战…… (184)
附录4　访谈提纲（高校辅导员）
　　　　——个性化学习给大学生思想政治教育带来的机遇与挑战…… (188)
附录5　访谈对象编码信息表 ……………………………………………… (192)
附录6　致参与"个性化学习视域下大学生思想政治教育创新研究"
　　　　的受访对象…………………………………………………… (194)

第一章 绪 论

第一节 问题的提出

随着高等教育的全球化、信息化和现代化前进步伐不断加快,教育资源开始在国际上进行自由配置,教育学术化、个性化学习渐成热潮,各国的教育都在进行竞争,同时又相互学习、相互包容,共同促进了国际高等教育的交流与融合。

受遗传因素、文化背景以及成长经历的影响,世界上没有完全相同的两个学习者,正如世界上没有两片完全相同的树叶一样,每个人的学习就像他的指纹一样独特。联合国教科文组织国际教育发展委员会主持编写的《学会生存——教育世界的今天和明天》一书强调教育内容必须个性化,必须尊重个人的多样性和独特性,并指出"教师将来的任务是培养一个人的个性并为他进入现实世界开辟道路"[①],"应培养人的自我生存能力,促进人的个性全面发展,并把它作为当代教育的基本宗旨"[②]。21世纪是发展个性的世纪,注重个性培养已逐渐成为当代世界各国教育改革和发展的核心。

在个性化学习成为一种主流的学习形式时,我国的高等教育应该积极作为,从高校的办学目的、人才培养方案的制定、教学内容、教学手段和方法等各方面密切结合中国的实际,以接地气的方式来深入进行改革,使我国的高等教育与国际接轨,积极融入国际高等教育的大潮中,赶上国际发展的大趋势。在这种形势下,国外的教学方法、教育理念不断涌入,促进了传统高等教育的改革。同时,随着教育信息化与现代化步伐不断加快,我国高等教育改革和发

---

① 联合国教科文组织国际教育发展委员会. 学会生存——教育世界的今天和明天 [M]. 华东师范大学比较教育研究所译. 北京:教育科学出版社,1996:260.
② 联合国教科文组织国际教育发展委员会. 学会生存——教育世界的今天和明天 [M]. 华东师范大学比较教育研究所译. 北京:教育科学出版社,1996:248.

展迎来了更好的机遇，在知识经济时代和信息化时代，传统教育模式不再是固定的、一成不变的。新理论、新技术层出不穷，改变了传统的教学特点，传统的授课方式正在悄然改变，教学内容也在不断更新。这些都为大学生提供了更加灵活的选择，学习者可以在众多的课程和培训中选择自己需要和感兴趣的内容进行学习。此外，交互式教学的应用，使学生在学习过程中由被动的接受者变为积极的参与者。通过对学习深度、学习进度、学习内容、学习时间的选择和把握，可以使大学生在学习过程中更好地满足自身个性发展的需要。

个性化学习（Individualized Learning）是一种全新的学习方式和方法，它主要是针对传统的学习方式和方法提出来的，不但是现代教育理论的集中体现，更与我国目前的教育理念"不谋而合"。2005年我国全面实施基础教育课程改革的重点之一就是转变学生的学习方式，全面修订、完善大学生课程的新标准，创新设置大学生的实验实践课程，加强大学生的信息收集分析处理判断能力教育，进一步革新大学生教材以及大学生思想政治教育的评价机制，同时进一步改革各种考试制度，从而有序引导大学生建立良好的自主性学习方式，以更好地培养学生的创新精神和实践能力，促进学生全面和谐发展。针对不同的个体，选择合适的学习方式，设计个性化的学习方式，是这次改革的重点。同时，当前研究热门的一些教育理念，比如素质教育、创新教育、以人为本等，其核心思想体现的也是个性化教育和个性化学习。为此，借助改革的春风，学界对个性化学习的研究层出不穷，上至国家教育改革规划，下至微观课堂教学实践，从幼儿园到高等院校，个性化学习的研究在不同层面、不同层次上都备受人们关注，各教育机构和社会团体甚至企业都加入到这次改革的研究与实践浪潮中。

2016年5月25日，笔者在百度搜索引擎中，输入"个性化学习"可以找到的相关网页约11000000篇，输入"individualized learning"有英文网页145000个，围绕"个性化学习"相关的词条如个性化学习方案、个性化学习计划、个性化学习环境、个性化学习支持系统的网页也是不计其数。这么多的网页里面当然不乏重复转载的信息，但内容相同，出处不同，可见人们对个性化学习研究的热衷。

伴随这种研究热潮，笔者试图通过查阅大量文献，对一些学者研究的相关内容进行初步分析，以期为"个性化学习视域下大学生思想政治教育创新研究"做一些基础性铺垫，从大量的信息中概括提炼，澄清思路，用以预测未来研究的新动态和新趋势。

大学生的个性化学习与教师的个性化教学是密不可分的，大学生的个性化学习是以自我的特点和方式为基准，教师的个性化教学是教师针对学生的不同需要而进行的，所以个性化的学习是大学生与教师之间一个教学相长的过程，教师和学生就成了个性化学习的两个主体。早在春秋时期孔子就提出了"因材施教"的教育理念，他曾说过："生而知之者，上也；学而知之者，次也；困而学之，又其次也；困而不学，民斯为下矣。"多元智能论的创造者霍华德·加德纳提出了"个性化教育"的设想，表示要注重学生个体间的差异性，强调教育者需要在了解受教育者的心理需求、兴趣爱好的基础上采取不同的教育方式。

在教育家的理论研究以及提出的教育理念的基础上，结合我国当前高校的教育实际，可以看出，个性化学习在我国高校越来越普遍。老师在实施个性化教学的过程中，会结合大学生的学习效果差异而进行差异化的备课、授课并布置课后作业。具体来说，从讲授的策略、课堂的组织形式、期末考试的考核方式和对每个学生的评价都会充分考虑大学生的学习效果差异才予以实施。学习者的个性化表现为学习者在教师实施个性化特征的教学活动中体现出的自我的个性需求——不同的学习需要、不同的成长需求等。具体来看，个性化学习的个性化倾向主要表现为以下五点。

一是学习时空的个性化。在个性化学习下，学习者可以自由选择学习的时间与地点。"同班不同学、同学不同班、同班不同寝、同寝不同班"的现象更为突出，它们给传统的以班级、宿舍为单位的大学生思想政治教育管理模式带来了挑战。

二是学习进度的个性化。每个学习者可以结合自己的实际情况，主动调节自己的学习进度和学习的强度等，相对于传统教学来说，学习者可以更为主动地掌握学习的范围和内容，找到适合自己的学习方式。学习基础好的学生可以加快学习，在完成了既定学习任务后，还可以增加学习的任务；学习差一点的学生可以适当减少自己的学习量，但是可以适当提高学习的频率。

三是学习内容个性化。学习内容的个性化可以表现为三个方面：首先，让学生根据自己的学习兴趣自由选择要学习的课程，学分制导致选课自主化，大学生选修课就是该理念的一种体现。其次，某一课程中具体的学习内容也呈现出个性化，包括学习的方式和方法，学习内容的难易程度、重难点提示、详略的程度，案例教学的针对性等，这些都可以做到因人而异。最后，教学内容的个性化要求思政课教师在教学中不能再"照本宣科"，而应不断更新和拓展教学内容。

四是学习模式的个性化。现在的学习模式除了传统的讲授模式，还有新兴的自我探索学习模式、合作学习模式等各种学习模式。总体来看,这些新兴学习模式就是要求学习者结合自己的个性特征,主动去寻找自己喜欢的学习内容,并主动去找老师和同学互相学习、探讨和交流,师生可以一起完成个性化学习的任务。相对于传统思想政治教学中的"说教式""灌输式"方式,个性化学习视域下,教师必须对传统的教学模式进行改进与创新。

五是学习评价的个性化。在个性化的学习中,学习效果的评价是非常重要的一个环节,这直接关系到个性化学习实施的成败。在个性化学习评价中主要有两种评价形式,即过程性的评价和结果性的评价。针对不同的学习者,针对不同学习者的个性需要和特点,可以制定定性与定量相统一的评价指标体系,改变以往的单一评价方式,这样可以使得评价的主体多元化,评价的方式也会不同,但评价的目的都是一样的。

个性化学习的出现,对大学生思想政治教育创新提出了更高的要求。

首先,教育的全球化、信息化与现代化的发展,对传统的思想政治教学方法带来了新挑战。长期以来,我国高校的思想政治教育沿袭的是苏联"凯洛夫式"的"讲解-接受"的教育模式,教师按照"你听-我讲"的模式进行"传道授业解惑"。该教育模式产生于 20 世纪 30 年代,是适应当时人们的思维方式与教育科学基本理论的需要而产生的。然而,随着时代的变迁,受西方思想意识形态的影响,学生思想的多元化、意识形态的多样化现象日益突显。且随着现代信息化技术的广泛应用,学生对新型教学手段的需求日益迫切,在这种形势下,传统的枯燥的单一讲解和理论灌输为主的教学方式无法有效激发学生的主观能动性,一定程度上造成了高校思想政治理论教学质量不高,学生学习效率下降的情况。这些都要求高校必须对传统的教学方法进行改进。

其次,教育的全球化、信息化与现代化的发展,给传统的思想政治教学内容带来了新要求。传统的高校思想政治教学以教材为唯一的"范本",在教学过程中"照本宣科",而随着教育的全球化、信息化与现代化的推进,知识海量化、碎片化特征突显,要求教师不能再以"教材为纲"、以自身的教学为本位,而必须树立"学生本位"和"学生主体"意识,对教学内容进行有效拓展。在教学过程中,以启发、引导为主,以讲解为辅,突破时间与空间的限制,打破体制与机制的藩篱,只有为学生提供更加丰富多彩、引人入胜的教学内容,才能激发学生的学习兴趣,创设学生自主学习的良好氛围。

第三,教育的全球化、信息化与现代化对传统思想政治理论教学的教学评价提出了改革的新思路。传统的思想政治理论教学采用单一的"以分为标准"的评价方式,而在新时期,学生思想政治理论课所得分数的高低,难以全面地反映出学生真实的思想状态以及是否具备正确的政治认知，这就要求教师引入更多的评价主体，将传统的单一化评价转变为多元化评价，将终结型评价转变为形成型评价。

《国家中长期教育改革和发展规划纲要（2010—2020年）》提出，要不断更新高校大学生思想政治教育的教育理念、目标、方法、手段、内容和途径，充分认识高校大学生思想政治教育规律，进而从政策层面对高校思想政治教育主体合作提出了新的要求，推动了高校思想政治教育主体理论研究和实践创新。中共中央、国务院《关于进一步加强和改进大学生思想政治教育的意见》中指出："高校的思想政治理论课要广泛联系大学生的思想实际，坚持政治理论教育与社会实践相结合，坚持解决思想问题与解决实际问题相结合。"[①] 一段时间以来，由于高等教育教学方式的急剧变化，特别是个性化学习的出现，对大学生思想政治教育进行创新已成为高等教育改革发展中的一项重要课题。

第二节　研究意义

在个性化学习视域下，研究思想政治教育如何与时俱进、开拓创新，以适应高等教育教学发展的需要，无疑具有重要的理论价值与实践意义。

一、理论价值

其一，有利于拓展高校思想政治教育的研究领域。将个性化学习视域下的思想政治教育创新作为研究对象，将促进高校思想政治教育的研究由"宏观研究"不断向"微观领域"拓展，推进"宏观问题微观化""抽象问题具体化"。

其二，有利于丰富大学生思想政治教育的内容。本书在个性化学习视域下，研究大学生思想政治教育的创新，有利于强化关于大学生思想政治教育各个层面问题的"立体式""系统性"认识。

其三，有利于改进和完善大学生思想政治教育方法。当前，大学生思想政治教育方法是思想政治教育学科一直以来关注的前沿问题。大学生思想政治教育学科建立以来，在方法理论体系方面已经比较完善，在一些理论观点、教育的方式和方法方面都形成了一致的看法。然而，在工作实践中，对于思想政治

---

① 国务院办公厅.关于进一步加强和改进大学生思想政治教育的意见［N］.人民日报，2004-10-14（3）.

教育方式方法的运用和创新还有待改进和加强，在对教育案例的分析上也存在不同程度的经验主义现象，成熟、完善的大学生思想政治教育方法还需要不断探索。尤其在当下个性化学习中，更应该利用当今信息化的潮流，创新大学生思想政治教育的方式和方法，将个性化学习主动纳入大学生思政教育的范畴。

二、实践意义

研究个性化学习视域下大学生思想政治教育创新具有非常重要的实践意义，主要体现在以下几个方面：

第一，这是信息化时代的现实需求。伴随着信息化时代的到来，计算机和手机已经被大学生广泛运用，从原来的手机短信、网上聊天到现在的微信、微博、微电影、网上购物等，个性化学习和新媒体正逐步改变着大学生原有的学习和生活习惯，对大学生思想观念、道德品质的形成产生了重大影响。因此，只有保持虚心学习的姿态、刻苦钻研的精神、不断创新的动力，认清形势，把握个性化学习视域下大学生思想政治教育的脉搏，掌握新的工作方法和技巧，才能为大学生思想政治教育工作打开新局面。[①]

第二，这是大学生思想政治教育直面挑战与把握机遇的需要。大学生思想政治教育面临的挑战主要包括以下三个方面：①个性化学习视域下新媒体信息的多样性使得教师原有的主体地位和权威性受到冲击；②新媒体传播的开放性给大学生思想政治教育带来全新挑战；③个性化学习对思想政治教育队伍的素质和能力提出了更高的要求。在带来挑战的同时，个性化学习也给大学生思想政治教育带来了很多的机遇，主要包括以下五个方面：①个性化学习为大学生思想政治教育的开展搭建了更加广阔的平台；②个性化学习为大学生思想政治教育提供了新的传播载体；③个性化学习可以让大学生思想政治教育中的师生互动，做到信息实时传递；④个性化学习对大学生思想政治教育实效性的增强是有利的；⑤个性化学习可以将大学生思想政治教育的各种力量进行有机整合，形成思想政治教育的合力。所以，深入认识和把握个性化学习对大学生思想政治教育带来的机遇和挑战，对我们开展大学生思想政治教育是有非常重要的意义的。

第三，这是提高大学生思想政治教育实效性的需要。高校作为国家培养人才的重要机构，要坚持教书育人、管理育人和服务育人的"三育人"模式。在传统的大学生思想政治教育方式中，那种单向传输、一对一、面对面的育人模

---

① 韩剑锋，孟明亮. 网络思想政治教育研究综述［J］.消费导刊，2009（5）：157－157.

式无法适应新时代的要求。传统的大学生思想政治教育的宣传方式主要是做报告、发材料等，由于场地受限，参加的大学生人数不多，所以能覆盖到的面也比较窄。个性化学习使高校思想政治教育突破了时空的限制，影响力逐渐增强，使思想政治教育效果得以进一步优化。首先，有利于提高思想政治教育工作的效率。思想政治教育与新媒体的有机结合，可以充分发挥个性化学习开放性、交互性、及时性、共享性的优势。此外，个性化学习中信息的高储备量，可以充分满足大学生多样化的信息学习需要。逼真的试听效果，实时的视频互动，这些都能增强个性化学习的趣味性，有利于提高大学生学习政治理论的热情，有效促进大学生主动学习。其次，有利于提高网络思想政治教育效果。大学生网络思想政治教育是有自身特点的，网络思政教育的时空特殊、界面友好、环境开放，教育过程的互动性和实时性等都有利于提高大学生思想政治教育的效果。最后，这是深化高校思想政治教育研究的现实需要。随着手机媒体、数字电视、网络直播等新的个性化学习载体和平台的快速发展，传统思想政治教育方式已经不能很好地适应现实发展要求。大学生群体出现的新情况、新问题急需要解决，这就使个性化学习视域下大学生思想政治教育的研究变得十分有必要。① 高校思想政治教育研究，以前主要研究大学生思想政治教育的方式和方法，包括一些基本的理论、原理、方法、平台、途径以及保障机制等，而以个性化学习为出发点，全方位、多角度研究大学生思想政治教育却比较少。本书根据个性化学习的自身特点，深入分析个性化学习对大学生思想政治教育的影响，同时以马克思主义理论为指导，运用传播学、伦理学等多学科知识，探索个性化学习视域下大学生思想政治教育的创新途径和具体举措。

第三节 研究现状综述

一、国内研究现状

近年来对大学生思想政治教育创新研究的成果较多，但将个性化学习与大学生思想政治教育创新相联系的研究成果相对较少。2014 年 12 月，笔者在万方数据查询中心，以"思想政治教育创新"为检索词，发现有 2363 篇论文；但以"大学生思想政治教育创新"为检索词，发现相关学位论文仅有 604 篇。笔者在中国知网（CNKI）上分别以"全文""主题""关键词""篇名"等为

---

① 姜恩来. 新媒体环境下的大学生思想政治教育 [J]. 思想政治教育，2009（10）：59—61.

检索项对"个性化学习""大学生思想政治教育""大学生思想政治教育创新""个性化学习视域下大学生思想政治教育创新"进行了检索,其检索结果分布情况如表1.1所示。

表1.1 截至2014年12月在中国知网检索"个性化学习"与
"大学生思想政治教育创新"等相关论文情况 （单位：篇）

检索项	个性化学习	大学生思想政治教育	大学生思想政治教育创新	个性化学习视域下大学生思想政治教育创新
全文	109418	320832	214907	30981
主题	1574	71604	23575	267
关键词	579	1760	2	0
篇名	642	62012	15105	80

从以上的检索结果可以看出,当前,国内对思想政治教育高度重视,从中央领导到专家学者,理论探讨与实践探索的成果可谓非常丰富,发表的论文数量较多。但是,个性化学习视域下大学生思想政治教育创新的研究成果比例稍显偏低,系统深入的研究成果数量较少。

（一）关于个体特点的研究

个性化学习的根本目标是让每个学生个体获得发展,个性化学习能否有效实施,关键看是否适应了学生的个性差异。个性化学习主要应适应学生个体的四种差异：

1. 适应学生的学力差异

学力是指通过学习获得的能力。学力一般包括两个方面,即基础学力和潜能学力。学生的学力差异主要反映在基础学力上。日本学者安藤慧在考察日本学生学力现状时发现"属于下位等级的学生与其他等级的学生的学力差异是相当明显的"[①],这表明,学生的学力差异是普遍存在的。由于学校习惯以班级为单位组织教学,教学单位是长期固定的,不仅班级间会产生学力的差异,而且班级内学生之间也会产生学力的差异。日本教育改革倡导的个性化学习,其

---

① 转引自刘学智,范立双. 日本中小学教育中的个性化学习：经验、问题与启示[J]. 比较教育研究,2006（2）：13—17.

重要目标就是要改变集体教学划一性造成的学力差异，满足学生对学力发展的个性化需求。

2. 适应学生的兴趣差异

日本学者加藤幸次认为："兴趣是学习活动的全部，有了学习的兴趣就能超越一切困难去完成学习的目标。"[①] 兴趣是学生学习走向成功的关键点，个性化学习实施的首要条件就是唤起学生的学习兴趣和学习的积极性。一般而言，个体的个性化是以兴趣、积极性的形态表现出来的，学校教育的视点就是关注学生的兴趣。但是学生的兴趣是很不相同的，整齐划一的集体教学范式并不能很好地依据学生的差异性兴趣去组织学生学习，学生的个性化发展目标难以实现。因此，日本在实施个性化学习过程中，把唤起每个学生的学习兴趣作为课程实施的核心要求，以保证个性化学习的效能化。

3. 适应学生的学习适应性差异

研究发现，影响学生学习速度的因素不仅有学力、学习的必要时间，学生的学习适应性也是不容忽视的要素。学习适应性是指学生的学习方法、思维方式以及认知特点等对学习的影响水平。个性化学习范式的实施应顾及学生的学习适应性，要把学习方法的类型和认知的类型的适应性作为焦点，从而适应学生的个性去展开学习。许多国家为解决学生学习适应性问题，进行了多方面的实践：如开发适应学生多样化学习方法的学习资源，学习的场所向学生全面开放等，以满足学生学习适应性的差异性要求。

4. 适应学生的生活经验差异

学生获得生活经验的方式是多元的，学校、家庭和社会都是学生生活经验的源泉。学生的学习兴趣、爱好的形成，不是凭空产生的，而是与学生的生活环境、家庭背景、教师经验、价值取向密切相关。因此，个性化学习必须针对学生的个体生活经验展开。[②]

[①] 转引自刘学智，范立双. 日本中小学教育中的个性化学习：经验、问题与启示 [J]. 比较教育研究，2006（2）：13—17.

[②] 刘学智，范立双. 日本中小学教育中的个性化学习：经验、问题与启示 [J]. 比较教育研究，2006（2）：13—17.

（二）关于个性化学习的研究

对个性化学习的研究首先涉及概念的内涵，综合各种文献笔者将个性化学习的概念大致分成以下几种：

1. 把个性化学习认定为一种学习或学习方式、活动

田晓辉（2007）就个性化学习指出，个性化学习是指根据学习者的个性特征实施教育活动，充分发挥学习者的主动性，在促进学生全面、自由、协调发展的基础上，促进学生个性的发展、潜能（特别是优势潜能）的开发，并指出个性化学习是一种探索性学习，一种实践性学习，一种创造性学习。①

杨南昌（2003）将个性化学习定义为：个性化学习是指根据学习者的个性特征实施的学习活动，是根据学习者个别所需提供最佳的学习方法和策略，它是在教师或学习者组成的小团队中开展的一种学习方式。②

刘学智（2006）认为，个性化学习是指以学生个性差异为基础，以促进学生个性发展为目标的学习范式。③

宋茜（2002）认为，对个性化学习的表述有两种方式：个别化学习、适应性学习。个别化学习主要是指一种学习的组织形式，与个性化学习的内涵有一定差别，但由于个性化学习与个别化学习这种教学组织形式是紧密联系的，所以 individualized learning 在许多地方应用时具有这两方面的含义。individualized learning 比较强调个性化学习，美国在20世纪70年代就有一个称为 PIL（Program for Individualized Learning）的计划。适应性是心理学上的术语，指个体的大脑能迅速且持续适应其所处的环境，提高对经常性刺激的敏感度，学习系统根据不同学习者的特点提供满足学习者个体需要的学习或者说学习系统能适应学习者的需要，这也就是适应性学习系统。从适应性学习系统的特点来看，适应性学习系统提供给学习者的就是一种个性化学习。④

王华容（2006）将个别化学习、个体化学习、个性化学习视为同一概念，她指出个别化学习，又称个体化学习、个性化学习，是指学习者根据自己的学

---

① 田晓辉. 基于WEB的个性化学习系统在远程教育中的应用研究[D].西安：陕西师范大学，2007：27.
② 杨南昌. 基于多元智能（MI）的个性化学习研究[D].南昌：江西师范大学，2003：17.
③ 胡德维. 新西兰教育部长论个性化学习及其对教育的重要性[J].基础教育参考，2006（10）：28-30.
④ 宋茜. 基于网络的个性化学习系统研究[D].上海：上海师范大学，2002：13.

习风格，在个性化的学习环境中进行的自主性学习活动。①

2. 把个性化学习认为是一种理念

邓晖（2003）指出，个性化学习是指以承认学习者在社会背景、智能背景、态度价值、情感和生理等方面存在个别差异为前提，努力使学习者的个性特征与学习环境之间达到一种平衡，使学习者的素质得到全面提升，实现培养具有完善个性的人的一种教育理念。②

3. 组合型

李广（2005）等人将个性化学习的含义概括为以下三个方面：第一，个性化学习是指针对学生个性特点和发展潜能而采取恰当的方法、手段、内容、进程、评价方式，促使学生各方面获得充分、自由、和谐发展的过程。第二，个性化学习强调学习过程是个性展现和养成的过程，也是自我实现和追求个性化的过程。第三，个性化学习在某种程度上揭示出教育与学习的本质区别：教育的过程是教育者使受教育者成为教育者所期望的人的过程，某种程度上抹杀了人的个性、独立性、反思性、主动性与创造性；而学习的过程则是指学习者成为自己所希望成为的人的过程，最大限度地体现了人的个性、独特性、进取性、发展性、潜在性与原创精神。教育面对的永远只能是少数在经济、资质、时间等各方面"适合"的人，而学习则不对任何人有偏见。③ 英国诺丁汉大学教育学院官方网站上发表的个性化学习概念构成图，列出了 19 世纪的教育图景和 21 世纪的教育图景的区别。19 世纪的教育图景包含的内容为：学校的类型差不多、学校教育为了少数人、学校以工厂的模式进行运作、角色是严格确定的且是隔离的、学校与教师独立工作、教育是生产者导向的（producer led）；与之相对应的 21 世纪的教育图景是：学生的身份与目标是可改变的、智力是多维的、学校是不同的、学校的类型多样化、学校教育为所有人都提供个性化学习、教育对每个学生都是终身的、教育不受时间和地点的限制、角色是模糊的且有交叠、学校与教师在复杂的网络中工作、教育是消费者导向的

---

① 王华容. 个别化学习理念及其理论依据 [J]. 南京广播电视大学学报，2006（3）：5-8.
② 邓晖. 网络个性化学习支持系统研究 [D]. 上海：华东师范大学，2003：14.
③ 李广，姜应杰. 个性化学习的理论构建与特征分析 [J]. 东北师大学报（哲学社会科学版），2005（3）：152-156.

(user led)。①

(三) 关于个性化学习特征的研究

李广（2005）对个性化学习的特征从内而外、从硬件到软件进行了较为全面的分析。他指出，个性化学习具有以下五方面的特征：

第一，学习资源的多重属性。首先，个性化学习强调学习资源的学习性与整体性。这里的学习性是指学生的学习内容应遵循知识的逻辑、个体的心理发展规律和学习者的学习心理特点，使学习者预期学习结果序列化，通过学习者的学习活动，形成自然与经验、有机体与客观环境的有机整合。学习资源带有"人为"的文化特征，即学习资源是"人为"的。学习者的学习活动面临着三个世界：自然、社会和自我。因此自然的一山一水、社会的一人一事、自己的一情一感，有机构成了个性化学习资源库。而且，在学习过程中生成的丰富多彩的情感体验和个性化的创造性表现，可以进一步活化学习资源，使学习资源进一步丰富，体现出了学习资源的整体性。其次，个性化学习强调学习资源的动态性与生成性。学习资源的动态性，一方面是指构成个性化学习资源的各要素之间关系是不断地生成与变化的；另一方面是指针对不同的学习领域、不同的学习层次、不同的学习环境，学习资源要保持动态的调整。个性化学习资源以其开放性而保持其强大的生命力。通过学习资源面向学校、社会、家庭和社区的开放而实现的学习社会化和社会学习化的双重建构，以及学习资源从面向每一个具体的学习活动到面向个体的终身学习历程的开放，个性化学习从空间到时间都体现了其学习资源的开放性。再次，个性化学习强调学习资源的网络化。一方面，知识的快速更新，需要新的学习资源表达形式。另一方面，信息技术和互联网的快速发展也为个性化学习资源提供了有效的载体。基于信息技术提供的学习资源更能够尊重学习者的兴趣、特点、能力与学习方式。

第二，学习价值追求的多重性。对知识的单一价值追求和对学习者强加式的外在评价，直接造成了学生人格的扭曲和身心的畸变。人非机器，人的认知过程总是伴随丰富的情感体验和相应的意志调节，是一种并行性的思维过程，而非机械的线性思维。个性化学习强调对学习者人性的关怀。个体在学习过程中，不仅掌握了知识、形成了技能，而且发展了能力、学会了学习，情感、态度、价值观等也得到了升华。最主要的是，个性化学习可以使自身中的自然潜

---

① 胡德维. 新西兰教育部长论个性化学习及其对教育的重要性 [J]. 基础教育参考，2006（10）：28—30.

能充分发挥,完成自身价值的实现。

第三,学习风格的独特性。学习风格是指学习者在长期的学习活动中表现出的一种具有鲜明个性的学习方式和学习倾向。学习风格由个体的生理要素、心理要素和社会要素构成。个体对外界的物理刺激、一天中的时间节律以及接受外界刺激的偏爱等构成了学习者学习风格的生理要素;个体的认知、情感、意志等构成了学习者学习风格的心理要素;个体的独立性、乐群性、竞争性、合作性等构成了学习者学习风格的社会要素。不同的个体会形成不同的学习风格。学习风格直接渗透于学习过程,使学习过程得以顺利进行,并使学习过程与结果接受个性的影响。社会的发展与时代的进步,使得个体个性化的学习风格得以张扬。个性化学习风格的独特性是个体存在的价值与意义的重要体现。

第四,学习过程的终身性。知识更新的加速是21世纪的重要特征之一。"如果说大学毕业在某种程度上是个体受教育的终结,那么,离开校园将是真正意义上学习的开始。"当前,人类的知识每三至五年就增加一倍,终身学习已成为保证个体生存、促进经济增长和维护社会和谐发展必不可少的条件。个性化学习是个体适应时代发展需要的基本生存方式,是一个终身的过程,通过终身学习可促进人的全面、自由、和谐发展。

第五,学习方式的自主性、合作性与探究性。自主性学习是就学习的内在品质而言的,相对的是被动学习、机械学习和他主性学习。自主学习的基本特征是:学习者参与确定对自己有意义的学习目标,参与制定学习进度,参与设计评价指标体系;学习者积极发展各种思考策略和学习策略,在解决问题中学习;学习者在学习过程中对认知活动能够进行自我监控,并做出相应的调适;合作性学习是相对个体学习而提出的,是指课堂教学中以小组学习为主要组织形式,依据一定的合作程序和方法,促使学生在异质小组中共同学习,从而利用合作性人际交往促成学生在认知、情感、态度等方面发展的学习方式;探究性学习是指为学生创设一定的情境,通过使学生自主独立地发现问题和解决问题等一系列活动,使学生的知识、技能、情感态度得到特别的发展,特别是促进学生探索精神和实践能力的发展。[①]

个性化教学包括个性化的教和个性化的学,李如密(曲阜师范大学)教授在《个性化教学的内涵及其特征》中,对个性化教学特征的分析宽泛地也可理解为个性化学习的特征。他认为,个性化教学应该具有:(1)会学。"授之以

---

① 李广,姜英杰. 个性化学习的理论建构与特征分析[J]. 东北师大学报(哲学社会科学版),2005(3):152—156.

鱼，不如授之以渔"，人们把教学生学会学习看成教育面向未来的对策之一。未来社会要求人们必须具有一种独特的个性，善于创造，敢于迎接各种各样的挑战。为此，在教学过程中必须从当代的大教育观出发，培养学生的自学能力，使他们学会学习。正如联合国教科文组织总干事埃德加·富尔在《学会生存》一书中所提出的那样："未来的文盲不再是不识字的人，而是没有学会怎样学习的人。"（2）乐学。乐学是学生进入以学习为乐的境界，但"乐"的标准和尺度却是因人而异的，只有让学生了解自己的需要、兴趣，解放并发挥自己的个性，才能使每一个学生在自身能力许可的条件下实现自己的乐学。（3）创造性地学。创造性地学既是指学习本身需要不断创新，又指学习的目的是不断地创新的，它是个性化学习的根本目标。它既要求学生具备良好的心理素质、知识结构，又要求教师在教学过程中了解学生的学习概况，消除妨碍学生进行创造性学习的心理障碍，使学生在创造性学习中更好地施展创造才能，发挥创造力。①

华东师范大学邓晖在其 2003 年的硕士学位论文中所列个性化学习的特征如下：

第一，个性化学习强调学习者的独特性。独特性是一个人区别于其他人的特征。没有独特性，就没有一个个的"人"。学习者在个性方面的独特性可以表现在性别、年龄、气质、能力等方面。个性化学习以尊重学生的个别差异为前提，以发展学习者的个性为己任，采用多元化的形式、弹性化的结构、多样化的内容为学习者的个性发展提供广阔空间。

第二，个性化学习强调学习者的主体性。主体性指学习者的主体意识或能动性。个性化学习把学生视为具有独立人格的主体，尊重学习者在学习中的地位、学习经历等，维护学习者的尊严，激发学习者的积极性，使学习者学会学习，学会生活，学会做人，学会交际。

第三，个性化学习是素质教育的出发点、核心与归宿。素质教育是促进学生全面发展的教育。由于遗传、环境等方面因素的制约，人在其发展过程中，身体、心理、智能等方面都必然表现出明显的差异，实施素质教育首先就应承认这些差异，所以个性化学习是素质教育的出发点。其次，素质教育在不同的个体身上必然会有不同的组合，呈现出不同的个人特点。因此个性化学习是素质教育的核心。最后，素质教育的目的是促进学习者的个性发展，因此个性化学习是素质教育的归宿。

---

① 李如密，刘玉静. 个性化教学的内涵及其特征 [J]. 教育理论与实践, 2001 (9)：37—40.

第四，个性化学习是多种教学组织形式的组合。教学组织形式是指为完成特定的教学任务，教师和学生按一定要求组合起来进行活动的结构。历史上曾经出现过个别教学、小组教学、导师制、按能力分组的曼盖姆制以及苏联的分组实验教学制与班级授课制等多种教学组织形式。为了充分发展学习者的个性，个性化学习的组织形式既可以是个别的独立学习也可以是班级教学或协作，甚至多种形式的混合。[①]

个性化学习是以弘扬人的主体性为宗旨，以促进人的可持续性发展为目的，由许多具体方式构成的多维度、具有不同层次结构的开放系统。结合文献，可以从以下五个角度详细阐述个性化学习的特征：

第一，主动性。主动性是个性化学习方式的首要特征，在具体学习活动中表现为"我要学"，而不是"要我学"。"我要学"是基于学生对学习的一种内在需要，"要我学"则是基于外在的诱因和强制。学生学习的内在需要一方面表现为学习兴趣。兴趣有直接和间接之分，直接兴趣指向过程本身，间接兴趣指向活动结果。学生有了学习兴趣，特别是直接兴趣，学习活动对他来说就不是一种负担，而是一种享受、一种愉快的体验，学生会越学越想学、越爱学，有兴趣的学习事半功倍。另一方面表现为学习责任。学习是谁的事情，谁就应当对学习承担责任。教师当然应该对学生的学习负责，但是如果学生自己意识不到学习的责任，不能把学习跟自己的生活、成长、发展有机联系起来，这种学习就不是真正的自我学习。只有当学习的责任真正地从教师身上转移到学生身上，学生自觉地担负起学习的责任时，学生的学习才是一种真正的有意义的自主学习。

第二，独立性。独立性是个性化学习方式的核心特征，它对应于传统学习方式的依赖性。如果说主动性表现为我要学，那么独立性则表现为我能学。每个学生，除了有特殊原因外，都有相当强的潜在的独立学习能力，不仅如此，每个学生同时都有一种独立的要求，都有一种表现自己独立学习能力的欲望，他们在学校的整个学习过程也就是一个争取独立和日益独立的过程。当前的课程改革要求我们教师充分尊重学生的独立性，从而让学生发挥自己的独立性，培养独立学习的能力。

第三，独特性。每个学生都有自己独特的精神世界和内在感受，有着不同于他人的观察、思考和解决问题的方式。也就是说，学生有着独特的个性，每个学生的学习方式本质上都是其独特性的体现。实际上，没有放之四海而皆准

---

① 邓晖．网络个性化学习支持系统研究［D］．上海：华东师范大学，2003：29．

的统一的方式,对某个人是有效的方式,对他人未必就有效。正如多元智力理论所指出的,每个人的智慧类型不一样,他们的思维方式、学习需要、学习优势、学习风格也不一样,因此,每个人的具体学习方式是不同的。这意味着我们要重视每一个学生的独特个性,为每一个学生富有个性的发展创造空间。独特性因此成为个性化学习方式的重要特征。独特性同时也意味着差异性,学生的学习客观上存在着个体差异,不同的学生在学习同一内容时,实际具备的认知基础和情感准备以及学习能力倾向不同,决定了他们对同样的内容和任务的学习速度和掌握学习内容所需要的时间及所需要的帮助不同。传统教学忽视学生学习的个体差异,要求所有的学生在同样的时间内,运用同样的学习条件,以同样的学习速度掌握同样的学习内容,并要求达到同样的学习水平和质量。这样"一刀切"的做法,致使很多学生的学习不是从自己现有的基础出发,结果导致有些学生"吃不饱",有些学生"吃不了",有些学生根本不知从何"入口"。个性化学习方式是尊重学生的差异的,并把学生的差异性视为一种亟待开发和利用的教育教学资源,努力实现学生学习的个体化和教师指导的针对性。

第四,体验性。体验性是指通过身体性活动与直接经验而产生的感情和意识。体验使学习进入生命领域,因为有了体验,知识的学习不再是仅仅属于认知、理性范畴,它已经扩展到情感、生理和人格等领域,从而使学习过程不仅是知识增长的过程,同时也是身心和人格健全与发展的过程。体验性是个性化学习方式的突出特征,它在实际的学习活动中表现为:首先,强调身体性参与。学习不仅要用自己的脑子思考,而且要用自己的眼睛看,用自己的耳朵听,用自己的嘴说话,用自己的手操作,即用自己的身体去亲自经历,用自己的心灵去亲自感悟。这不仅是理解知识的需要,更是激发学生活力,促进学生成长的需要。基于此,当前课程改革特别强调学生参与,强调"活动",强调"操作",强调"实践",强调"考察",强调"调查",强调"探究",强调"经历"。其次,重视直接经验。重视直接经验,从课程上讲,就是要把学生的个人知识、直接经验、生活世界看成重要的课程资源;尊重"儿童文化",发掘"童心""童趣"的课程价值。站在教学一方来说,就应该多鼓励大学生们结合自己的个性特点和兴趣爱好开展学习活动,让每一个学生在学习的过程中融入自己的性格和爱好,使教学成为一种个性化的学习过程。从学习角度来说,就是要把直接经验的改造、发展作为学习的重要目的,间接经验要整合、转化为儿童的直接经验,成为儿童素质的有机组成部分;否则,就会失去其教育的意义。

第五，问题性。问题是科学研究的出发点，是开启任何一门学科知识宝库的钥匙。没有问题就不会有探究问题和解决问题的思想、方法和知识，所以说，问题意识是思想方法、知识积累和发展的逻辑力量，是生长新思想、新方法、新知识的种子。学生学习同样必须重视问题的作用。现代教学论研究指出，从本质上说，感知不是学习产生的根本原因（尽管学生学习是需要感知的），产生学习的根本原因是问题。没有问题也就难以诱发和激起求知欲，没有问题，感觉不到问题的存在，学生也就不会去深入思考，那么学习也就只能是表层和形式的。所以个性化学习方式特别强调问题在学习活动中的重要性。一方面强调通过问题来进行学习，把问题看作学习的动力、起点和贯穿学习过程的主线；另一方面通过学习来生成问题，把学习过程看成发现问题、提出问题、分析问题和解决问题的过程。问题意识会激发学生强烈的学习愿望，从而使学生的注意力高度集中，积极主动地投入学习；问题意识还可以激发学生勇于探索、创造和追求真理的科学精神。没有强烈的问题意识，就不可能激发学生认知的主动性和思维的活跃性，更不可能激发学生的求异思维和创造思维。

（四）关于开展个性化学习意义的研究

对个性化学习意义的研究，焦点主要集中在个性化学习对学生健全人格积极建构的意义上。

第一，个性化学习资源来源于世界，体现为科学、艺术、道德的统一。个性的发展体现为个人、社会、自然的内在整合，体现为科学、艺术、道德的内在和谐。个性化学习立足于个体个性的整体性，自然、社会和个人有机构成了个性化学习的资源库。在学习过程中个体所产生的丰富多彩的情感体验和个性化的创造性表现，活化了学习资源，使学习资源为学生健全人格的建构提供了内容上的保证。

第二，个性化学习提升了对学习者人性的关怀。透过学习者对多种学习资源整合所实现的知识、意义、思想、价值、理念、情感融为一体的学习过程，学习者在以知识获得为主线的过程中，体验了学习的乐趣，获得了成功的喜悦，展现了自身的个性，实现了自己的价值，发挥了个体的创造性，人格得到了发展。

第三，学习者为完成学习任务而采用的方法、策略、步骤以及对学习活动的动机、态度、情绪体验、坚持性等是存在个体差异的，这种差异在崇尚个性化生活方式的时代更明显。学习风格直接渗透于学习过程，使学习过程得以顺利进行，并使学习过程与结果接受个性的影响。社会的发展与时代的进步，使得个体个性化的学习风格得以张扬,为学生健全人格的建构提供了价值导向。

第四,知识更新的加速是 21 世纪的重要特征之一,面对波澜起伏的知识海洋,唯有个性化学习才能使你畅游其中,领略美景,获取宝藏,否则,只能望洋兴叹,沦为新时代的落伍者。任意起点、任意进程、自我评价、自选内容、自设目标的个性化学习是适应时代发展需要的基本学习方式。生命的过程就是学习的过程,学习的过程就是个性追求的过程。唯有个性才有活力,唯有个性才有创造,唯有个性才有发展。

第五,人的精神世界是自主地、能动地生成、建构的,而不是由外部强加的力量推动而成的。换言之,任何学习都是一个积极主动的建构过程,通过自主的、有意义的活动和建构过程,个体的原创精神、天赋潜能、情感意志、个性能力等得以展现,并凝固在活动过程与结果中,同时又丰富、发展着个体的资质与素养。基于价值引导与自主建构相统一的个性化学习方式,从学习者角度看,是潜能的开发、精神的唤醒、独特性的彰显与主体性的弘扬;从师生共同活动的角度来看,是经验的共享、视界的融合与灵魂的感召。个性化学习倡导自主、合作与探究,吻合了我国基础教育课程改革所强调的现代学习方式的基本理念。现代教育媒体的充分运用,使个性化学习在信息化社会里已不再是理论上的乌托邦,而是人们日常生活中的自由选择。基于信息技术的现代教育技术手段的合理应用本身就要求同时变革人的传统教育观念、教育思想与教育模式,代之以尊重人的独立性、主动性、首创性、反思性、合作性以及相信人固有的强大学习潜能的全新教育观念、教育思想与教育模式。

个性化学习正在由一种理想变为一种现实,并进而成为我们这个时代的典型特征。基于学生健全人格的建构,个性化学习已成为现代社会学生在学习方式、价值取向上的必然选择。[①]

(五) 关于个性化学习环境的研究

一是关于个性化学习环境的概念与内涵的研究。于波(2011)指出:"个性化学习环境是学生可以利用各种平台,实现自主学习的环境。"[②]乌美娜(1994)在《教学设计》一书中指出:"个性化学习环境就是以学习者原有的知识经验和个性特征为基础,以学习者内在需求为核心,以每个学生的能力和个

---

① 李广. 倡导个性化学习 建构学生健全人格——基于新课程学习方式的价值取向 [J]. 中小学教师培训, 2004 (7): 53-55.

② 于波. 个性化学习环境中分析学生行为并视觉化反馈信息 [D]. 上海:上海交通大学, 2011: 11.

性自由充分和谐发展为目标而创设的学习活动环境。"[①] 陈洪郡、赵鹏喜、唐斌等学者将个性化学习环境概括为"学生个性特点和发展潜能可以通过采取适当的方法、手段、内容、评价方式，促进学生各方面获得充分、自由发展的环境"[②]。

二是关于个性化学习环境的类型的研究。杨南昌（2003）在《基于多元智能（MI）的个性化学习研究》中指出："当前学校的个性化学习环境主要类型为个别指导教学环境、个性化学习系统、分层分组教学、信息技术教学等。"[③] 刘秀辉、周自强、张荣等学者认为："个性化学习环境包括教学目标的个性化、教学内容的个性化、教学方法的个性化、教学评价的个性化，以及师资队伍的个性化。"[④]

三是关于个性化学习环境的表现的研究。庞维国（2012）在《论学生的自主学习》中从自主学习的实质、内外条件、教育干预方法等方面进行了深入分析，认为个性化学习主要表现为"学生的自主学习"，旨在进一步创设调节和控制，依赖于自我意识、元认知发展水平、内在学习动机、学习策略、意志控制等内部条件和教育指导等外部条件。[⑤] 蔡永森（2011）指出："个性化学习主要表现在两个方面，一是基于学生主体地位，倡导因材施教的教学理念，追求学生个性化特点和发展潜能的充分、自由、和谐的教学环境；二是提供学生自我实现与自我塑造机会。"[⑥]

四是关于个性化学习环境的特征的研究。孙志梅（2006）指出："个性化学习对所有学习者'一视同仁'，拥有对个体差异的尊重、学习途径的多元化、学习进度的灵活性、学习内容的多样性等特征。"[⑦] 李广、姜英杰（2005）在《个性化学习的理论建构与特征分析》一文中，认为个性化学习环境以多元智力理论、元认知理论、教育公平理论、以及人的全面发展学说等为理论基础，具有学习资源的多维性、学习价值追求的多元性、学习风格的独特性、学习过

[①] 乌美娜. 教学设计［M］. 北京：高等教育出版社，1994：26.
[②] 陈洪郡，李广. 思想品德循环教学的必要性和可行性研究［J］. 思想政治课教学，2011（3）：7—8.
[③] 杨南昌. 基于多元智能（MI）的个性化学习研究［D］. 南昌：江西师范大学，2003：38.
[④] 刘秀辉，刘殿芳. 浅谈学习兴趣的培养——政治课教学一得［J］. 迈向新世纪，1999（8）.
[⑤] 庞维国. 论学生的自主学习［J］. 华东师范大学学报（教育科学版），2001（2）：78—83.
[⑥] 蔡永森. 基于网络探究式的个性化学习系统的设计与实现［D］. 成都：电子科技大学，2011：41.
[⑦] 孙志梅. 个性化学习内容组织策略研究［D］. 武汉：华中师范大学，2006：35.

程的终身性及学习方式的自主性、合作性与探究性等特征。①

（六）关于个性化学习视域下大学生思想政治教育创新的研究

一是关于个性化学习视域下大学生思想政治教育创新的理念的研究。程亚萍（2010）指出："个性化学习视域下大学生思想政治教学要树立'全员育人'的理念，即：学校、社会、家庭需要共同参与对大学生的教育，促进大学生素质提升。"②杨芷英（2014）指出：个性化学习视域下大学生思想政治教育创新必须树立"价值观念"，即"保证大学生思想政治教育具有协调价值、动力价值和塑造价值"。③刘新庚、罗雄（2008）在《思想政治教育方法体系创新探索》一书中指出："在个性化学习视域下，要以信息方法为纽带，将基本方法和特殊方法集于一体，以'宏观驾驭、战略制导'的理念为指导。"④

二是关于个性化学习视域下大学生思想政治教育创新的内容的研究。孙昌勇（2005）认为，个性化学习视域下对大学生思想政治教育方法进行创新，应从灌输走向对话和互动，从集中统一走向分层多样，从重思想认知走向重活动体验，从大张旗鼓走向润物无声。⑤李佺芳（2010）指出：在个性化学习视域下，学习的主体与客体关系发生了变化，要求教学内容必须能够"与时俱进"。⑥王涛（2013）在《社会工作方法在大学生思想政治教育中的运用》一书中认为：可将社会工作方法引用到大学生思想政治教育领域，对现有的思想政治教育内容进行个性化拓展，推进大学生思想政治教育的生活化，使理论与实际紧密结合。⑦

三是关于个性化学习视域下大学生思想政治教育创新的体制机制的研究。苏宝芳（2007）认为新时期个性化学习视域下，在大学生思想政治教育创新的体制建设上，必须坚持以人为本，把握"三个结合"、实现"四个转变"、做到

---

① 李广，姜英杰. 个性化学习的理论建构与特征分析 [J]. 东北师范大学学报（哲学社会科学版），2005，(3)：152—156.

② 程亚萍. 论高校全员育人思想政治教育机制的构建 [J]. 湖北广播电视大学学报，2010 (3)：44—45.

③ 杨芷英. 思想政治教育心理学 [M]. 北京：中国人民大学出版社，2014：67.

④ 刘新庚，罗雄. 思想政治教育方法体系创新探索 [J]. 中国青年政治学院学报，2008 (4)：58—62.

⑤ 孙昌勇. 谈大学生思想政治教育途径和方法创新 [J]. 教育与职业，2005 (36)：69—70.

⑥ 李佺芳. 大学生网络思想政治教育方法及有效运行的研究 [D]. 重庆：西南大学，2010：42.

⑦ 王涛. 社会工作方法在大学生思想政治教育中的运用 [M]. 北京：高等教育出版社，2010：13—15.

"六个统一"。[①] 仲兆华（2008）认为：体制机制建设是大学生思想政治教育创新的前提条件，要从学校、家庭、社会三个角度加强制度建设。张新慧以高等教育大众化的时代背景为出发点，全面分析了大学生思想政治教育方法的内涵、依据、原则和意义，分别从机制创新和形式载体创新等几方面有针对性地探讨大学生思想政治教育方法的创新。董娅主编的《当代思想政治教育发展新论》一书中，提出了个性化学习视域下要从"亚制度"的建设方面着手，推进大学生思想政治的隐性教育。

四是关于个性化学习视域下大学生思想政治教育创新的途径和方法的研究。刘书林、陈立思在《青年思想政治教育学原理》一书中概括了个性化学习视域下大学生思想政治教育的"情感熏陶法""典型示范法"等几种常用的方法。[②] 郑永廷教授主编的《思想政治教育方法论》一书，提出了个性化学习视域下大学生思想政治教育新的思路，即"以思想政治教育方法论的内在运行机理来构建方法论体系"，认为思想政治教育方法论的体系结构包括认识方法和实施方法，还有调节与评估方法、研究与提高方法。[③] 邱伟光、张耀灿主编的《思想政治教育学原理》一书中指出个性化学习视域下思想政治教育的方法主要有"说理引导法、实践锻炼法、自我教育法、熏陶感染法、比较鉴别法"等。[④] 艾红梅等认为："即使在个性化的学习视域下，仍然要始终坚持以马克思主义为指导的传统的教育方法，并且要对借鉴而来的各种方法进行分类，深入研究其如何与思想政治教育的实际紧密结合，并更好地体现其功能和作用。"[⑤] 陈秉公、李应龙等众多学者也都对个性化学习视域下思想政治教育方法体系的创新进行了深入的研究。

二、国外研究现状

（一）关于个性化学习的研究

关于个性化教学的思想可以追溯到古希腊的苏格拉底。欧洲 15 世纪文艺复兴运动就提倡摒弃压抑人性的封建理论，产生了以人为中心，强调发展个性的新人类观。很多教育家的教育思想中也体现了对人及对人个性的重视：荷兰

[①] 苏宝芳. 大学生爱国主义教育的新思考 [J]. 思想政治教育研究，2007（4）：80-82.
[②] 刘书林，陈立思. 青年思想政治教育学原理 [M]. 北京：中国青年出版社，1999：173-176.
[③] 郑永廷. 思想政治教育方法论（修订版）[M]. 北京：高等教育出版社，2000：73.
[④] 邱伟光，张耀灿. 思想政治教育学原理 [M]. 北京：高等教育出版社，1999：53.
[⑤] 艾红梅，王平，任志锋. 从思想政治教育方法实施看方法研究需要注意的几个问题 [J]. 现代教育科学（高教研究），2010（3）：67-68.

的人文主义教育家伊拉斯谟认为"儿童"这个词在拉丁语中意味着"自由者";17世纪英国政治思想家、哲学家和教育思想家洛克认为,奴隶式的管教只能养成儿童奴性的气质;法国伟大的思想家卢梭是一个非常崇尚人的个性自由和解放的人,在他的教育思想里也充分体现了这一点,他在《爱弥儿》一书中提出教育的唯一目的就是造就人,人不是政治人,也不是社会人,而仅仅是人;马克思主义认为人的发展包括全面发展与充分、自由的发展,充分、自由的发展就是人的个性发展。

其实对个性化学习的研究在班级集体教学出现后就存在了,因为在班级教学模式下,差生现象一直是一个难以解决的问题。集体教学下的个别指导长期被当作一种补充的教学方法来弥补集体教学的缺点。在20世纪二三十年代,美国就有了探索个性化差异教学的道尔顿教学法和文纳特卡教学法,其中著名的有以布鲁姆为代表的"掌握学习法"、斯金纳的"程序教学法"、凯勒的个性化教育系统。

21世纪,各国纷纷研究制定个性化学习方案。2006年7月3日,新西兰教育部长史蒂夫·马哈雷(Steve Maharey)在主题为"聚焦于重要之上"的研讨会上发表了"个性化学习:把学生置于教育的中心"("Individualized Learning: Putting Students at the Heart of Education")的重要演讲,就个性化学习及其对教育的重要性给予了详细论述;日本教育改革的首要原则就是重视个性,强调通过重视个性来培养人才。1988年,日本大学审议会提出的《21世纪的日本大学与今后的改革政策》报告,把发展个性化作为大学教育改革的基本理念,认为21世纪日本的高等教育必须紧紧围绕发展个性化这一思想和目标,制定教育发展和改革政策;美国高等教育素有个性化、特色性、多样化的传统,个性化被其称为民主社会的基础和目标。

2003年9月英国前教育大臣大卫·米利班德(David Milliband)对个性化学习有如下界定:对每一个儿童给予高期望,这就要在对每一个儿童的需要有充分的认识和理解的基础上通过高质量的教学来给予针对性的指导;学生的单独学习不是个性化学习;同样,常常被强制给予低期望的学习也不是个性化学习;个性化学习意味着围绕学生不同的学习方式来塑造教学,以及关注发掘每一个学生独特的天资。[①]

---

① 转引自胡德维. 新西兰教育部长论个性化学习及其对教育的重要性[J]. 基础教育参考,2006(10): 28—30.

（二）关于个性化学习环境的研究

一是关于个性化学习环境的概念与内涵的研究。英国学者大卫·丰塔纳（1976）在《教学与个性》一书中指出："个性化学习环境是指以学生的需要、兴趣、动机、信念、气质、性格、能力作为前提条件，创设学生自主学习、主动学习的教学氛围。"

二是关于个性化学习环境类型的研究。J. Alan（2006）在《个性化教学》一书中指出：个性化学习环境可以分为"师生互动型、角色扮演型、任务驱动型"等类别。Anderson 和 Reed（2006）研究了个性化学习环境的类型，指出："个性化学习环境包括学习诊断的环境、学习评价环境、学习目标环境、学习策略环境等方面内容。"

三是关于个性化学习环境的表现的研究。凯勒（2003）指出："个性化学习环境应把教学分为许多短小的单元，强调学习者自身在教学过程中的责任。其步骤是：每单元学习之初，教师介绍学习方法并激励学习动机，讲述单元学习指南；学生按照指南自定学习速度、自学教材、自选学习地点和时间；学习结束进行评价，通过本单元考试，方可学习新单元。Rasmussen 和 Davidson（1998）指出："个性化学习环境的创设直接表现为学校、社会、家庭的整个教育生态氛围的灵活性，能够更好地提高学生的学习效果与学习成绩。"

四是关于个性化学习环境的特征的研究。2007 年，英国政府委托的"2020 年教与学评议"专家组撰写的《2020 愿景：2020 年教与学评议组的报告》中指出："互动化、去中心化、去权威化是个性化学习环境的主要特征。"新西兰教育部长 Steve Maharey 在《个性化学习：把学习置于教育的中心》中指出："教育中心的转变是个性化学习环境的突出特征，在个性化学习环境中，传统的以'教'为中心不断向以'学'为中心转变。"

（三）关于个性化学习视域下大学生思想政治教育创新的研究

一是关于个性化学习视域下大学生思想政治教育创新的理念。Dr. David Pugalee（2008）认为：个性化学习视域下，必须树立"全面教育"理念，德育的主要任务是发展人的各种天赋的道德力量，并促使人们最终养成良好的道德习惯。William Davis（2010）指出："在个性化学习视域下，大学生的德育要更加注重'价值性'，要积极树立'价值理念'，并能够对价值进行深入的挖掘"。

二是关于个性化学习视域下大学生思想政治教育创新的内容。Debra P.

Warren（2009）指出："个性化学习视域下，所有思想道德教育的内容都要贴近生活、联系实际、讲求实效、实现社会化的教育。"Toni O'Dell（2009）提出了个性化学习视域下"应用型"道德教育的概念。

三是关于个性化学习视域下大学生思想政治教育创新的体制机制。Regina Pallios（2011）指出："个性化学习视域下，道德教育的主要任务是通过体制与机制的建设，发展人的各种天赋的道德力量，并促使人们最终养成良好的道德习惯。"James Allen（2000）指出："既然教育的最终目的是服务于社会，那么充分发挥和有效利用社会的各种资源和力量，通过制度的完善，来协助学校完成教育的目的才是明智的做法。"

四是关于个性化学习视域下大学生思想政治教育创新的途径和方法。Eric J. Youn（2007）指出："在个性化学习视域下，要建立学校生活、教材、教法'三位一体'体系，更多地对大学生进行'间接的道德教育'。"Angela L Gamble（2009）对个性化学习视域下道德教育的"探究式讨论提高法、活动式训练教学法、社会式学校育人法、德育与各学科融合法"等一系列教育方法进行了研究。

从以上文献综述分析可以看出，当前国内外在个性化学习的类型、表现和特征，个性化学习视域下大学生思想政治教育创新研究的理念、内容、体制机制、方法途径等方面均有一定数量的研究成果。在概念的界定、必要性的分析、措施的提出等方面研究都较为丰富，能够为本书的研究提供一定的参考。但是，这些文献仍然存在不足之处，主要表现为：一是"高校个性化学习"与"大学生思想政治教育创新"研究结合得不够紧密，广度不够。上述文献的研究孤立性特征较为明显，没有将理论与实践有效结合。个性化学习视域下大学生思想政治教育创新是一项系统工作，必须将个性化学习与思想政治教育创新紧密结合，才能够更有实用意义。二是已有研究对于个性化学习视域下大学生思想政治教育的"创新"开始关注，但深度不够。面对高等教育国际化、信息化和现代化的新发展与新挑战，高校大学生思想政治教育亟待与时俱进，开拓创新。只有系统地研究个性化学习视域下大学生思想政治教育的新措施才能够跟上时代的潮流，提高研究的前瞻性。

第四节 研究目标、方法与创新

一、研究目标

本书将个性化学习视域下大学生思想政治教育创新作为研究目标,利用教育学、心理学、政治学、文化学、管理学等学科知识,找出个性化学习视域下大学生思想政治教育存在的不足,并提出解决措施,最终的目的是提高大学生思想政治教育的有效性。

二、研究方法

(一)跨学科研究法

本书以全球化为背景,借鉴相关学科原理,包括国际政治学、文化学、心理学、管理学、教育学等相关学科,带有较强的学科交叉性,对中外"思想政治教育"进行对比分析,寻找大学生思想政治教育实效性可以借鉴的经验。

(二)文献研究法

文献研究法是根据一定的研究目的或课题,通过搜集、鉴别、整理相关文献,从而形成对事实的科学认识,达到全面、正确了解和掌握所要研究的问题的一种方法。对于个性化学习视域下大学生思想政治教育创新的研究,我们首先要运用的是文献研究法,梳理个性化学习的形成和发展历程,查找与分析国内外关于个性化学习的相关研究成果,借鉴他人在此研究领域运用的新观点、新方法,来确定本课题要解决的具体问题的角度和路径。因此,文献研究法是本研究必不可少的一种研究方法。

(三)质性研究方法

质性研究的概念。如果说定量研究"是一种对事物可以量化的部分进行测量和分析,以检验研究者自己关于该事物的某些理论假设的研究方法",比较适合在宏观层面对事物进行大规模的调查和预测,① 那么,质性研究是"通过研究者和被研究者之间的互动对事物进行深入、细致、长期的体验",

---

① 陈向明. 质的研究方法与社会科学研究 [M]. 北京:教育科学出版社,2000:10.

然后对事物的"质"有一个比较全面的解释性理解，比较适合在微观层面对个别事物进行细致、动态的描述和分析，以求发现问题或提出新的看问题的视角。同时可以使我们从当事人的角度了解个人意见及主观感受，注意他们的心理状态和意义建构。[①] 质性研究是本研究的重要手段。

质性研究的访谈。质性研究的访谈是按照一定的主题进行的访谈，是"基于日常生活会话的专业会话形式之一；它是一种观点互动，在访谈者与受访者间的互动中建构知识"[②]。对于本研究而言，就是通过对受访对象的访谈，深入了解大学生关于个性化学习视域下思想政治教育的所思所想，了解他们对当下个性化学习环境对思想政治教育带来的利弊等问题的看法。资料分析主要采用类属分析的方式，"类属分析"指的是在资料中寻找反复出现的现象以及可以解释这些现象的重要概念的一个过程。在这个过程中，具有相同属性的资料被归入同一类别，并且以一定的概念命名。[③]

质性研究的信度及效度。质性研究的信度是指使用相同的质性研究技术手段重复测量同一个对象时得到相同研究结果的可能性。而质性研究的效度则是指实证测量在多大程度上反映了概念的真实含义。[④] 质性研究的研究过程是由研究者具体实施，对所有问题的观察和思考均来自研究者，因此研究者自身的主观意见对于研究结果的影响至关重要。为此，在本研究实施的过程中，笔者尽量避免站在一个教师的角度来看问题，尽量避免使用评价性的口吻进行提问，转而运用事实性的提问，目的就是让受访对象客观真实地表达自己的意见。同时，研究对象是否能够如实表达自己的真实情况而不会有所保留或者遮掩，这也影响着研究结果的可靠性和准确性。为此，在进行质性研究前，笔者尽可能地对研究中可能会出现的一些对效度有利和不利的因素进行分析，比如，尽可能避免选择与自己存在利益冲突的群体（如自己的学生、自己的老师和自己的领导等）。

（四）理论与实践相结合的研究方法

首先，重视理论研究的重要性，主要参考近些年来国家关于思想政治教育的指导性的文件，有关思想政治教育基本原理、方法的研究论文和论著，国内

[①] 陈向明. 质的研究方法与社会科学研究 [M]. 北京：教育科学出版社，2000：10.
[②] [丹] 斯丹纳·苛费尔，斯文·布林克曼. 质性研究访谈 [M]. 范丽恒译. 北京：世界图书出版公司，2013：12.
[③] 陈向明. 质的研究方法与社会科学研究 [M]. 北京：教育科学出版社，2012：290.
[④] [美] 艾尔巴比. 社会研究方法（第10版）[M]. 邱泽奇译. 北京：华夏出版社，2005：94.

外相关文献资料等,进行大量搜集、深入研究,这些资料也构成了本书写作的参考依据,从而使本书的内容更加充实,论证更加有力。其次,思想政治教育是具有鲜明实践特点的教育活动。因而,关于大学生思想政治教育创新的研究决不能只停留在理论层面,而应与实践密切结合。这理论与实践结合的研究方法是思想政治教育研究特质的体现,也是新时期对大学生思想政治教育研究的根本要求。

三、研究创新

(一)从个性化学习的视角对大学生思想政治教育进行研究

当前,随着教育全球化、信息化和现代化的发展,个性化学习逐渐成为高校中的主流学习方式。然而长期以来,我国高校思想政治理论课在个性化、创新型元素上的探索还不够,与学生实际需要还有一定差距,在教学中部分存在空洞说教、照本宣科的情况。针对大学生容易受到各种不良思想的影响,本书从个性化学习的角度对当下大学生思想政治教育的开展进行了尝试性研究,这可能是本研究的一个创新点。

(二)尝试用推导式研究思路对个性化学习视域下大学生思想政治教育进行研究

本书沿着"什么是个性化学习"→"个性化学习有什么特征"→"个性化学习对大学生思想政治教育有什么冲击和影响"→"传统的大学生思想政治教育的失效性有哪些表现"→"个性化学习视域下大学生思想政治教育如何创新"的线路递进分析,步步推进。在现今社会背景下,较为系统地探讨个性化学习视域下大学生思想政治教育创新的相关理论与实践问题。

(三)尝试从个性化学习和大学生思想政治教育结合的角度进行研究

本书将宏观问题微观细分、将微观问题宏观概括,解决了当前研究中"个性化学习"与"大学生思想政治教育"联系不紧密的问题,这对于提高高校的大学生思想政治教育水平,创新大学生思想政治教育理念、方式、模式、内容、环境及队伍建设等各方面都具有一定的参考价值和借鉴意义。

第二章　个性化学习的基本理论

在21世纪，根据每个学习者的不同兴趣爱好、智力水平、性格特点设计不同的学习方式，为他们搭建起个性化的学习平台，促进受教育者获得充分、自由、富有个性的学习是当下教育改革和发展的关注点。目前我国教育部门力图通过建立新的课程标准，设置综合实践活动课程，强化信息技术教育，改革教材、评价与考试制度等一系列举措，提倡、引导并促进学生建立新的学习方式——个性化学习方式，以更好地培养学生的创新精神和实践能力，促进学生全面和谐地发展。

第一节　个性化学习的内涵及特征

一、个性化学习的内涵

个性化学习在中国有着悠久的历史，孔子最早提出了要根据学生的不同特点，或因势利导，或取长补短，促进学生个性化发展的观点。个性化学习就是着力培养和发展学生的创造性，引导他们学会竞争，学会挑战，学会超越前人和自我，充满对科学领域的好奇心和探索精神，成长为有个性、有主见、有创新能力的新型人才。个性化学习是一种关于人的个性发展的理想和目标，即通过教育使受教育者的个性得到充分的发展和完善，在现实层面上，则是一种对人的教育的基本要求，即依据受教育者的个性特点来采取有针对性的措施，简单来讲，就是依据个性来进行教育。美国有心理学家曾对800人进行了30多年的跟踪研究，发现成功者成功的主要因素是非智力因素，其中自信心、意志力等个性因素为首要因素。我国心理学家的研究发现，智力正常的青少年学生由于情感、意志、性格、动机、兴趣等个性因素的不同而产生不同的学习效果。在教育实际工作中也不难发现，同等智力水平的人，学习成绩并不相同，许多个性特征对学生的学业成绩产生了重要的影响。

21世纪，个性化学习已经发展成为当前较为普遍的学习方式。"可以培育出人才的学校固然是好学校,但是能让所有的学生都能受益和终生学习的学校才是理想的学校。"[1] 网络时代为大学生的个性化学习提供了物质条件,它改变了传统的学习内容、学习方式、学习进度、学习目标以及教育要求等。学生们可以根据自身的学习需求和方法,自由地选择适合自己的学习方法和资料,根据自身的学习方式和进度来实现个性化学习。个性化学习可以把学习者的潜力挖掘到最大,从而使学习者获得学习体验和效能感。

个性化学习的内涵主要可概括为以下四个方面。

(一) 尊重的氛围是个性化学习的基本前提

由于学生的先天遗传以及后天的家庭、社会影响的不同,其形成的心理特征是有差异的,这是事实。个体的差异不仅表现在能力、学习风格、学习愿望、学习步调等这些后天形成的因素中,而且也表现在先天形成的智能类型等的差异上。只有在尊重的氛围中,才能使人们充分地肯定学生个性差异的客观存在性;才能避免人们主观上给不同个性贴上孰优孰劣的标签;才能使得学生更有安全感,不盲目随大流;学生才能更自信于自己的个性,更坚定地进行自己的个性化学习。[2]

(二) 学生的自主学习是个性化学习的主要形式

个性化学习需要学生的学习自主性和发展主动权。所谓自主性是指在一定条件下,个人对自己活动具有支配、控制的权利和能力。科恩说:"自主有两个尺度:第一个尺度描述个体的客观情况、生活环境,是指相对于外部强迫、外部控制的独立、自由、自觉和自主支配生活的权利和可能。第二个尺度是对主观现实而言,是指能够合理地利用自己的选择权利,有明确目标,有坚忍不拔的进取心。自主的人能够认识并善于确定自己的目标,不仅能够成功地控制自己的环境,而且能够控制自己的冲动。"[3] 因而,鉴于学生生命的独特性,学生的学习既不能盲目受客观环境的支配,更不能盲目顺从他人的意志,而应该结合自己的性格自主选择内容、形式,自主选择时间方式,自主选择手段、途径等。只有这样,学生才会更好地实现自身的发展。学习过程归根到底是一个学生自己建构的过程,学生的发展只能由自己来实现,个性化学习以学生的

---

[1] 史爱荣等. 教育个性化和教学策略 [M]. 济南: 山东教育出版社, 2001: 176.
[2] 邓晖. 网络个性化学习支持系统研究 [D]. 上海: 华东师范大学, 2003: 11.
[3] 邓志伟. 个性化教学论 [M]. 上海: 上海教育出版社, 2002: 237.

自主学习为主要形式。

（三）教师的指导、同学间的协作是个性化学习的关键支撑

个性化学习不能混同于"独立学习"，排斥学生与教师、同学之间的交互活动，排斥学生在学校的集体学习活动是不适宜的。个性化学习强调学生的主体作用，以学生自己为中心，自己管理自己的学习是必要的，但同时也应认识到学生在个性发展过程中的不成熟性，如果过分放任学生，就会造成学生学习的无方向性。个性化学习中教师的指导还是很关键的，只有在学习观、学习方法、学习动力以及元认知策略等方面给学生以恰当的引领才能达到个性化学习的效果。另外，同学间的协作也是个性化学习不可或缺的方面，只要是以个性需要和独立为前提和出发点，同学间的小组协作，乃至教师、学生间的交互学习等形式都是个性化学习所需要的。① 综上所述可以看出，老师的细心、悉心指导和引导，大学生之间的互相帮助和合作成为大学生个性化学习的一个很好的补充形式，这是个性化学习的一个重要方面。

（四）追求学生的全面发展和个性发展是个性化学习的价值取向

个性化学习理论秉承"以人为本"的教育理念，正视学生间的差异，尊重人的权利，关注学生的快乐与痛苦，理解学生的需要与渴望，致力于提升学生的自觉能动性，弘扬学生的主体精神，鼓励学生正确认识自身特点，实行个性化学习策略，以求最大限度地挖掘学生的学习潜力，最终满足学生对学习的个性需求。个性化学习有着积极的学生观，追求学生的全面发展和个性发展是个性化学习的价值取向。②

随着信息化社会的不断发展，教育的个性化模式和社会功能不断增强，人们关注的重点逐渐变成在信息化时代教育如何更好地适应社会的发展和时代的需求。信息技术在教育领域中不断地扩大应用，教育逐渐呈现出新的发展趋势和特征。同时，信息技术的发展也极大地推动了人们教育观的转变。科技信息的发展使当前教育理念的更新成为可能。多种教育媒体与平台的出现和应用，促使个性化学习在信息化时代有实现的可能，让人们有自由选择学习的权利。个性化学习模式是一种尊重学习者的主动性、独立性、创造性、反思性、合作

---

① 辛明泉. 网络教育中的个性化学习模型初探 [J]. 教育信息化. 2003 (12)：71-72.
② 邓晖. 网络个性化学习学生特征分析系统的分析与设计 [J]. 远程教育杂志. 2003 (1)：11-13.

性和强大学习潜力的全新的教育理念、思想和模式。①

"个性化学习"作为最近几年涌现出来的新词，至今也没有一个明确的含义，这主要源于人们对"个性"一词的界定没有共同的看法，一般说来是仁者见仁、智者见智。通俗来说，个性就是独特性。各学科都想做出完美的诠释，但是都没能如愿。哲学上的"个性"显然不能满足大学生思想政治教育的需求；心理学上从抽象人的角度，一般把个性描述为：个体在社会实践中形成的带有某种倾向性的、本质的和比较稳定的心理特征的总和，主要表现在需要、动机、兴趣、信念、理想、能力、气质和世界观等方面，是一个多方面、多层次的统一整体。从"个性化学习"的产生过程来看，它是在教育实践中，作为"接受式"和"填鸭式"整齐划一的学习方式的对立面提出来的，是在与传统整齐划一教育的长期较量中逐渐形成的。

综上所述，笔者认为个性化学习可以定义为：个性化学习是学习者把自己置于学习的中心地位，针对自己的个性特点和发展潜能采用自主性、探索性、思考性、创新性的学习手法，促使自身获得充分、自由、和谐发展的一种学习。

二、个性化学习的特征

（一）学习资源的多重属性

首先，在个性化学习当中，较为侧重学习资源的学习性以及整体性。其中，学习资源的学习性要求学生所学内容必须具有逻辑性，并且符合大学生的心理特征，从而引导大学生进行高效有序的学习。大学生能够在学习过程中获取一定经验以及知识，从而达到主观认识和客观实践相一致。学习资源的最大特点是具有一定的人为性，本质上旨在为大学生学习提供方便。构成学习资源的因素之一是世界，它是由社会、人群以及自然等各个事物构成的有机整体。随着整个世界的发展，自然、社会、人群等相互融合形成个性，并且通过道德、行为、科学等事物表现出来。自然、社会以及个人也是个性化学习中的重要构成因素。因此，自然中的所有事物、社会中的一切活动以及个人的自身情感等相互融合，形成了个性化学习资源。② 除此之外，大学生通过学习活动，

---

① 联合国教科文组织国际教育发展委员会. 学会生存——教育世界的今天和明天 [M]. 华东师范大学比较教育研究所译. 北京：教育科学出版社，1996：226.
② 胡德维. 新西兰教育部长论个性化学习及其对教育的重要性 [J]. 基础教育参考，2006（10）：28—30.

可增加自身情感体验、知识储备等，以此不断累积学习资源，这也能反映学习资源的整体性。

其次，个性化学习还注重对学习资源的动态性、生成性的学习与运用。其中，学习资源的动态性通过以下两点表现出来：一是在组成个性化学习资源的各个要素中，实践知识处于频繁变化发展当中，通过不断改变与更新，会形成新的学习资源。二是由于学习范围以及层次存在差异，再加之环境变化，学习资源处于不断变化的状态。个性化学习具有独特的开放性和较大的弹性。在个性化学习过程当中，主要借助于社会、家庭、学校等媒介，促使学生学习具有一定的社会化属性，并不断推动大学生学习的观念与行为的养成。[1] 上述因素直接体现出学习资源的开放性，并反映出个性化学习从时间向空间的过渡。

最后，个性化学习尤为重视学习资源的网络化。随着现代信息技术的飞速发展与创新，知识快速地更新换代，从而对学习资源传播途径提出了新要求。同时，在科学技术飞速发展的过程中，个性化学习还可具备良好的硬件基础，并且为各个不同学习群体提供方便的学习方法与学习途径。[2]

（二）学习价值追求的多重性

大学生在受教育过程中，由于缺乏对知识全面系统的认知，导致大学生身心健康出现负面问题。与其他动物不同，人类具有丰富的情感与思想，拥有独特的思维方式。因此，在个性化学习当中，应注重人性关怀教育方法的运用。通过个性化学习，可使大学生实现知识整合，并结合其中蕴含的价值、意义等内容进行高效学习。大学生在学习时，将知识获取作为主要目标，在这一过程中，大学生能够感受到学习带来的喜悦，充分展示自身的个性，缩短理想和现实的差距。此外，通过学习知识，还能够提升学生自身素质。在整个学习活动中，大学生既能提升自身知识储备量，又能全面提升自身综合素质，转变学习态度，实现价值观的提升。[3] 因此，对多重性的追求，也是个性化学习所追求的目标之一。

---

[1] 郭俊荣. 网络教育中个性化学习与协作学习的关系浅析 [J]. 河北广播电视大学学报, 2010, 15 (2)：9-11.

[2] 李伟, 单丛凯. 论远程开放教育中的个别化学习 [J]. 现代远距离教育, 2003 (2)：22-24.

[3] 李广, 姜英杰. 个性化学习的理论建构与特征分析 [J]. 东北师大学报 (哲学社会科学版), 2005 (3)：152-156.

(三) 学习风格的独特性

大学生长期学习形成的独特学习方法与观念就是学习风格。影响学习风格的主要因素有三方面：大学生的心理素质、生理因素以及社会要素。生理因素主要是指学生对学习的时间安排、周围事物对学习的物理刺激、学生自身对外界因素的承受能力等。心理要素的主要内容是大学生对事物的认识程度、自身情感体验以及价值观念等。社会要素主要包括大学生自身的独特性、不同个体之间的竞争性以及合作等内容。由于大学生的成长环境不同，并且是单独的个体，所以不同个体在学习能力等方面存在较大差异，如此形成了个性鲜明而又独特的学习风格。[1] 大学生在获取知识的过程中采用的学习方式、进度安排与学习的目的、获得的情感价值等内容都因大学生个体差异而不同，在追求个性化的现代教育中，上述差异表现得更为明显。

学习风格具有个性化、活动性两大特点，它贯穿于整个学习过程中。它有利于呈现良好的学习效果，同时能对大学生的学习方式以及结构产生深远影响。随着时代的不断发展和变化，大学生的个性化学习风格也有较大的发展空间。在现阶段，充满个性化的学习风格成为现代大学生学习的主要风格，并且能将大学生自身价值通过个性化学习展现出来。[2]

(四) 学习过程的终身性

一般来说，大学生完成大学教育之后便意味着个体教育的结束。但是目前，社会知识更新速度比较快，只需三至五年时间，知识量便会成倍增长。因此，不断学习已经成为个体立足于社会的基础，同时也是促使社会发展的重要因素。

在浩瀚的知识海洋中，具有个性化学习方式，才能不与社会脱节，也才能深刻体会到知识的魅力。如果做不到终身学习，大学生很难和社会发展相适应，最终可能会被社会淘汰。因此，个性化学习方式成为现代社会发展的一个保障。在个性化学习当中，学习过程的终身性主要表现在以下几方面：生命的不同发展阶段也是学习的不同阶段，并且能通过学习将生命体现出来，对生命的体现便是个性化的形成与发展。只有具备个性化，才能进行创作，从而有所

---

[1] 贾积有，马小强. 适应性和个性化学习系统研究前沿——与国际著名教育技术专家金书轲教授对话 [J]. 中国电化教育，2010 (6)：1—5.

[2] 郭俊荣. 网络教育中个性化学习与协作学习的关系浅析 [J]. 河北广播电视大学学报，2010，15 (2)：9—11.

发展。个性化学习同样伴随着生命发展而发展,属于终身学习。个体追求的自由发展、全面发展等最终目标便是对个性化的追求与发展。①

精神要素的构成主要包括个体的自主性、能动性等内容,并非由于外界刺激形成。这也说明,无论何种方式的学习都属于主动性学习。积极主动的、富有意义的学习行为,将激发大学生个体的潜能、意志力等,并以学习结果的形式展现出来。此外,这种方式还能推动大学生个体整体素质的提高。个性化学习方式是建立在自主构建的基础之上,从大学生角度出发,推动大学生学习能力的提升并展示大学生特点的学习方式。从师生角度来分析,个性化学习就是知识的共享过程。在个性化学习当中,对自主、合作与探究的推崇,体现出对大学生个体本性的尊重。这种学习方式与我国教育改革发展的目标相一致。②

在制定个性化发展的教育理念时,须根据实际教育成效,探索经验并进行总结,在对教育理念深入研究的基础上予以明确。第一,充分利用现有的社会资源以及自然资源,发挥出社会资源以及自然资源的最大价值。尤其是要加强对信息化课程资源的利用,为大学生个性化学习提供便利。第二,进一步提升现代信息技术在高校教学中的使用率,通过改变传统教学方式,促使学生学习方式发生改变,提升学习成效,为大学生实现个性化学习提供必要技术支撑。第三,教师不仅需要改变教学理念以及教育方式,还需要改变对学生的关注重点以及关注面,增加对学生学习素质方面的关注,增强对学生个性化学习的培养力度。③ 此外,个性化学习的关键在于大学生。对教师而言,须主动向大学生贯彻个性化学习理念,并通过教学直接呈现出来,比如认可及正确引导大学生的个性化学习。对大学生而言,学习知识也是体现和形成个性化学习的必经之路。最后,制定个性化学习方式时,需结合学习进度、外界因素以及评价方式等内容,如此才能确保学习方式和实践的无缝对接。

---

① 辛明泉. 网络教育中的个性化学习模型初探 [J]. 教育信息化, 2003 (12): 71—72.
② 李书明, 田俊. 网络学习中个性化学习服务策略研究 [J]. 中国电化教育, 2011 (6): 118—121.
③ 王中华, 熊梅. 高校个性化教学的影响因素及其消解——文化视角的反思 [J]. 现代教育管理, 2012 (7): 80—84.

第二节 个性化学习的理论基础

一、马克思主义关于人的自由全面发展理论

人的自由全面发展是马克思主义的旨归，也是思想政治教育的理论基础和目标任务。马克思主义人学认为，社会发展的过程也是人的发展过程，是人的自由的实现过程，共产主义社会就是一个"自由人的联合体"，是一个"以每个人自由发展为一切人自由发展的条件的联合体"①。人的自由全面发展是相对于人的片面发展、畸形发展而言的。后者也有两个方面，一是个人的片面畸形发展，特别是人的雷同化、平面化和简单化；二是从人的整体上看，个别人、少数人得到了充分发展的机会，而这是以牺牲大多数人发展的机会而换来的。所以，人的自由全面发展应该有这样几个要点：全面、自由、和谐、个性的充分展现。② 人的全面发展是各方面素质和能力得到协调的发展，它是针对传统的人格教育模式中要求千人一面和千篇一律的生活方式、发展方式，提倡在现实条件下尽可能地多样化、个性化发展。③

胡锦涛在清华大学百年校庆大会上的重要讲话中提到，要把大学生的全面发展与个性发展紧密结合起来。个性发展就是要在人的共性的基础上，充分地把人的差别性显示出来，从而使每一个人都具有高度的自主性、独立性与创造性。个性发展是现代社会发展和建设创新型国家对创新性人才培养的必然要求，是人的全面发展的内容和基础，是以人为本的科学发展观的要求。马克思主义人学认为，一个全面发展的人，首先是一个个性得到充分发展的人，其次才是一个社会性与个体性相统一的人。人的自由全面发展是以每个人的自由个性的充分发展为基础和前提条件的。离开了每个人个性的充分发展，人的全面发展就会沦为一句空话。④

人的全面发展、个性化发展都离不开人的个性化学习。个性化学习要求以人为本，以人为中心，把人的全面发展和个性发展作为学习的目的。在个性化学习中，要做到关心人、理解人和帮助人，促进学习者的健康成长。在个性化

---

① 中共中央编译局. 马克思恩格斯选集：第1卷 [M]. 北京：人民出版社，1995：294.
② 崔新健. 人的发展和社会发展互为前提和基础 [N]. 人民日报，2001-9-8（6）.
③ 林伯海等. 思想政治教育的人学取向 [M]. 北京：现代教育出版社，2015：276.
④ 林伯海等. 思想政治教育的人学取向 [M]. 北京：现代教育出版社，2015：278.

学习中，始终要立足于人的自由全面发展和个性化发展，要激发学习者的主体性（独立性）、能动性（自主性）和创造性，这样学习者才能得到良性发展，从而更好地实现学习者的人生价值和人格价值。在个性化学习中，要使人得到全面、个性化发展，需要在学习理念上摒弃过于重视整体性、单一化的学习理念；在学习内容上要摒弃千人一面、整齐划一的学习材料；在学习方法上要做到因人而异；在学习效果的评价上，要摒弃传统单一化和一维化的评价方式。只有如此，才能有效促进学习者的主体意识和独立人格的形成，才能塑造学习者正确的世界观、价值观和人生观。① 关于个性化学习的理论主要有以下几个方面：

（一）马克思、恩格斯、列宁关于人的自由全面发展理论

马克思和恩格斯关于人的自由全面发展理论，是自由发展与全面发展有机统一的理论。马克思和恩格斯认为："每个人的自由发展是一切人的自由发展的条件。"② 对于全面发展，马克思在论述人类的本质过程中指出，人的发展就是人本质的展开，是人对人的本质的全面占有，即"人以一种全面方式，也就是说，作为一个完整的人，占有自己的全面的本质"。③ 由此可见，马克思眼中的全面发展是以自由个性的全面发展为基础、以人的能力发展为核心、以人对人本质的全面占有为目标的全面发展。

马克思和恩格斯关于人的自由全面发展的概念中，不仅不排斥每个人个性的发展，而且是以每个人的自由发展为条件的。人的个性就是人的个体性，是人的实践和社会关系的个别存在形式和表现方式。正如马克思和恩格斯所言："在共产主义社会中，即在个人的独创的和自由的发展不再是一句空话的唯一的社会中，这种发展正是取决于个人间的联系，而这种联系部分地表现在经济前提中，部分地表现在一切人自由发展的必要的团结一致中，最后表现在以当时的生产力为基础的个人多种多样的活动方式中。"④ 自由个性的发展是人的全面发展的基础与根本性标志。

全面发展与个性发展不仅不矛盾，而且是一致的。全面发展是个性发展的基础，个性发展是全面发展的核心和条件。也就是说，人的自由全面发展不是孤立存在的，而"是对人、自然、社会及其相互关系认识不断深化的过程。这

---

① 林伯海等. 思想政治教育的人学取向 [M]. 北京：现代教育出版社，2015：283.
② 中共中央编译局. 马克思恩格斯选集：第1卷 [M]. 北京：人民出版社，1995：294.
③ 中共中央编译局. 马克思恩格斯文集：第1卷 [M]. 北京：人民出版社，2009：189.
④ 中共中央编译局. 德意志意识形态：节选本 [M]. 北京：人民出版社，2003：100.

种深化的结果就是人的需要不断得到满足,利益不断得到实现,能力不断得到开发,人与人、人与社会、人与自然的关系不断得到改善,最终在一个良好的社会环境中实现人的全面发展"[①]。

马克思和恩格斯关于人的自由全面发展理论既强调人的自由发展,又强调人的全面发展;既强调人的自由全面发展,又关注社会的科学发展。

列宁继承、发展了马克思和恩格斯关于人的自由全面发展理论。他从实际出发,把人的自由全面发展的逻辑基点从"未来人应该怎么存在"转化为"现实的人应当做什么",实现了人的自由全面发展内容和形式的具体化。列宁关于人的自由全面发展理论具有鲜明的时代特征:他主张培养造就全面发展的社会主义新人;把社会改造、人的改造与人的全面发展统一起来;在公有制的基础上通过文化变革的途径和方式实现人的自由全面发展。

马克思主义经典作家认为,人的本质是丰富的、多层次的,是在人的需要、劳动、能力、社会关系和个性的全面发展的历史过程中不断生成的,人本质上是在一定社会关系中通过劳动历史地实现其需要、发挥其能力和表现其个性的存在物。因而,马克思主义经典作家所讲的人的自由全面发展,其具体含义就是人的需要、人的劳动、人的能力、人的社会关系以及人的个性等方面的全面发展。[②] 在中国,中国共产党人以中国的实际国情为基础,对马克思主义经典作家关于人的自由全面发展理论进行了继承和发展。

(二) 毛泽东的人的全面发展思想

毛泽东对青年提出了殷切希望,要他们在"德、智、体、美"四个方面全面发展。随后,毛泽东撰写《工作方法六十条(草案)》,提出了"又红又专",其中的"红"就是一个人应当具有的政治素养,"专"就是一个人应当拥有的专业素质。毛泽东指出,"德育是灵魂",并把"德"排在"德、智、体、美"的第一位。这也正是对他提出"又红又专"的验证。[③]

"德、智、体、美"的全面发展也是个性发展。毛泽东所说的"德、智、体、美"全面发展强调个性发展,以个性发展作为主要目标,"德、智、体、美"每一方面都非常重要。毛泽东对于一个人的成长最关注三点:一是个性发展,二是培养创新的精神,三是发挥主观能动性。对于学生的发展他也给出了

[①] 顾相伟. 马克思关于人的全面发展思想的当代价值浅析 [J]. 中国特色社会主义研究,2010(2):86—90.
[②] 中共中央编译局. 马克思恩格斯文集:第1卷 [M]. 北京:人民出版社,2009:189.
[③] 边彦军,王莉,倪花. 毛泽东邓小平江泽民论教育 [M]. 北京:中央文献出版社,2002:14.

建议，鼓励学生一定要"生动、活泼、主动"。并且，要求教育者根据学生不同的个性因材施教，促进学生的个性发展。这就对现代教育提出了要求，要根据不同学生，开展个性化教学，对学生各方面的能力进行培养，深入发掘学生的潜力，采用创新型的教育模式，重视学生的创造力和个性发挥。[①]

（三）邓小平的人的全面发展思想

邓小平认为教育要面向现代化、面向世界、面向未来。在这"三个面向"中，核心是教育现代化，它不仅是对学校办学条件和设施提出的要求，更强调教育要在方法、技术、评价和科研上现代化；此外，最关键的是教育在办学模式和理念、教育制度、课程设置上要现代化。

"四有新人"是人的全面发展的目标。邓小平在1985年召开的全国共青团思想政治教育工作会议上指出，我们进行教育的目的就是通过实践，培养出一批有理想、有道德、有文化、有纪律的"四有"新人，同时还尤其强调了其中理想和纪律的重要意义，认为"我们这么大一个国家，怎样才能团结起来、组织起来呢？一靠理想，二靠纪律"[②]。

此外，邓小平还非常注重协调发展社会主义物质文明和精神文明。他强调，要一手抓物质文明，一手抓精神文明，两手都要抓，两手都要硬。同时，他还十分重视人的发展，指出为了促进人的全面发展要创造一个良好的社会条件，从社会发展的角度看待人的发展问题，进而实现发展人的目的。对于人的发展来说，物质基础是发展生产力；思想路线是解放思想、实事求是；文化条件是精神文明建设。并且，邓小平十分重视教师的重要地位。他认为，学校能否培养符合社会主义要求、德智体全面发展、有社会主义觉悟、有文化的劳动者，最关键的因素就是老师[③]。

（四）江泽民的人的全面发展思想

江泽民指出，人的发展要和物质文化的发展同步进行，二者相互补充、促进。他在党的十六大报告上提出，要把我们整个民族的思想道德、科学文化以及身体健康三大素质进行提高，进而使我们能够全面发展。[④] 他认为，"人的发展越全面越能得到更多的物质文化财富"，在人的全面发展和物质文化间存

---

① 毛泽东.毛泽东文集：第8卷[M].北京：人民出版社，1993：376.
② 邓小平.邓小平文选：第3卷[M].北京：人民出版社，1993：111.
③ 邓小平.邓小平文选：第2卷[M].北京：人民出版社，1993：40.
④ 江泽民.江泽民文选：第3卷[M].北京：人民出版社，2006：514.

在着一种正比的关系，后者的满足将对前者有着非常重要的促进作用，而前者对于后者来说也是不可或缺的动力。①

重视人的主体地位和创新素质的提高。在"三个代表"重要思想中，"始终代表最广大人民群众的根本利益"有着十分关键的地位。这既强调了人的主体地位，又重视人的创新思维的培养，也就是江泽民所说的"不唯本本，与时俱进，不守教条，不断推进理论创新、体制创新、科技创新"。对于大学生，他希望他们具有敢于创新的思想，变成敢于创新的人。②

（五）胡锦涛的"以人为本"教育思想

以人为本是科学发展观的核心。过去的发展观认为，发展就是经济的快速运行，就是国内生产总值的高速增长，它忽视甚至损害了人民群众的需要和利益。这种发展观"见物不见人"，其实质是一种"以物为本"的思想，它和以人为本所代表的是两种不同的发展观。以人为本的思想是对中国传统文化中以民为本思想的继承和发展。以人为本是马克思主义关于人的思想的本质体现，以民为本是中国传统文化中具有积极意义的可贵说法；以人为本发展经济是不断满足和丰富群众物质生活的基础和前提，以民为本发展经济是将仁义道德放在物质利益之上；以人为本是要充分发挥广大群众的创造性和体现广大人民群众的根本利益，以民为本是中国古代统治者的治国术略。

以人为本的科学内涵需要从两个方面来把握。

首先是"人"这个概念。"人"在哲学上常常和两个东西相对，一个是神，一个是物，人是相对于神和物而言的。因此，提出以人为本，要么是相对于以神为本，要么是相对于以物为本。大致说来，西方早期的人本思想主要是相对于神本思想，主张用人性反对神性，用人权反对神权，强调把人的价值放到首位。中国历史上的人本思想主要是强调人贵于物，"天生万物，唯人为贵"。在现代社会，无论是西方还是中国，作为一种发展观，人本思想都主要是相对于物本思想而提出来的。

其次是"本"这个概念。"本"在哲学上可以有两种理解，一种是世界的"本原"，一种是事物的"根本"。以人为本的本，不是"本原"的本，是"根本"的本，它与"末"相对。以人为本就是说，与神、与物相比，人更重要、更根本，不能本末倒置，不能舍本求末。我们大家所熟悉的"百年大计，教育

---

① 江泽民. 论"三个代表"[M]. 北京：中央文献出版社，2001：295.
② 江泽民. 在庆祝中国共产党成立八十周年大会上的讲话[M]. 北京：人民出版社，2001：131.

为本；教育大计，教师为本"，以及"学校教育，学生为本"等，都是从"根本"这个意义上理解和使用"本"这个概念的。

坚持以人为本，同我们党全心全意为人民服务的根本宗旨和代表中国最广大人民群众的根本利益的要求，是一脉相承的。科学发展观明确把以人为本作为发展的最高价值取向，就是要尊重人、理解人、关心人，就是要把不断满足人的全面需求、促进人的全面发展，作为发展的根本出发点。人类生活的世界是由自然、人、社会三个部分构成的，以人为本的科学发展观，从根本上说就是要寻求人与自然、人与社会、人与人之间关系的总体性和谐发展。

（六）习近平的人的全面发展理论

以习近平同志为核心的党中央适应时代的要求和人民的期盼，以实现中华民族伟大复兴的中国梦为核心，适时提出了"四个全面"的发展理论和"五大发展理念"，提出了"一带一路"的发展思路，根据时代的呼唤和要求，及时提出了精准扶贫的具体举措，采用个性化的、"精确滴灌"非"大水漫灌"的方式来进行扶贫攻坚，逐步实现全民小康，为人的全面发展奠定坚实的物质基础。

习近平的人的全面发展理论中贯彻的核心理念就是以人民为中心，以人民为师，始终把人民放在核心位置和中心地位。他强调："一定要坚持从维护最广大人民根本利益的高度，多谋民生之利，多解民生之忧。"他深知，我们党要成就民族复兴伟业，根基在人民、血脉在人民、力量在人民，必须时刻把人民的利益高高举过头顶。这种爱民为民的博大情怀，充分体现了我们党把人民根本利益作为治国理政出发点和落脚点的价值追求。

习近平指出人的全面发展离不开人的全面学习。他提倡主动来一场"学习的革命"。他围绕"为何学？为谁学？学什么？怎样学？"提出了一系列的学习要求。他在《之江新语》中指出："我们一定要强化活到老、学到老的思想，主动来一场'学习的革命'，切实把外在的要求转化为内在的自觉，让学习成为自己的一种兴趣、一种习惯、一种精神需要、一种生活方式。"他还将学习提到了前所未有的高度，他指出：学习是文明传承之途、人生成长之梯、政党巩固之基、国家兴盛之要。

二、中国古代儒家个性化学习理论

（一）因材施教

所谓"因材施教"，是指针对不同教育对象的特点和实际情况，采取不同的教育方式。孔子最早提倡因材施教，他要求对学生"听其言而观其行"(《论语·公冶长》)，根据学生的才能的高低进行教育："中人以上，可以语上也；中人以下，不可以语上也。"(《论语·雍也》)① 在他看来，每个人的智力、性格都存在着差异，教育应以学生的不同才能和特长作为依据。宋代理学家程颐曾说："孔子教人，各因其材，有以政事人者，有以言语人者，有以德行人者。"从《论语》中可以看出，孔子采用过多种不同的教育方法。

第一，对不同智力水平的学生采用不同的教育方法。孔子从学生智力水平的客观实际出发，把学生大致分为"上智""中人""下愚"(《论语·阳货》)三类。孔子弟子中，既有"闻一知十"的颜回，又有"闻一知二"的子贡，智力水平参差不齐。智力较低甚至于"下愚"的学生，只能教给他们与其智力水平相符的知识，否则，"欲速则不达"。《论语》中子张、子路、子夏、子贡、仲弓都曾向孔子"问仁"，孔子根据每个人的不同个性予以解答，表现出对不同个性的宽容和尊重。例如：

> 颜渊问仁。子曰："克己复礼为仁。"
> 仲弓问仁。子曰："出门如见大宾，使民如承大祭。己所不欲，勿施于人。在邦无怨，在家无怨。"
> 司马牛问仁。子曰："仁者，其言也訒。"
> 子贡问为仁。子曰："工欲善其事，必先利其器。居是邦也，事其大夫之贤者，友其士之仁者。"
> 子张问仁于孔子。孔子曰："能行五者于天下，为仁矣。""请问之。"曰："恭、宽、信、敏、惠。"

这样的事例还有很多，如"问礼""问政""问君子"等。②

第二，针对学生的个性特点进行教育。孔子认为，学生的个性特点千差万别，因此教学的方法应有所不同，教学的内容应各有侧重，不能千篇一律。由于子路"好勇过我"，遇事鲁莽，故孔子就给他泼点冷水，告诫他凡事要谨慎考虑，多听他人的意见再行动；由于冉有胆小怕事，遇事退缩无主见，故孔子就给他加油打气，鼓励他更加果敢大胆地行动。

第三，根据学生的年龄特征、兴趣爱好进行教育。孔门弟子年龄参差不齐，有与孔子年龄相仿的，如秦商、子路；有与孔子差一代的，如颜回、子

---

① 山西省孔子学术研究会. 孔子思想研究文集[M]. 太原：山西人民出版社，1991：330.
② 史仲文，胡晓林. 新编中国春秋战国史：下册[M]. 北京：人民出版社，1995：156.

贡；也有差别特大的，如子张、子骄。不同年龄的学生有不同的需要，应区别对待。

孔子说："君子有三戒：少之时，血气未定，戒之在色；及其壮也，血气方刚，戒之在斗；及其老也，血气既衰，戒之在得。"（《论语·季氏》）①

对三类学生他分别提出了应注意的不同方面，很值得我们珍视。学生各有不同的兴趣爱好，所谓"知者乐水，仁者乐山；知者动，仁者静"。弟子中，颜回好仁，子路好勇，子贡好商，冉求好政。孔子根据其不同的兴趣爱好分别设立德行、言语、政事、文学四科，使其特长都得到充分发挥。②

孟子也非常强调因材施教，强调教学方式的变化。孟子认为：因为学习环境的不同，所以人的发展会不同，教育要根据学生的特点和所处的不同环境，分别给予不同的教育方法。孟子把学生分为五种类型，有的只要点化一下，有的重在德行修养，有的需要发展才智，有的需要解答疑问，有的则需要用"私淑弟子"的方式进行间接教育。③

（二）学思结合、知行合一的学习理论

学习是"修齐治平"的基础，只有重视自身的修养，才能够造就理想人格，实现"内圣外王"的最高理想。传统儒学重在培养治世"贤才"，在教学内容上实行"四教"（文、行、忠、信）、"六艺"（礼、乐、射、御、书、数）、"六经"（诗、书、礼、乐、易、春秋）。而在学生学习的过程中，又提倡循序渐进、专心致志、虚心涵泳、居敬持志等学习方法和态度。

孔子有云："学而不思则罔，思而不学则殆。"④《礼记·中庸》把孔子学思并重的思想进一步发展为"博学之，审问之，慎思之，明辨之，笃行之"五个学习步骤，充分肯定了其中相辅相成的关系。孟子强调"思"说："尽信书则不如无书。"而朱熹又进一步发展了《礼记》中的观点。到了王夫之那里，则认为"学愈博则思愈远"。这些对学思关系的精辟总结对培养学生的独立思考能力是有着重要启发性的。⑤"知"和"思"的同时还要"习"与"行"，孔子说"敏于事而慎于言"，荀子说"知之不若行之"，朱熹主张"力行""知行相须互发"，王守仁主张"事上磨炼"，王夫之认为"知行相资以为用"，颜元

---

① 周远斌. 论语校释辨正 [M]. 北京：人民出版社，2014：276.
② 李长泰. 天地人和——儒家君子思想研究 [M]. 北京：人民出版社，2012：359.
③ 潘懋元，王伟廉. 高等教育学 [M]. 福州：福建教育出版社，2005：13.
④ 周远斌. 论语校释辨正 [M]. 北京：人民出版社，2014：34.
⑤ 张传隧，周卓莹. 论教育传统与教育创新 [J]. 大学教育科学，2007（3）：14—19.

倡导"习行教学法"。虽然在知与行的先后、难易问题上各有己见，但都注重"行"在为人与治学方面的重要性。又例如如何处理"广博与专精"的关系，孔子说："博学于文，约之以礼。"韩愈在《进学解》中一方面强调博学，另一方面又主张"提要钩玄"。由博返约，以约驭博，是相辅相成的两个方面。

（三）教学相长

教和学两方面互相影响和促进。教学是教与学的交往互动，师生双方相互交流、相互沟通、相互启发、相互补充，在这个过程中教师与学生彼此间进行情感交流，从而达到共识、共享、共进，实现教学相长与共同发展。读过《学记》的大学生都知道，教和学相互促进的主要目的在于说明一个道理，那就是教师教学和学生学习的关系，它实际上是一个事情的两个方面，是同一个主体在学习和使用、知道与执行、理论学习和实践学习上的两个方面。而这个人，这一主体，《学记》特别选取了"教师"。此后"教学相长"在儒家教育思想的滋养下得到了拓展。教与学的辩证统一关系不再是单就教师一方而言的，它被迁移到教学活动中，用来说明教师的教与学生的学相互促进，共同提高。[1] 与此同时，"教学相长"也具有了"教师与学生之间平等地相互促进的关系"的含义。从本义到引申义，并不是一个简单的"望文生义"的过程，而是以深厚的儒学思想为背景，经过长期的历史积淀而形成的。

早在《学记》成书之前，孔子就认为"三人行，必有我师焉。择其善者而从之，其不善者而改之"，"后生可畏，焉知来者不如今也"。这些思想为后来人们从师生可以相互学习相互促进的角度来理解"教学相长"奠定了基础。孔子善教且善学，他知识广博的同时仍然虚心同自己的学生切磋，向学生学习，从学生那里得到启示。他将"教"与"学"完美地统一在自己身上，也完美地统一在他的教学过程中。[2] 学生在他的教学中受益匪浅，而他自身也在这个过程中获得提升。

历代儒家学者秉承孔子的遗风，进一步对相互切磋、相互学习的师生关系进行分析探讨，继承和发展了"教学相长"的教学思想。韩愈在《师说》中写道，"弟子不必不如师，师不必贤于弟子，闻道有先后，术业有专攻，如是而已"。师生各有长短，应该相互学习。王守仁提倡学生"谏师"，他指出，"使吾而是也因得以明其是；吾而非也，因得以去其非，盖教学相长也。"也就是

---

[1] 邵汉明，刘辉，王永平. 大众儒学 [M]. 北京：人民出版社，2014：251.
[2] 谭咏梅. 论"教学相长"涵义的历史演变 [D]. 长沙：湖南师范大学，2005：33.

说，建立民主的师生关系，使学生敢于指出教师的过失，不论对错，都是令双方明辨是非、教学相长的好方法。① 颜元认为教师和学生之间应该是亦师亦友的关系，他明确提出了"相互师友"师生观。后人研究了以孔子为代表的历代儒学教育家的教学风格以后，不断领悟到教与学、师与生之间平等互动的相互作用关系及其意义，并根据自己的理解注解"教学相长"。

三、西方现代个性化学习理论

（一）建构主义学习理论

随着社会的发展以及教育的不断改革，高校开始转变传统的教学方式，取而代之的是认知学习理论教学。由于心理学的深入发展，在教育理论当中形成了建构主义学习理论，并且在西方国家中得到广泛运用。

苏联早期著名心理学家维果茨基和瑞士著名心理学家皮亚杰，是建构主义理论的两位奠基者。维果茨基被公认为建构主义的主要奠基者，原因在于他尖锐地批判了心理学研究中无视动物行为和人的心理活动存在本质差异的纯生物学观点和自然主义倾向，突出强调了个体心理发展的社会文化历史背景，他深入研究与揭示了"活动"和"社会交往"在人的高级心理机能发展中的重要作用，创立了后来在心理学界中被广泛接受和采用的"内化说"。维果茨基指出，人的心理发展的第一条客观规律是：人所特有的高级心理机能不是从内部自发产生的，它们只能产生于人们的协同活动和人与人的交往中；与此相关的第二条客观规律是：人所特有的并且不断发展的高级心理结构与机能最初必须在人的外部活动中形成，随后才有可能转移至内部，成为人的内部各种复杂心理过程的结构。因此，人的心理发展既是个体的又是社会的，个体的知识建构过程和社会共享的理解过程是不可分离的，这显然是深刻的"社会建构主义"。

在对学习的研究中，皮亚杰综合吸取了心理学许多不同派别的观点，他的研究与格式塔学派从整体上研究有机体结构的探索有相同之处，但二者又存在着明显差别。比如，二者虽然都反对行为主义的刺激——反应公式，都认为主体的内在结构是认识活动的重要前提，但格式塔学派认为主体的知觉结构是遗传的，组织作用是神经系统一种原始性的先验机能；皮亚杰则认为人类认知结构的图式及其对外界刺激的同化作用都是在后天活动中发生和发展的。又比

---

① 陈修梅，储红玲."教学相长"的时代内涵[J].安庆师范学院学报（社会科学版）.2004，23（2）：111-113.

如，两者都认为在学习活动中，为了适应环境的变化，主体的认知结构会发生相应改变，即格式塔转换或图式更新，但格式塔学派只承认格式塔的共时性突变，否认主体结构的历史因果性发展，认为儿童与成人具有相同的知觉结构；皮亚杰则揭示了图式从量变（同化）到质变（顺应）的历时性进化，认为儿童的认知结构与成人是不同的。他还通过大量的观察、试验、研究，将儿童认知结构的发展划分为四大阶段，揭示了不同阶段思维活动的特点和质的区别。正是在对格式塔学派的这种超越中，皮亚杰将心理学研究方法论中静态的结构主义发展为动态的建构主义。建构主义学习理论的内容很丰富，其核心的观点是：以学生为中心，强调学生对知识的主动探索、主动发现和对所学知识意义的主动建构（而不是像传统教学那样，只是把知识从教师头脑中传送到学生的笔记本上）；学习不是由教师把知识简单地传递给学生，而是由学生自己建构知识的过程；学生不是简单被动地接收信息，而是主动地建构知识，这种建构是无法由他人来代替的；不仅强调对学习者个性的尊重，而且强调对学习对象的不同特点的区分和把握，为他们设计个性化的学习方式。[①]

在建构主义理论教学中，更加关注学生主动获取知识的能力，而不是教师对知识的传授。根据建构主义学习理论，在社会化大背景下，学生应利用外界资源进行学习，比如利用教师以及同学的帮助、学习资料的共享等获取知识。在这种学习方式中，学习者主要利用与他人沟通的方式进行学习活动，所以，建构主义理论教学主要包括情境、合作、对话以及意义构建四个部分。[②]

在学习过程中，学习情境应该符合所学知识要求，并且能够促使学生进行意义构建。因此，这种方式对教学的要求更加严格。换言之，教师在考虑教学目标的同时，还应该注重对情境的创造，将这种情境的创造作为教学内容中不可忽视的部分。

合作贯穿于学习过程的所有阶段。通过合作，能够促使学生提升资料搜集、分析问题、解决问题的能力。对话，是合作中必不可少的构成要素。不同的学习成员，需要通过对话沟通进行合作，以此实现学习目标。[③] 因此，合作过程也是对话过程，并且是实现学习资源共享的重要方式。

意义构建是学习的最终目的。因此，促使大学生个体掌握事物的内在联系、发展规律、本质属性等内容，是建构主义重点强调的教学内容。学生能够

[①] 俞静，甘祀初. 基于建构主义的 CSCW 个性化的网络学习模型 [J]. 计算机科学，2005，32 (7)：245-248.

[②] 钟志贤. 建构主义学习理论与教学设计 [J]. 电化教育研究，2006 (5).

[③] 何克抗. 论创客教育与创新教育 [J]. 教育研究，2016 (4).

获取的知识量多少，主要是由自身经验决定的，而非单纯对知识的背诵以及教师的授课质量所致。[①]

对大学生而言，建构主义学习理论要求学生按照实际能力，对外界资源进行选择，主动进行知识建构，并在此基础上了解自身的价值与意义。在获得学习意义的过程当中，是以大学生自身的知识经验的积累作为前提，在此基础上对知识进行重新认知，从而加强对知识的理解。在该行为中，由于获取了新知识，学习者转变了对原有知识的认知与了解，推动其知识结构发生改变。

将建构主义理论教学运用到个性化学习当中，主要通过以下几方面表现出来：第一，教师对学生学习的引导占据主导地位。而学生作为学习的主体，是知识的接受者。第二，改变了传统的教学方式，实施面向学生的教学，同时注重对学生个性化学习情境的构建。第三，知识构建的方式不断增加，并向多元化方向发展。学生能按照自身特点及爱好，选择不同的学习方式。[②] 建构主义理论强调要在学生原有学习经验、心理特点以及意志力的基础上进行教学。同传统教学相比，建构主义理论教学尤为重视学生自主性、社会性以及情境性的创造与培养。

大学生在这一模式下学习，能和原来的知识、学习经验联系起来，能和所学知识构成紧密的连接，形成全新的知识内容与认知模式。由此形成的认知模式具有较强的创新思维，且不同于原来的认知模式。[③] 因此，建构主义学习理论将学习过程视为质的提升，是在主动学习的前提下形成的，并不是被动接受的反应学习模式。

（二）人本主义学习理论

人本主义心理学是 20 世纪五六十年代在美国兴起的一种心理学思潮，其主要代表人物是马斯洛（Maslow）和罗杰斯（Rogers）。人本主义的学习与教学观影响了世界范围内的教育改革，是与程序教学运动、学科结构运动齐名的 20 世纪三大教学运动之一。在人本主义者看来，教育的本质是以人的自我完善为根本目的的，学习的关键在于开启学生的心灵，使他们能够充分认识自

---

① 廖家宝，赵成凤. 基于建构主义理论的高职英语阅读教学［J］. 英语广场：学术研究，2013（4）：61－62.

② 孟玲玲. 基于网络的个性化学习平台的设计与开发研究［D］. 南昌：江西师范大学，2004：48.

③ 李华，何茜，吴中福. 基于 Web 的个性化学习系统研究［J］. 计算机工程与应用，2002，38（13）：239－242.

我、发展自我进而超越自我，实现自我的最高价值。人本主义强调人的尊严和价值，重视学生的个体差异和价值。人本主义教育理论认为，不但要注重学习者的认知结构，而且要重视学习者的情感。在学习上，人本主义强调个性与创造性的发展，主张以学生为中心，放手让学生自我选择、自我发现，主张教育是为了培养心理健康、具有创造个性的人，并使每个学生达到自己力所能及的最佳状态。[①]

罗杰斯认为，人类精神世界不可分割的两个部分是情感和认知，二者是不可分割融为一体的。所以，罗杰斯的教育理念是：培养"身体、心智、情感、精神和心力融为一体"的"完人"，也就是既要用情感的方式，又要用认知的方式行事的知情合一的人。[②] 当然，"完人"只是理想状态模式，要想实现这一教育理念，必须有一个实际的教学目标。这一实际教学目标就是"推动变化和学习，培养出能适应变化以及知道如何学习的人"。人本主义学习理论注重的是教学过程而不是内容，注重的是教学的方法而不是结果。人本主义强调教学的目标在于促进学习，因此学习并非教师严格强迫学生顺从地学习枯燥乏味的教材，而是让学生在好奇心的驱使下去吸收自己觉得有趣和需要的任何知识。

人本主义学习理论的发生晚于行为主义以及精神分析心理学，因此，它被学术界称作现代心理学的第三种力量。人本主义学习理论强调从人的经验和感受来了解人的各种心理，重视人的本性、尊严、理想和兴趣，认为人的自我实现和为了实现目标而进行的创造才是人的行为的决定因素。

人本主义学习理论与建构主义理论既有相同之处，又有不同之处。相同之处在于：强调自主学习、合作学习以及建构知识的意义等方面。不同之处在于：人本主义学习理论将人的发展作为重点。人本主义学习理论不仅强调学生的自主学习能力，还重视学生自我发展的程度。换言之，人本主义学习理论是将充分发掘以及培养学生的创新能力与创新思维当作重点，进行以创新为重点的情感教学。建构主义理论缺乏对学生个体潜能的发掘，也不重视情感教育。因此，是否强调对学生创造性思维的培养，是否重视对学生的情感教育成为二者的最大区别。人本主义学习理论主要包括以下几方面：学生个体的潜能观

[①] 宋茜. 基于网络的个性化学习系统研究[D]. 上海：上海师范大学，2002：6.
[②] [美]卡尔·罗杰斯，杰罗姆·弗雷伯格. 自由学习[M]. 伍新春等译. 北京：北京师范大学出版社，2006：8.

念、自我实现观念、创造观念、情感因素观念以及师生观念。① 人本主义学习理论学家指出，大学生个体在学习与工作中，都具备较强的潜能发挥能力。教育的本质是将学生的潜在能力充分激发出来，尽可能多地挖掘学生的潜力。马斯洛也持相同的观点，他认为所有人都有健康发展的渴望，并且希望自身能力得以充分发挥。在人本主义学习理论中，如何发掘出学生的最大潜能成为研究的重点。从此方面进行研究，人本主义学习理论不仅重视"以学生为主体"的教育方式，还注重教师的引导作用。② 人本主义学习理论尤为重视学生的自我发展或自我价值的实现，并积极引导、鼓励学生实现自我价值。但是受大学生实际情况的影响（比如知识的理解能力、掌握情况、心理承受力、兴趣爱好等），实际教学效果会出现较大的差异。因此，教师在实际教学过程中，应该根据学生的不同情况采取针对性教学方案，尽可能地为学生创造出适合学习的不同教育环境，确保所有学生都能发挥出最大潜力。通过这种教育模式，可以满足学生们不同的个性化需求，实现学生个性化发展。和建构主义理论相似的是，人本主义学习理论也比较重视大学生自身实际能力的培养与教育。人本主义学习理论把创新作为教育的重点。每个大学生个体都具备创新能力和创造潜能。因此，教师的职责是积极主动挖掘学生的潜力。创新能力不只局限于社会精英、专家，社会各个阶层的群体都能进行创新。

人本主义学习理论认为融洽的师生关系对学生的个性化学习和发展尤为重要。这种教育理论认为应该建立一种轻松融洽的师生关系，促使学生与教师之间形成民主、平等的师生关系。教育者应该充分尊重学生，尊重学生的个性化学习需求，认真对待不同的学生个体，根据学生个体的实际情况进行教学。此外，教育者还应该提高对大学生的信任度，减轻学生的压力，使学生能够在轻松愉快的环境中进行学习，减少负担。正如人本主义理论的奠基者之一的罗杰斯指出的那样，教学模式是否优秀取决于师生之间关系是否融洽，它依赖于轻松融洽的学习氛围。③

（三）多元智能理论

多元智力理论的提出为个性化学习奠定了坚实的基础。美国哈佛大学心理

---

① 王新民，刘小应. 人本主义学习理论及其对新课程改革的启示 [J]. 河南职业技术师范学院学报（职业教育版），2008（1）：107—109.
② 刘宣文. 人本主义学习理论述评 [J]. 浙江师范大学学报，2002，27（1）：90—93.
③ 张满才. 关于人本主义思想与远程教育基础理论若干关系的探讨 [J]. 电化教育研究，2009（5）：25—29.

学家加德纳教授对传统智力理论指导下运用智力测验，为学生贴标签排队分等的做法持否定态度，进而指出了传统智力理论的缺陷。加德纳认为，人的智力是多元的。在早期的研究中，加德纳提出了言语/语言智力、逻辑/数学智力、视觉/空间关系智力、音乐/节奏智力、身体/运动智力、人际交往智力、自我反省智力七种智力。他在1998年和1999年又分别提出了自然探索智力和内省智力。加德纳指出，每个人都在不同程度上拥有上述九种智力，各种智力的不同组合和发展表现出了个体间的智力结构与发展水平的差异和行为特征上，尤其表现在个体解决现实生活问题和创造社会有效产品方面的能力差异与行为特征上。多元智力观的核心思想是要我们认真地研究并尊重个体间的个别差异。从理论上讲，任何个体都不可能在单一的智力方面得到有效的表现。从实践上讲，某一种教育方法只能适合某一些学生，教育如果以最大化的个别方式来进行就会产生其最大功效。教育最大化个别方式的极限就是个性化学习。多元智力理论强调学习者智力的个体差异性，这为个性化学习提供了坚实的智力理论基础。①

江西师范大学杨南昌2003年的硕士学位论文《基于多元智能（MI）的个性化学习研究》就是专门以多元智力理论为基础进行个性化学习研究的。在论文中，作者从智力观、人才观、教学观、课程观和评价观等角度对基于多元智力理论的个性化学习进行了系统的研究和分析。他指出，多元智能理论的智力观重在突出差异性。每个正常人都在一定程度上拥有多项技能，并都有各自的智能强项和弱项。智能之间的不同组合表现出个体间的智能差异，即每个人都有自己独特的智能图式；多元智能理论的人才观是一种全面的、多样化的人才观，认为"能够成功地解决复杂问题的人"都是人才，它超越了传统的、狭窄的人才观和偏重培养语言智力、数理逻辑智力的教学观与评价观。每个学生都有一种或数种优势智能，只要教育得法，每个学生都能成为某方面的人才，都可能获得某方面的专长；多元智能理论的教学观是一种个性化的、因材施教的教学观。每个学生都具有在某一方面或几方面的发展潜力，教育应该为学生创设多种多样的、有利于发现、展现和促进各种智能的情景，为学生的学习提供多样化的选择，使学生能扬长避短，激发潜在的智能，充分发展个性。只要为他们提供了合适的教育和训练，每个学生的相应智能水平都能得到发展；多元智能倡导的课程观与传统课程观有着根本不同，主要表现为课程目标的发展

---

① 李广，姜英杰. 个性化学习的理论构建与特征分析 [J]. 东北师大学报（哲学社会科学版），2005（3）：152—156.

性、课程内容的统整性与主体的参与性、课程模式的多元化与个性化、课程实施的情境化等；多元智能的评价观走出了传统评价的甄别误区，是一种超越传统单一纸笔测试、质性评价为主、量化评价统整于自身的多维评价，是以评价促发展的积极评价观。它是主张以多种渠道、在多种不同的实际生活和学习情景下进行的，切实考查学生解决实际问题的能力和创造出初步产品（精神的/物质的）能力的评价。①

学者加德纳认为智能是通过不同的组合方式体现出来，不同的学生个体具有不同的智能组合方法，这种方法具备多元性。在反复试验与研究的基础上，不同的个体具备的智能主要包括以下八个方面。

（1）语言智能。这种智能主要是指个体对语言的了解与运用程度，并通过个体的语言表达体现出来，比如个体对事情的描述、思想表达、与人交流等。这种观点在医学界得到证实，布洛卡区以及韦尼克区承载着大脑语言功能。语言智能在节目主持人、记者、演讲家等职业人群中表现得特别明显，主要代表人物有莎士比亚、马克·吐温等。②

（2）音乐智能。这种智能主要是指个体对事物的识别以及记忆、表达音乐的能力。这种智能能促使个体进行音乐创作，从而方便交流。其中包括个体对音乐节奏、韵律、音色等方面的辨别。音乐家、作曲家将这一智能体现得尤为明显，主要代表人物有莫扎特、贝多芬等。

（3）逻辑数学智能。这种智能主要是指对数字的理解与运用，以及个体的推理能力。这种智能的典型代表人物类型为科学家、数学家以及逻辑学家，比如：阿基米德、伽利略等代表人物。③

（4）空间智能。这种智能主要是指个体对视觉性以及空间性信息的敏感程度，并且通过对视觉性以及空间性事物的认知体现出来，是个体对色彩、空间位置等内容的体验能力。这种能力的典型代表为画家、雕刻师等，比如达·芬奇、凡·高、莫奈。

（5）肢体运作智能。这种智能是指个体通过运用整个身体进行情感表达，并且利用双手和智慧生产或改造事物的能力。肢体运作智能可有效协调身体动作，促使身体通过动作表达思想，是个体自身体验和触觉形成的一种智能。其中最重要的是个体对身体的实际掌控能力、对事物的实际操作能力以及身体与

---

① 杨南昌. 基于多元智能（MI）的个性化学习研究 [D]. 南昌：江西师范大学，2003：64.
② [美] H. 加登纳. 智能的结构 [M]. 兰金仁译，北京：光明日报出版社. 1990：81.
③ 沈致隆. 对话加德纳："多元智能"我们不能简单理解 [N]. 中国教育报，2004-08-05.

大脑的协调和统一。① 这一智能的代表有运动员、舞蹈家、外科医生等。

（6）人际智能。这种智能是指能够有效地理解别人及与人交往的能力。人际智能的主要内容便是能够准确了解他人的感受、情感波动、观念等，并据此做出相应的行为。这种智能在教师、医生以及推销员身上体现得较为明显。

（7）内省智能。这种智能是指自我反省与认知能力，主要体现在能客观地进行自我评价，能正确分析自己的优缺点和个性等。通过对上述因素的认知，个人会采用合适的方式调整心理状态。它能够使人客观看待自身的求知欲、对生活的态度以及自身优缺点等，并以此规范自身行为。② 这种智能在哲学家、心理学家、政治家等职业人群中体现得较为明显。

（8）自然探索智能。这种智能主要是指对外界事物的观察辨别能力。具体而言，这种智能除包含对自然界内事物的探索能力外，还包括对人类社会的观察与探索能力。③ 这种自然探索智能的典型代表为植物学家等。

在上述智能当中，语言智能与逻辑－数学智能是公认的两大智能。这两种智能被人们广泛研究测试，同时还能实现量化。在传统的智能检测中，也是将语言智能、逻辑数学智能当作测试的主要内容。

（四）有效教学理论

有效教学（effective teaching）是教育学的一个重要分支。它既是一门理论科学，也是一门应用科学。20世纪教育科学化运动发展时，有效教学理论出现并开始发展，特别是在美国实用主义哲学以及行为主义心理学快速发展时期，有效教学理论逐步发展到世界各国，并在不同国家的教学中广泛应用。此外，学术界对教学是艺术还是科学的争论也进一步推动了有效教学理论的传播与发展。

国外对有效教学概念的界定主要有两种：一种是描述式定义，另一种是流程式定义。描述式定义认为有效教学是能够产生有效学习的教学，以美国的默塞尔为代表。他认为有效教学应以学生为中心，以教学结果为判定依据，认为教学结果能持久、学生能自由、有伸缩性、能在生活中运用的教学才是有效教

---

① 朱成科. "多元智能理论"研究中的问题及其本土反思 [J]. 外国教育研究，2007，34（1）：8－13.

② 薛荣，朱正东. 多元智力理论视野下的外语教学评价 [J]. 南京师大学报（社会科学版），2008（6）：86－91.

③ 张丕丽. 多元智能理论在教学实践中的应用 [J]. 山西煤炭管理干部学院学报，2009（2）：53－54.

学。① 这种界定更多地考虑的是教学结果的因素，忽视了教学过程因素。

流程式的界定是采用流程图的方式分析教学有效性的各个环节及它们之间的关系，从背景、过程、产出的角度来考虑教学的有效性。这种观点将教学有效性分析成一个由背景变量、过程变量、产出变量构成的流程。背景变量包括教师特征、学生特征、班级特征、学科特征、学校特征、社区特征和时机特征等。过程变量主要包括对教与学的看法、对教学理论的把握、对教学目标的看法等，过程变量的相互作用最终影响到产出变量。产出变量包括短期结果或长期结果，以及认识或情感方面的教育结果。② 这种观点充分考虑了教学有效性的影响因素，不足之处在于过多地强调观念的重要性，忽视了对教学行为的研究。

有效教学理论主要针对教学过程中学生的成长情况进行分析。主要内容有以下几点：第一，教师在教学过程中，需要有"教"的观念。教学活动并非单一的行为，而是和学生息息相关，没有学生就没有教学。因此，在进行教学活动时，应该明确学生在教学活动中的重要地位。③ 第二，在教学过程中，教师应该树立培养学生全面发展的观点。教师不应只培养学生某一方面的能力，而应树立全面发展理念，推动学生身心健康全面发展。第三，教师应该注重教学质量，重视教学成效。教师教学活动中，不仅要杜绝凭感觉教学，还要注意和重视教学成效。第四，在有效教学理论中，较重视教学的可测性以及量化。④ 例如：制定清晰明确的教学目标，了解教师的实际教学质量。但需注意的是，有效理论教学需掌握量化的度，不能一味反对量化，也不能过于依赖量化。第五，在有效教学理论中，需要教师进行自我反思。教师不仅要对自身教学活动进行反思，还要对自身教学活动进行追问。⑤ 比如：教学目的是否达到、教学活动是否高效等。

教学成效的高低是有效教学理论的关键，教学成效的高低是以学生学习成效为对象进行评价，而不是对教学过程进行评价。一旦出现学生不学习或者缺乏学习热情的情况，无论教师教学过程如何辛苦都被视为无效教学。如果学生在学习过程中进度缓慢，学习效果不明显，则被视为低效教学。学生通过学习后是否成长、是否得到发展是有效教学理论衡量教学成效的标准。

---

① 高慎英，刘良华. 有效教学论 [M]. 广州：广东教育出版社，2004：13.
② 崔允漷. 有效教学：理念与策略（上）[J]. 人民教育 2001（6）：46-47.
③ 陈玲. 试论有效的课堂教学评价 [J]. 当代教育论坛：校长教育研究，2007（11）：89-90.
④ 何善亮. 有效教学的整体建构 [M]. 北京：高等教育出版社，2008：36.
⑤ 余文森，吴刚平，等. 解读教与学的意义 [M]. 上海：华东师范大学出版社，2005：72.

（五）元认知理论

元认知理论研究的新进展为个性化学习提供了有力的证据。自 20 世纪 70 年代中期"元认知"(metacognition)这一术语被弗拉维尔（Flavell）提出之后，元认知便很快成为认知心理学和教育心理学的重要概念之一，并对教育理论研究和教育教学实践产生了重大影响。弗拉维尔认为，元认知是个体对自身认知过程的认知和意识，元认知的核心意义是关于认知的认知，并认为元认知技能在多种认知活动中起着主要作用，具有广泛的实用性。目前较为一致的观点认为，元认知包括元认知知识、元认知体验和元认知监控三方面。这三方面又由各种具体的心理要素组成。元认知的提出与深入研究使人们认识到，任何个体都具有自己独特的元认知方式与风格，其元认知知识结构、元认知体验方式、元认知监控能力及三者的组合方式与发展速度、达到的水平等也各不相同。个体独特的元认知方式与风格必然导致其形成独特的个性化学习方式与风格。元认知理论的深入研究与获得广泛认可是时代进步与发展的标志，是崇尚个性、关注个性的体现，是对个体生命的尊重与人性的关怀。个体在对自己认知的认知、体验与监控的基础上所选择或形成的学习方式，必然与自己的认知特点相吻合，其学习过程也必然能最大限度地发挥、挖掘出个体的综合潜能。当代国内外教育研究者在元认知理论研究方面所取得的丰富的研究成果为个性化学习奠定了坚实的认知理论基础。[1]

将元认知理论运用在学习过程中的学生能积极主动地进行自我检测以及调节，能对所学习的东西进行表达。弗拉维尔认为，元认知体验的经验越多，越有利于元认知知识的形成。[2] 他的研究成果主要是将元认知看作一种不变的、静态的知识结构。

我国也有诸多学者对元认知理论进行分析与研究。学者汪玲在《元认知的性质、结构与评定方法》一书中认为，元认知理论主要包括元认知知识、元认知体验以及元认知调节三大内容。与弗拉维尔的静态观点不同的是，汪玲认为元认知理论不但具备静态属性，还具有部分动态属性。[3] 她将元认知知识看作构成元认知理论的基本前提，元认知体验以及元认知调节同样具有重要的作

---

[1] 李广，姜英杰. 个性化学习的理论建构与特征分析 [J]. 东北师大学报（哲学社会科学版），2005 (3)：152—156.

[2] 汪文秋，屈琼. 元认知理论与自主学习能力的培养 [J]. 三峡大学学报（人文社会科学版），2005, 27 (4)：112—114.

[3] 汪玲，郭德俊，方平. 元认知要素的研究 [J]. 心理发展与教育，2002, 18 (1)：44—49.

用，并从多个角度对其进行论述分析，进一步阐述元认知知识、元认知体验以及元认知调节是元认知理论的重要构成，这三方面的有机融合构成了完整的元认知理论。

元认知体验是构成元认知理论不可或缺的内容，它根据认知活动的发展而发展，通过元认知活动形成相应的元认知体验，比如情感体验和知识体验等。学生通过自身对认知活动的思考与总结，从而形成学习经验。这种累积的经验又分为：知的体验和不知的体验。其内容较为复杂多变，可根据实际情况判断是简单还是复杂。学生通过实际认知活动中的角色扮演，能学到知识、经验等，这对元认知体验有深远的影响。比如：当学生对可能出现失败情况产生的焦虑感，预感到可能成功产生的期待感和兴奋感，都能促使学生从相关体验中形成感想，并吸取教训，总结经验。[①] 上述均认为元认知体验过程中形成了情感体验。此外，认知知识与认知任务对认知教学同样具有十分重要的作用。元认知体验能够激发学生的学习积极性。

在元认知理论中，元认知监控同样发挥着重要作用。元认知监控出现在认知活动过程中，是个体对自身行为的自省与反思。比如：个体能主动对自身认知活动进行反省和调节。与元认知监控相适应的内容主要有：个体的认知规划策略、监控策略、评价策略以及矫正策略等。元认知理论的重点内容便是学生的自我认识与调节。同时，它还要求学生个体能对认知活动进行有效监控，并提出相应的解决方案，从而实现认知活动的自动化。[②]

总而言之，在元认知理论中个体具备元认知知识，并通过元认知监控的方法对元认知活动进行反思与总结，从而实现学习成效的最大化。此外，个体还能够通过监控发现自身存在的不足，并采用应对方法来弥补其中的不足，促使个体掌握更多的知识，实现个体知识结构的完善。

（六）后现代主义理论

后现代主义（Postmodernism）是20世纪70年代后神学家和社会学家经常使用的一个词。起初出现于20世纪二三十年代，用于表达"要有必要意识到思想和行动需超越启蒙时代范畴"。后现代主义认为对给定的一个文本、表征和符号有无限多层面的解释可能性。这样，字面意思和传统解释就要让位给作者意图和读者反映。后现代主义是20世纪60年代以来在西方出现的具有反

[①] 汪玲，郭德俊，方平. 元认知要素的研究 [J]. 心理发展与教育，2002，18（1）：44—49.
[②] 张庆林. 当代认知心理学在教学中的应用 [M]. 重庆：西南师范大学出版社，1995：249.

西方近现代体系哲学倾向的思潮。然而，在理论上具有反传统倾向的哲学家在现代西方的各个哲学流派中都能找到。当代美国活跃的后现代主义者之一格里芬就说："如果说后现代主义这一词汇在使用时可以从不同方面找到共同之处的话，那就是，它指的是一种广泛的情绪，而不是一种共同的教条，即一种认为人类可以而且必须超越现代的情绪。"这样一来，不同时期具有这种反传统理论倾向的哲学理论流派都可归于后现代主义（Postmodernism），如后结构主义等。后现代主义是从理论上难以精准下定论的一种概念，因为后现代主要理论家均反对以各种约定俗成的形式，来界定或者规范其主义。由于后现代主义的反本质主义，它根本不考虑艺术的本质，而是竭力抹杀艺术与非艺术的界限，甚至断言"艺术已经死亡"。

后现代主义的特征：一是人性化、自由化。后现代主义作为现代主义内部的逆动，是对现代主义的纯理性及功能主义，尤其是国际风格的形式主义的反叛，后现代主义风格在设计中仍秉承设计以人为本的原则，强调人在技术中的主导地位，突出人机工程在设计中的应用，注重设计的人性化、自由化。后现代主义作为一种设计思潮，反对现代主义的苍白平庸及千篇一律，并以浪漫主义、个人主义作为哲学基础，推崇舒畅、自然、高雅的生活情趣，强调人性经验在设计中的主导作用，突出设计的文化内涵。二是反主体性（counter subjectivity）。后现代主义哲学继尼采"上帝死了"的口号之后，提出"主体死了""人已死了"的口号，意思是说主客二分式的主体和人的概念不现实，西方传统哲学特别是近代哲学的"人类中心论"已破灭。三是反普遍性及反同一性。后现代主义哲学认为差异无所不在，即使在重复中也有差异出现，无差异的世界是苍白枯燥的世界，传统哲学将普遍性（universality）、同一性（identity）作为人的最高本质，只能使人成为丧失个性、无血无肉无情感的抽象的人。四是不确定性（uncertainty）。后现代主义哲学认为，没有独立自在的世界，世界是由语言构成的。这就是说，世界本身有语言的结构，语言不是人表达意义的工具，它有其自身的体系。每一件已知的事物都是由语言来作为中介的，所谓事实、真理只是语言上的。在他们看来，"不是我说语言，而是语言说我"。这样，人就从西方传统哲学所讲的以人为中心的地位退居到为语言所掌握的地位。但语言又总是不确定的，并且随言说者的不稳定的情绪而动摇不定。因此，一切都是不确定的、模糊的、多元的和解构的。[①] 五是内在性（internality）。如果说不确定性主要代表中心消失和本体论消失的结果，那么

[①] 戴维·罗宾逊. 尼采与后现代主义 [M]. 程炼, 译. 北京：北京大学出版社，2005：78.

内在性则代表使人类心灵适应所有现实本身的倾向。这表明后现代主义哲学不再具有超越性（transcendence），它不再对精神、价值或终极关怀、真理、美善之类超越价值感兴趣，相反，它是对主体的内缩，是对环境、现实、创造的内在适应。

后现代主义哲学是对现代主义质疑、反思和批判的一种新的认知范式。它的矛头指向传统哲学中的教条主义、形式主义、经验主义，是彻底反传统、反权威的。它由逻各斯中心主义转向非中心的多元主义，由深度模式转向平面模式，由以人为中心转向反传统人本主义。它可以促进我们拓宽视野、更新观念，转变以往僵化、封闭的思维方式，实现学科交融，不断向大众化和现实生活贴近。

（七）信息加工学习和脑科学理论

人类社会已有几千年的文明历史，计算机从产生到现在不过 50 多年，而网络技术的迅速发展也不过 10 多年的时间。但是计算机和网络对社会的影响，已经遍及地球的每一个角落。多媒体和网络技术以惊人的速度变革着我们的学习方式、工作方式、交往方式和生活方式。今天，知识总量爆炸式增长，知识更新速度越来越快，信息技术已经成为科学技术的前沿，没有人能够否认信息技术的发展引起了人类社会全面而深刻的变革，使人类社会由工业社会迈向信息社会。信息技术的发展很自然地对教育提出了新的要求，同时也为个性化学习提供了有力的技术支持和物质基础。①

加涅将行为主义学习论与认知主义学习论相结合，运用现代信息论的观点和方法建立起了信息加工的学习理论，认为学习过程是对信息接受和使用的过程，学习是主体与环境相互作用的结果。加涅认为，学习不是刺激、反应间的一种简单连接，而是学习者神经系统中发生的各种过程的复合，了解学习也就在于指出这些不同的加工过程是如何起作用的，而不同的学习个体在信息加工的过程中是存在差异的，发现差异可以促进更有效的信息加工。②

脑科学是研究人脑结构及其功能的科学，包括生理功能和高级智力功能——智慧。其研究结果表明：（1）依照功能的不同，人脑结构分为脑髓、脑干、小脑和大脑四个部分。（2）不同个体在从事同一活动的时候，脑活动的部位与程度是不相同的。（3）不同个体大脑各部位的发展状况是不相同的，这种不同

---

① 孟杨. 基于大数据的个性化学习推荐服务研究［D］. 新乡：河南师范大学，2016：2.
② 宋茜. 基于网络的个性化学习系统研究［D］. 上海：上海师范大学，2002：63.

导致了个体在运动、认知等方面的差异。大脑是人类最重要的学习工具。由脑科学的大量研究成果我们不难推断：由于脑结构和脑活动方式的不同，学习者在学习过程中必然存在差异，为了促进学习者的学习效果应该有"区分"地对待每一个学习者，不应该用统一的模式、标准与进度来要求所有的学习者。[①]

第三节 个性化学习的方式

一、个别指导的学习方式

个别指导学习（Individually Guided Instruction）的特点主要是确立适当的学习目标，其中有固定的学习目标，也有变化的学习目标，由学生、家长、学校的管理人员以及教师共同商定，并根据教师、家长和学校管理人员的要求不同而变化；个别指导学习的最终评价也会根据实际的需要而定，根据学生的个性与需要来灵活调整学习的内容、形式、途径等；学生自己实施自己的学习方案；班级开展自己独特的学习活动，并及时互相反馈个性化的学习信息。

个别化指导的学习方式重在从学生个体的认知、个性特点出发，对学生进行有针对性的学习指导，这与我们一直所提倡的"因材施学"的学习方式是一致的。正如我们在学习中提倡的，最好的不一定是合适的，只有合适的才是我们想要的。

进行个别化学习指导时，一定要重视学习者的智力因素、性格特征、学习习惯、性别差异、接受能力等各个因素，综合各个因素后，针对每个学习者不同的情况提出不同的学习方案，这样才能做到个别化指导，也才能达到预期的学习效果。例如，在学习中，很多学习者属于不同的学习类型，有的是外向型学习者，有的是内向型学习者，有的是单向型学习者，有的是双向型学习者，有的甚至是多向型学习者。针对不同的学习者一定要实事求是，采取不同的学习方式，有针对性地对学习者所存在的学习问题进行个别指导，不能拘泥于时空的限制，要做到个别指导学习。

二、凯勒的个性化学习方式

凯勒的个性化学习方式是借助个性化学习系统来实现的。个性化学习系统把个性化学习分为许多小的单元，强调学习者自身在学习过程中的责任。主要

[①] 邓晖. 网络个性化学习支持系统研究 [D]. 上海：华东师范大学，2003：57.

的步骤是：在每个学习单元之初，教师便开始介绍学习方法并激励学生，然后讲述单元的学习指南；学生按照指南自定学习的速度、自学教材、自选学习的地点和时间；学习结束后进行自我评价，通过评价找到自己的不足，反馈到自我学习中，用以改进个性化学习，最终要求通过本单元的考试，才可以学习下一个单元的知识。

凯勒的个性化学习方式与传统的教学模式有很大的不同，主要体现在以下四个方面：①在教学中，教师的主要作用是激发学生学习的动机和学习兴趣。在凯勒的个性化学习方式中，教师大多时候只扮演"辅导者"角色。在实施凯勒计划过程中，安排有少量的教师讲课和师生讨论，但是主要的目的不是为了向学生讲解讲授教学内容，而是为了激发学生的学习动机和学习兴趣。②在学习目标的设定上，尽量让所有学生掌握每个单元的学习内容。凯勒个性化学习方式对学习者掌握单元目标的要求是极为严格的，要求达到"尽善尽美"（Perfection）的程度。③学习者自己控制学习速度、学习时间、学习内容、学习进度。凯勒个性化学习方式认为，学生与学生之间在学习能力、学习速度和学习时间安排等方面均有很大的差异。学习能力较强的学生学习速度快，所需要的学习时间也少；而学习能力较弱的学生学习速度较慢，必须花费较多的时间才能达到学习要求和学习目标。因此，无视学生之间的差异，给学生安排统一的学习时间，学得快的学生不能继续前进，而学得慢的学生又不能花更多的时间，这样就会挫伤学生的积极性。④由于在个性化学习方式上需要大量的教师，就会造成教师人手不够。在这种情况下，有必要设置一些"教师助理"。教师助理的作用就在于协助教师个别化指导学生的学习，解答学生提出的各种问题；承担单元测验的评分任务，对学生的学习进行及时反馈和矫正；详细记录每个学生的学习进度，并经常向老师报告学生的学习情况。通常情况下，教师助理多来自熟悉本学科的高年级学生或者熟悉本学科的助教。

三、分层、分组学习方式

分层、分组学习要求根据每个大学生的实际需求，针对每个学生的个性特点和心理倾向以及每个学生的知识基础、对新知识的接受能力等，来设计不同层次的学习目标，在有限的时间和空间范围内，让所有的学生都可以在原有的基础上学有所得，异步达标，个人发展个人的特长，扬长避短，成长成才。分层学习的主渠道是在大学生学习的课堂上，综合学生的学习成绩、平时表现、临时测验及一贯表现等因素后进行划分，可以划分为高、中、低三个层次，或者划分成若干个学习互助小组，按照学习大纲视学生的不同情况实施不同要求的学习方式。

分层、分组学习是学习的一种方式、一种策略。在分层、分组学习情况下，教师应该主动转变观念，学生也应转变学习观念，同时要充分发挥小组在课堂上的引导作用。具体来讲，一方面，是按照学生的学习基础、能力差异分成若干层次并有效结合，设定不同的教学目标、教学内容和评价标准来实施教学，以最大限度调动学生的学习积极性，使得学生在教学过程中发挥主体性作用，科学地完成学习任务，使每个学生在各自的基础上得到最大限度的发展；另一方面，它充分强调教师要适应学生的学，学生是有个体差异的，不能以牺牲一部分人的发展来换取另一部分人的发展。学生的个体差异是一份宝贵的可供开发的教育资源，它的核心是面向全体学生，正视学生的个体差异，针对学生"最近的发展区"，实施分层、分组教学。具体来说，在对学生进行分层、分组学习时，要做到学习主体分层、授课分层、备课分层、辅导分层、测试分层、评价分层，总之，要根据不同学生的具体情况来分层、分组，进而达到分层、分组学习的效果。

四、计算机辅助学习方式

计算机辅助学习（Computer aided learning）是利用计算机软、硬件辅助学员学习知识、掌握技术的学习方式，主要包括计算机辅助教学、计算机过程模拟培训等，可用于教学与实验、生产技术操作培训和军事技术培训。

计算机辅助学习方式是在当今信息技术飞速发展的基础上产生的，指面向大学生的不同需要，将计算机应用于学习的各类需要。计算机学习环境的信息资源的丰富性、人机交换的频繁性以及信息传输的快捷性等为个性化学习打造了一片广阔的新天地。学习者可以充分利用计算机上丰富的学习资源，按照自身的学习需要来选择学习内容，自定学习的步骤，并可以及时得到计算机学习效果的反馈数据，特别是个性化的网络学习环境使学习者有了学习时空转换的可能性，可以自己随时掌握学习的进度和效度，可以进行时点学习也可以进行时段学习，可以单独在家里和全球最优秀大学的学术"大家"、专家教授通过数据互传技术实现"面对面"的交流学习。基于计算机网络技术的个性化学习强调学习与技术的融合性，使技术辅助与学习目标和学习内容相一致。

具体来看，计算机辅助学习多采用计算机虚拟现实技术，逼真模拟教师指导学生学习全过程。在程序设计上，采用图形、文本、动画、声音等多媒体资源进行形象学习，采用文字对话形式、声音传递方式、图像直观传达方式和视频直接传送方式辅助学习者达到预期学习效果。

第三章 大学生个性化学习的表现与特点

第一节 大学生个性化学习的表现

一、学习空间的开放化

（一）同班不同学

随着信息科技的发展和选课制度的不断完善，大学生的个性化学习也有了更好实现的可能性。选课制度是当前国家高校课程设置的特点之一，是由学生自由选择课程学习的方式。正是因为有了选课制和选修制度，才有了"同班不同学"的自由学习空间。所谓的同班不同学，是指同一个班级的学生，因为选择课程或学习方式的不同，学习的课程或内容不尽相同，同一个教学班的学生来自不同的自然班级。[1]

目前，"同班不同学"主要涉及三种课程的选修情况：限定选修课、任意选修课以及公共选修课。限定选修课是为了巩固学生的专业知识而设立的专业课程。任意选修课是为充分挖掘学生的个性和潜力而开设的课程，学生可根据自身的兴趣、爱好、学习需要进行跨学科或跨专业学习。公共选修课是学生根据自己的特长和爱好自由选择课程。这类课程大多通过学习自由和教学自由两大特点来吸引学生。在选修课的基础上，学生们可自由选择自己喜欢的课程。[2]

此外，随着网络化学习环境的兴起，大学生也开始在网络上进行学习活动。网络学习可以不受时间的限制，只需要一台连接网络的电脑，任何人都能在网络上学习。同一个班级的学生根据自己的学习活动和时间进行安排，可以

---

[1] 余伟康.个性化、自主式学习环境的创建[J].外语电化教学，2006（1）：71—74.
[2] 陈清华.普适学习环境下的个性化服务的研究与实现[D].上海：上海交通大学，2008：30.

分开时间段学习,也可以在同一个时间点学习。学生可以利用网络随时进入图书馆查询资料和获取学习资源,还能根据学习时间来选择不同的学习方式和内容。当前,我国不少高校相继出台了与选课制相匹配的弹性学习制度、导师制度、主修制度以及双学位制度等。高校逐步开始允许大学生在老师的指导下,跨专业、跨年级甚至跨学校选修学习。而随着高校新的教育方式转变,大学生的学习环境也逐渐呈现出多样化的发展趋势。

当前出现"同班不同学"的现象还源于各高校"双学位"和"二专业"的兴起。目前几乎所有的高校都根据学生的实际需求开设了第二学位和第二专业选修计划。通过设定总的学分(一般都在180~200个学分),以每个学分100~200元的价格来招收其他专业的大学在校生报名选修第二学位和修读第二专业。各高校的第二学位班和第二专业班的学生都来自不同的学院和不同的专业,大家依靠自己的兴趣和爱好相聚到一个班级里面,出现了"同班不同学"的现象。而且随着社会的发展和信息化的加速,很多高校的"双学位"和"二专业"吸引了越来越多的外校大学生选读,出现了来自不同大学的学生在同一个班级求学的情况。

(二)同寝不同班

所谓的"同寝不同班"指的是,在同一个寝室的大学生,可以选择不同的学习内容和课程,可以在不同的教学班级里面进行学习。这就出现在同一个寝室居住的学生,因为选择的学习课程不同,不在同一个教学班级学习的现象。[1] 这是大学生个性化学习的表现之一,学生可根据自己的学习需求和能力来进行选择和调整,特别是在选修课的选择上,同一个寝室的学生会出现多个选择。

同寝不同班满足了大学生多样化发展的需求。高校各专业的毕业学分设置都会留有一定的空余,并为大学生提供自由选择学习的专业课程。同一寝室的学生可以选择不同的学习课程,实现自身的多元化发展。高校的所有选修课程都在可选择范围之内,包括各种才艺课、专业选修课、体育课或其他专业方向的课程。[2]

同寝不同班让大学生有更多的机会选择学习课程。大学生刚步入大学,对

---

[1] 张岸,汪岩. 个性化网络学习环境的优化策略 [J]. 辽宁医学院学报(社会科学版),2008,6(2):88-90.

[2] 谢幼如,李丹飒. 基于课程学习的个人学习环境构建与应用研究 [J]. 电化教育研究,2012(10):28-33.

社会了解不多，对自身发展和未来定位也尚未明确，因此很难选出适合自身的专业。而同寝不同班则实现了大学生对不同专业内容的学习。

同寝不同班还能适应不同学习进度。因为每个学生的学习能力、学习基础以及专业学习难易程度不同，大学生选择的课程内容、课程数量以及完成学业的时间也是不同的。同寝不同班更有利于大学生根据自身实际情况，在确保学习质量和成效的基础上合理安排学习进度。

（三）小班化学习

小班化学习指的是在学生人数较少的情况下，进行教育教学活动的组织方式。班级人数少是小班化学习最显著的特点之一，但并不是本质特征。小班化学习中，教学内容、方法、模式以及评价方法和手段都会发生变化。①

小班化学习的核心是改变学习观念和态度，增强学习能力，全面学习和发展自身。小班化学习，首先要树立学生"主动学习"的意识。学生是小班化学习的主体，学生是学习活动的中心。小班化学习能够促使学生和教师有更多的接触，接受教师的个性化教育，学习新的教育知识。② 其次，小班化学习过程中，教师要树立起正确的服务意识。教师应真诚地为学生提供教育和服务，为学生的个性化发展和教育需求服务，及时更新教学方法，营造和谐的教学氛围。再次，小班化学习过程中，教师的主要工作是引导学生积极探索和学习，有效组织教学，培养学生的创造精神和探索精神。最后，小班化学习中，学习的过程是师生互动、相互学习的过程，是双方共同探索学习，教学相长。③

小班化学习环境是让每个学生都能平等地学习，让所有的学生都有权利享受教育资源的学习环境。小班化学习策略主要有：主动参与、合作学习、创新教学等。

主动参与。小班化学习要学生敢说、敢问，积极主动参与教与学的过程。教师要重视培育学生的创新能力和参与能力，学生要积极主动进行学习活动，增强自身的逻辑思维和创造思维能力。学生的主动参与学习精神不但要体现在课堂上，还要体现在学习、生活等多个方面。

合作学习。个性化学习强调学生能够独立思考，进行创造性思维，能够创

---

① 易健民. 论个性化教学与个性化学习 [J]. 教育与职业，2005（6）：33-35.
② 阳红，陈淑英. 小学小班化课堂教学策略初探 [J]. 贵阳师范高等专科学校学报（社会科学版），2004（3）：87-92.
③ 李广，姜英杰. 个性化学习的理论建构与特征分析 [J]. 东北师大学报（哲学社会科学版），2005（3）：152-156.

新。个性化并不排斥团队精神，大学生在学习过程中和他人进行友好合作，尊重同伴意见，进行合作学习，才能更好体现个性化的要求。在课堂学习过程中，教师要通过教学方式促进学生之间的互动，促使学生在竞争对手和合作伙伴两种角色之间实现互换，拓展学生思维，在合作学习中实现教学目标。小组学习模式是合作学习的常见形式。[1]

创新教学。在民主平等的氛围环境中，积极引导学生学习，拓展学生的创造性思维和求异思维，要比单纯的说教更有成效。[2] 法朗士曾说：教育的整个艺术是唤醒年轻人天然好奇心的艺术。大学生在学习过程中有好奇心和求知欲，老师的职责是不断满足和提高学生的好奇心和求知欲，培养学生的创新意识。小班化学习环境，民主活泼的学习气氛是创新学习和教学的前提。在学习过程中，老师要坚持和学生平等相处，学生亲近老师，老师指导学生，在潜移默化中激发学生的创新意识和学习能力。

二、学习载体的个性化

（一）即时性网络化学习

随着计算机的日益普及和快速发展，网络化学习也快速发展起来，备受学习者的喜爱。和传统的学习方法和学习方式不同的是，网络化的学习方式和教学模式是独特的。在当今网络化的学习环境中，人们的学习方式也在不断地变化。

信息技术、网络技术的发展，为学习人员自主拟定学习进度、选择学习内容以及学生和老师及时沟通与互动提供了可能。和传统的学习方式不同的是，网络化学习方式更多的是通过网络载体以及数字化资源实现老师和学生之间的讨论、沟通和交流，并不是学生一味地依赖老师的讲授内容。[3] 此外，网络环境中学生还可利用资源的共享来探索知识、发现和学习新知识、创造和展示知识。

和网络教学模式或学习模式不同的是，网络化学习方法并不是简单的网络学习计划的组织模式，也不仅仅是某些人所说的一种"大方法"。网络化学习

---

[1] 胡荣华，赵云霞. 美国小班化教育改革实验及启示 [J]. 安徽师范大学学报（人文社会科学版），2008，36（1）：101−105.

[2] 王芮. 教育革新：基于1∶1数字环境的个性化学习探究 [J]. 软件导刊（教育技术），2009（11）：7−9.

[3] 钟志荣. 基于Web2.0环境的个性化学习模式建构与应用 [J]. 中国电化教育，2012（8）：107−110.

模式表示，学生在网络化学习环境中必须具备基本的学习习惯、态度、学习意识、心理素质以及认同等心理要素。所以，可以把网络化学习概括为：在网络化学习环境中，网络学习人员在学习过程中的方式和心理倾向的集合。从外在表现出来的方式来分析，网络化学习方式是学习者利用网络环境来学习的方式。

（二）大数据平等化学习

平等化学习是指所有的学习者都能在平等的环境中学习。平等化学习的环境可以不受时间和空间的限制，只需要一台联网的计算机，任何人都能学到自己想学的知识。平等化学习的基础是开放的网络，学习者通过网络进行创造性地学习。[①] 网络环境能够为学生的平等化学习提供实现的可能性。

随着互联网的不断发展，大容量的高速通信网络把学校、教育机构、学生以及科研机构连成一个整体。它将学校和社会连接起来，把入网的学习者连接起来，将教师和学生的沟通空间连通，打破封闭的学习空间，实现学习者和老师、学习者之间的平等发展。尤其是近年来大数据技术的广泛应用，为平等化学习提供了现实的技术支撑。

网络环境中所有的信息和知识对学习者都是平等公开的，信息基本是对称的，不同的学习者根据自己的兴趣、爱好、需求来自由地选择学习方式和学习内容。每个学习者都能根据自身的实际需求利用网络信息，自由进出图书馆和资料库选择自己所需要的学习资料。

三、选课方式的自主化

（一）选课制

选课制是高校允许大学生在一定范围内选择自己喜欢的学科、专业以及课程的一种教学制度。在我国，高校大学生在入学之前就已经选择好要学习的专业，入学报到后基本不再大规模地重新选择专业。所以，我国当前的选课制度主要有两种形式。一种是学生根据自己的兴趣、爱好以及学习程度，自由选择所需要的选修课或教师。另一种是学生根据自己的专业教学计划和选课规定，例如必修课、选修课，先修和后修的要求，选取适合自己学习程度的学习量和

---

① 王中华. 个性化教学背景下教师文化个案研究 [D]. 长春：东北师范大学，2014：55.

学习课程，自行进行学习进程设计。①

自主选择课程。高校在确保学生掌握基本专业知识的基础上，增加选修课程的比例，为学生提供更多、更大的自主选择空间。高校要从质量和数量上保证课程建设，设立结构科学合理、教学内容精练的公共选修课和专业选修课。学生可以根据自身的学习程度、兴趣、爱好等选择课程。高校可利用网上选课，展示不同学院和专业的所有课程，学生可以跨专业、跨年级选修课程。②

自主选择教师。不同教师的受教育水平、知识水平不同，其教学能力和效果就不同。即使是知识水平相同的教师，采用的教学方法也各不相同。学生在选择相同课程时可根据自己的学习方法选择适合的授课老师，如此才能激发学习的兴趣，享受学习过程。③高校可利用竞争机制来鼓励授课老师多开设课程或者是采用同一课程由多人开设的模式。相同的课程由多个老师来讲授，为学生提供不同风格、不同特色的多种选择。尤其是高校中的一些公共必修课，例如英语、计算机、思想政治理论教育课程等，要根据内容深浅设立不同级别，根据不同的发展方向分门别类。高校允许学生根据自身的兴趣、爱好、特长、需求等来选择适合的课程和教师。这样有助于促进学生的个性化发展和创造性思维培育，同时也有利于教师开展教学工作。

自主选择学习方式、学习进度以及学习量。选课制允许学生根据自己的学习能力、需求和实际情况，在合理的范围内自主选择要研读的课程、选修方式和完成课程的时间。大学生在每个学期可根据自己的实际学习能力和学习量，申请提前或延期毕业。在学习方法上，学校不会硬性规定统一的学习方法，学生可以选择随堂听讲，也可以选择自学申请免修。④在选择课程后，可以试听一周或两周时间，若是发现课程不适合自己，还可以退选和补选。

自主选修相关专业。很多高校的学生在入学之前都有选择专业的机会，但是因为受考试分数、对专业认知不够等多种因素的影响，一些学生对自己所学的专业不感兴趣，又不能选修自己喜欢的专业课程。因此，高校应给予学生多个选择专业或学习第二专业的自由。⑤当前，我国大多数高校并不允许学生自由选择专业，但是学校可允许根据专业大类招收的学生选择学习专业，逐步放宽转专业的限制，由此来提高学生选择专业的自主权。部分高校，比如浙江大

---

① 王慧. 我国高校推行学分制的主要制约因素研究 [D]. 长沙：湖南农业大学，2005：20.
② 潘秀珍. 中国高校学分制的历史、现状和未来 [D]. 桂林：广西师范大学，2001：32.
③ 李静茹. 中国研究生导师制研究 [D]. 石家庄：河北师范大学，2004：37.
④ 王慧. 我国高校推行学分制的主要制约因素研究 [D]. 长沙：湖南农业大学，2005：45.
⑤ 潘秀珍. 中国高校学分制的历史、现状和未来 [D]. 桂林：广西师范大学，2001：53.

学已经开始按照文、理分类来招收学生，大一、大二学习公共基础课以及专业基础课，从大三开始，学生根据自己的兴趣和特长自由选择专业。此外，部分高校还积极尝试实施大类招生，在录取的时候注重考查学生的综合素质，入学后先统一进行基础培养，随后再依据学生的兴趣和爱好进行专业细分；还有的高校积极推行和实施双学位制度、主辅修制度，来弥补学生不能自由选择专业的缺陷。

（二）学分制

1. 学分制的内涵及特点

《中国大百科全书·教育》对学分制的定义为："学分制是学校的一种教育管理制度，它以学分作为学生学习分量的基本单位。"《教育管理辞典》概括为"以学分作为计算学生学习分量的单位，以取得最低学分作为毕业标准的教育管理制度"。《教育大辞典》解释为"学校的一种教育管理制度，以学生学分数作为衡量其学习完成情况的基本依据，并据以进行有关管理"。其基本原则为：学生修习任何课程合格，即被认为已取得该课程规定的学分数，不同课程的学分其价值相等，即所取得不同课程的学分数可简单叠加，得出总学分数；学生取得规定的总学分数，并已完成不计学分的必修课程（如生产劳动课）者，准予毕业，原则上不做修业年限的规定。[①]

综上可以看出，学分制是学生通过修读选修的课程，取得该课程的学分，各科学分相加得出的总学分数能够通过教学计划规定的总学分就可以毕业，在学校的修学期限可以延长或者缩短的一种高校人才培养制度。[②] 学分制的内涵可以概括为三个要点：首先，学分是以选课制度为基础。在选课制度实施后，教学管理者为了能够掌握学生的学习状况，建立起入学、转学、转专业、毕业等事项的统一标准，由此产生了学分制。其次，学分是学习量的计量单位。学分制与学年制不同之处是按照学分为计量单位对大学生进行学习量的计算。最后，学分制属于一种教学管理制度。学分制包含了教学过程中修学者对于获取学位所做的贡献，主要是这一教学过程获得的学分数，其中规定了学生毕业所需的最低分数以及修业年限等内容。[③] 其中，选课制度是学分制实施的核心内

---

① 高迎爽. 美国高校学分制发展历程考察 [D]. 保定：河北大学，2005：33.
② 朱正茹. 学院全面学分制下人才培养模式改革研究 [D]. 南京：南京大学，2013：24.
③ 于洁. 学分制下新建本科院校班级管理现状与对策研究 [D]. 重庆：重庆师范大学，2012：37.

容，与传统学分制相比较，其明显特征就是学生学习自主权的提升和学生个性化学习的自选性。

学分制从本质上看是适应学生个体差异化的弹性教学方式。学分制具有三方面的特点：首先，自主选课。在学分制下，大学生可以根据自己的实际情况选择喜欢的课程，以及毕业时间的长短，进而实现教育制度的相对公平和自由。其次，目标管理。学分制的目标管理主要是通过选修的学分来衡量教学成果，用选修的学分总分衡量一个学生是否达到了毕业的标准。学生在上课时间、选择教师、选修课程上都有较大的灵活选择权和自主权。最后，弹性学制。学生只要修满学校规定的学分，就可提前或延迟毕业。

学分制是当前我国高校应用最多的一种教学模式。学分制是以选课为中心、老师指导为辅，以学分和绩点为指标衡量学生学习质量和效果的综合教学管理制度。学分制、班建制以及导师制构成了三大教育模式。学分制是由美国哈佛大学在19世纪末提出的。1918年北京大学在中国第一次实施选课制，1978年我国部分有条件的大学开始试行学分制，当前学分制度改革已经在全国高校普遍展开和推行。

2. 学年制、学年学分制、完全学分制的区别

学年制是一种以年级为单位采用统一的教学计划，按专业编班上课，在规定学年中学完规定课程的教学管理制度。[①] 学年制的主要特点是整齐划一，教育目标明确，课程体系规范，便于管理，但统得过死，难以满足学生的个性化需求。学年制已经不再符合当前我国高等教育发展的规律，正逐渐被学分制所取代。

学年学分制规定学生毕业时必须取得的最低学分总数及其中必修课学分数、限制性选修课的学分数；规定每学期所修学分数的上下限；规定必须参加某些教学和实践性环节（如军训、劳动、见习、实习等）；同时规定了一定的修业年限。

学年制和学分制二者之间有互补性，学分制的优点在于教学计划、教学安排与教学方法的灵活性，有助于因材施教，有助于学生个性发展，有助于复合型、应用型人才的培养；学年学分制的优点在于教学计划的严密性、知识的系

[①] 靳祎，王恩军，季文琦. 深化成人高等教育改革 积极推行学分制 [J]. 河北职工医学院学报，2005，22（2）：68-69.

统性。①

完全学分制是以选课制为基础，学生修满一定的学分即可毕业的教学管理制度，学年制和学年学分制是其相对的概念。完全学分制的优势在于集导师制、淘汰制、绩点制等于一身，能较好地适应社会主义市场经济需求、满足学生个别差异，具有较完善的竞争机制。②

学年制、学年学分制和完全学分制的主要区别在于前两者有具体修业年限，而后者没有。因此，笔者认为完全学分制能更好地适应个性化学习的大趋势。

3. 学分制的优势与不足

学分制和选课制并不相同，但是学分制和选课制又有关系。学分制的基础和前提是选课，而选课制的量化结果是学分。学分制以其自主灵活的特点适应了当前教育办学主体多元化、教育服务客体多元化以及教育运行载体多元化的发展趋势。

学分制的优势。以学分制替代学年制：学分制通过弹性的教学计划替代硬性的教学计划和制度，教学计划需要具备学分制要求的时间弹性和选课弹性。以选课制替代硬性排课制：学分制可以允许学生根据自身的学习能力和爱好选择课程和安排学习进度。③学分制能够在很大程度上激发教师的竞争意识，提高授课效果。学校可通过选课的实际人数以及通过率来衡量教师的实际教学成效，进而提高课堂教学成效。学分制还能实现学生们真正地"选我所爱""选我感兴趣"的课程。这有助于学生学习积极性、主动性以及独立性的提高，有利于开发学生的最大潜力，有利于实现个性化学习和因材施教。

学分制的不足。大学生在第一次选课时经验不够，尤其是在高校大学生思想政治教育类课程选择上，由于教师众多，不知道选择哪位任课教师，所以容易让学生产生迷茫、不知所措的情况，因此需要辅导员、班主任的悉心指导和耐心帮助。学生选课自由度的增大，极易造成学习时缺乏集体荣誉感，不利于实际的学生管理工作。④学分制学习过程大多依靠的是学生的自觉和自我管理，这会造成学习组织松散。因此，大学生在学习过程中要增强自我管理和自

---

① 唐茂旺. 成人高等教育实行学分制的构想 [J]. 柳州职业技术学院学报，2004，4（3）：49—51.
② 吕彬. 对我国研究生教育实行弹性学制的研究 [D]. 重庆：重庆大学，2007：43.
③ 张艳艳. 普通高中实行学分制的探索与思考 [D]. 长春：东北师范大学，2006：3.
④ 王樱. 学分制必须建立在完善的选修课制度基础上 [J]. 理工高教研究，2002（6）：84—85.

我约束。

四、学习方式的多样化

（一）外部行为与内部心理活动的统一

个性化学习方式不只是传统学习方式的补充，它还是提高学习效率和成绩的手段之一。个性化学习方式是未来大学学习方式的发展趋势，个性化学习和模式必然对人们的学习和生存方式产生影响。个性化学习不仅仅是一种简单的自我外在学习，它还是一种心理、行为、文化素质的自我内在学习。[①] 所以，个性化学习方式是大学生外在的学习活动和内在的心理活动相统一的结果。一方面，大学生可利用个性化学习模式如网络化学习模式来进行学习活动；另一方面，个性化学习创造了和传统学习方法及环境不同的学习情境与心理体会。

（二）工具性与人文性的统一

个性化学习方式的两个主要特点是工具性和人文性。人文性突出的是人性化的氛围熏陶，工具性强调的是网络技术对学习的支持。大学生通过个性化学习获取有用信息、分析信息以及应用信息来解决难题。同时，个性化学习必须要坚持综合发展道路，坚持校园文化和网络学习的同步发展，在解决实际问题中凸显网络学习的重要性。此外还要推动大学生在解决实际问题中掌握个性化学习方式，充分体现出个性化学习是人文性和工具性的统一。

（三）传统校园环境与网络学习环境的统一

网络学习环境是构成个性化学习的重要因素。网络凭借自身丰富的、可共享的学习资源超越之前所有媒介变成新的高效的教育和学习工具。网络以其独特的共享性特点而被广泛使用。大学生能够从网络资源中搜索到其他媒介所不能提供的、全面的、种类齐全的学习资料。从学习场所和学习氛围来分析，传统的学习场所大多以教室为中心，学生们的日常学习和生活大多限制在校园中。[②] 而个性化学习，学生学习的主要场所是网络虚拟课堂，学生是学习活动的中心。在个性化学习中，学生之间形成了共同的心理认知结构和共享的网络

[①] 钟志荣. 基于Web2.0环境的个性化学习模式建构与应用［J］. 中国电化教育，2012（8）：107－110.

[②] 马玉霞. 影响个性化学习效果因素的调查分析［J］. 甘肃广播电视大学学报，2011，21（1）：11－13.

文化，最终体现出传统校园环境和网络学习环境的统一。

（四）自主性与协作性的统一

个性化学习方式是一种开放式、个性化、协作式的自我构建学习模式。个性化学习是学习主体根据自我需求进行选择的、个性化的学习。个性化学习视域下的学生和老师的分离状态，决定了学生的自主性学习。此外，学生和老师通过开放式的网络进行的充分交流、协作为学生自我构建提供了条件。个性化学习本身是一种多个层次、多角度的学习活动过程。所以，个性化学习的学习方法有多种：自主学习，利用资源自主探索学习，利用资源进行情境性研究学习；协作学习，通过网络即时通信构成学习讨论小组进行合作学习；实践创新学习，通过信息工具来解决实践问题。① 所以，个性化学习的内在学习特质是自主性和协作性的统一。

（五）深度与广度的统一

在传统学习环境中，学生是视觉学习者，文字强化和延伸了视觉功能。而"作为视觉功能的强化和延伸，拼音字母在任何有文字的社会中，都要削弱其他官能（声觉、触觉和味觉）的作用"②。在传统学习环境中，文字推动大学生变成线性的有序的理性主义者。而符号则使学生过于关注逻辑思维，这就极易导致大学生变成狭隘的单向发展的学习者。个性化学习更注重的是：不仅要促使学生发展为视觉学习人员，更要促使其发展为多觉学习人员。在多种文字信息和符号的刺激下，进行个性化学习的学生逐步向深度和广度两个方面极力发展，更加全面、多角度地学习和认识事物。③ 个性化学习为大学生进行深层次、多角度、更广泛的学习提供了现实条件。

第二节　大学生个性化学习的特点

一、自主性与开放性

个性化学习的自主性体现在学习过程中，个性化学习能够促使大学生发展

---

① 焦斌斌，仉明珠. 数字化学习中学习者个性化需求研究初探［J］. 中国教育技术装备，2009（30）：132－133.
② 孙志梅. 个性化学习内容组织策略研究［D］. 武汉：华中师范大学，2006：38.
③ 陈桃利. 个性化学习中的知识推送系统研究［D］. 长沙：湖南大学，2013：32.

成为信息知识的加工主体,知识信息的主动构建者。学习活动具有不可替代性,在个性化学习中,学生的自主学习成为主要的学习活动。大学生可以自由选择学习方式、时间和内容,利用网络渠道和同学、老师进行沟通交流,这充分体现了大学生的自主性和积极参与性。大学生的"学"是学习活动的内部动力,教师的"教"是推动大学生进一步学习的外因。[①] 学习活动的主体是大学生,知识并不是依赖老师硬性灌输给学生的,而是利用教学手段激发学生的好奇心,引导大学生积极主动地学习。个性化学习能够促使大学生自由而灵活地安排学习时间和进度,使所有的学生都能利用网络来选择自己喜欢的课程。大学生在学习活动中可通过超文本和大数据技术,根据自身的需求和学习能力合理地安排学习顺序。大学生可以自由选择或重点进行某一项课程内容的学习,搜索所需的信息知识。

大学生个性化学习的开放性特点指的是它能够为学生提供一个随时可以学习的开放性环境。个性化学习主要以开放的网络环境为前提,以网络传播为方式,为大学生提供创造性学习环境。

随着信息网络技术的快速发展和不断完善,学校和社会可通过网络连接起来,不同的学习者也可通过网络连接在一起,由此学习空间也通过网络相互连通了。网络打破了封闭的学习空间和交流空间,实现了个人与集体、个人与个人之间所有学习活动的共同发展。[②] 个性化学习中的所有信息和知识对大学生来说都是平等开放的,所有的学生都能根据自己的需要找到所学的知识。大学生可以利用计算机网络筛选有用信息,通过网络进入图书馆或资料库搜索有用的学习资料,还能根据自己的需求、兴趣、爱好、学习能力等具体情况来选择不同的学习方法和学习内容。

二、丰富性与共享性

大学生个性化学习中最重要的学习环境就是网络化环境。网络已经发展为当今全球最大的知识资源库。大学生可以根据自身需求,利用高速便捷的搜索引擎和工具,通过关键词快速地搜索信息知识,之后对信息内容进行筛选、加工和重组,完成有意义的知识学习过程。随着信息传输技术不断完善,信息传输速度不断提升,这极大地缩短了物理距离和时空距离。视频会议系统为异地

---

① 邓志伟. 个性化教学论 [M]. 上海:上海教育出版社,2002:244.
② 刘勇. 个性化学习支持服务的探索与实践 [J]. 计算机光盘软件与应用,2013,16 (19):118−119.

学习交流提供了更多信息传递和接收的方式。虚拟现实技术支持动态的交互环境，这为虚拟课堂、异地学习提供了实现的可能性。这些信息化和现代化的软硬件条件为大学生个性化学习提供了技术支撑，增强了知识的丰富性与共享性。

三、交互性与情境性

个性化学习的交互性指的是在大学生学习活动过程中，能够为学生提供学生和教师之间、学生和学生之间进行交互的所有的有利机会和可能性。传统学习中的交互活动指的是：在共同的学习背景下，大学生心理和行为之间的相互影响、依赖、作用和制约。[①] 这种交互性是面对面的同步交流活动。而在个性化学习中，教师和学生之间极易出现物质实体式的分离，造成学习行为和教学行为的分离。这种情况下的交互行为、目的、依赖性以及组合程度等都会产生新的改变。在个性化学习中，大学生可以利用 QQ、网络论坛（BBS）、微信、微博、易信等应用软件进行实时交互，也可以进行非实时的交互。如大学生可以利用网络在线资料，比如数据库、电子期刊和应用程序等进行个性信息交流。此外，还能通过电子邮件（E-mail）、网络论坛、文件传输协议（FTP）等进行发表，或在网络上以文件、多媒体的方式发表不同的意见，回答老师提出的各种问题。个性化学习能够及时把老师和学生等参与者紧密地联系起来。这就能够促使交互者之间同时进行双维或多维度的参与。此外，它还具备双向的及时的信息沟通和交流的特点。

情境性指的是大学生的学习活动是在一定的情景中进行的，也就是说大学生的学习是在一定的社会背景中产生的。情境不同，学习过程也不相同，而情境环境有助于大学生知识和技能的学习与获得。在传统的教学环境中，老师们强调最多的是抽象的、和生活环境关系不太密切的情境知识，这就很难让学生将知识运用到真实的生活环境中去。人文性指的是个性化学习中的文化气氛以及人际交往等。在个性化学习中，有时会出现学生和学生之间、教师和学生之间关系疏远的情况，部分学生感受不到传统校园的文化氛围。这就极易导致学生缺失集体荣誉感和归属感，出现被集体抛弃的感觉，不能真正体会到传统校园文化的氛围。[②] 所以，在个性化学习的开展过程中，要重视学习环境的情境

[①] 于波. 个性化学习环境中分析学生行为并视觉化反馈信息 [D]. 上海：上海交通大学，2011：25.

[②] 邓晖. 网络个性化学习支持系统研究 [D]. 上海：华东师范大学，2003：11.

性和人文性，例如可以增设虚拟校园网、贴吧、虚拟校园社区等。大学生的个性化学习不但要体现出情境性学习、集体归属感等特点，还要构建一种独特的个性化校园文化氛围或网络文化氛围。

第四章　个性化学习给大学生思想政治教育带来的机遇与挑战
——基于实证研究

　　对大学生个性化学习以及思想政治教育模式创新的调查是为了更深入地了解各高校师生关于个性化学习的认知。只有充分了解老师和学生对个性化学习以及思政教育模式创新的态度，才能更有针对性地对大学生思想政治教育提出具有实效性的创新对策。为了深入了解当前个性化学习视域下，大学生思想政治教育的现状，笔者以全国高校思想政治教育教学管理者、思想政治理论课教师、高校辅导员和在校大学生为访谈对象，在深度访谈的基础上，对大学生思想政治创新进行走访调查和实证分析，旨在提出具有可行性和实际操作性的大学生思想政治教育创新思路和对策。

　　本次调研主要采用了深度访谈的方式。本研究结合前期文献研究的结果分析，得出个性化学习视域下大学生思想政治教育的一些典型特征，然后结合质性研究的"典型个案抽样"访谈方法，从上述参与调研的目标群体中选择研究对象。"典型个案抽样"方法指的是：选择研究对象中那些具有一定"典型性"的个案，目的是了解研究对象在某些特殊情况下的状态。[①] 本研究的目的是：深入系统地了解个性化学习视域下大学生思想政治教育的现状、影响因素及其动态变化的过程，通过典型个案进行研究，可以揭示研究对象的复杂性，提高研究效率；采用"典型个案抽样"方法进行抽样，开展质性研究有助于达到本研究的目的。笔者在选取访谈对象时，考虑了受访教师和学生所在的地区差异、职业特点、性别年龄、年级专业等因素，并综合了极端个案、最大差异抽样等抽样策略进行对象选取，然后对全国高校（东、南、西、北、中均有覆盖）中不同年级的12位大学生、12位大学生思想政治教育专业课教师、12位高校思想政治理论课教学管理者（含主管教学的副院长或教务处科长）和12位高校辅导员进行了深入的访谈。每次访谈的时间均在3个小时以上，每次的

---

① 陈向明. 质的研究方法与社会科学研究[M]. 北京：教育科学出版社，2000：107.

访谈内容在整理后，字数都在 3 万字~5 万字。根据保密原则，所有的人名都采用代码代替（详见附录 5）。其中涉及文史哲、理科、工科、艺术、教育、经管等大类，东部高校 4 人，南部高校 7 人，西部高校 11 人，北部高校 13 人，中部高校 13 人。

在实际的研究过程中，首先根据前期研究成果、研究需要以及自己对研究问题的理解，制定了访谈提纲（详见附录 1、2、3、4），然后依据提纲内容，采用半开放式的访谈形式，对选择确定的 48 名访谈对象进行访谈交流，鼓励受访者从客观的视角来谈个性化学习给大学生思想政治教育带来的影响，有哪些主要表现，应该采取什么样的对策来创新性地开展大学生思想政治教育，鼓励受访者用自己的语言表达自己的看法，不断深入挖掘他们对于个性化学习视域下大学生思想政治教育创新的认识、产生发展的过程以及如何采取科学的对策。每次访谈后，笔者都及时对录音进行转录，对笔记进行整理，然后采用"开放式编码"的方式进行整理分析。此外，为了消除被研究者的顾虑，笔者事先与其签订了保密协议（详见附录 6），其名字都用代码代替，并在征得对方许可的前提下，才选择使用录音设备。此外，书稿成文后都会邀请被研究者审阅，引用他们言论的地方也会征得他们的同意，以最大限度地尊重访谈对象。

第一节 个性化学习的背景与现状

个性化学习给当代大学生的学习、生活等各个方面都带来了很多机遇，同时也带来了很多挑战，为了深入了解个性化学习对当代大学生的影响，进一步加强思想政治教育的针对性和时效性，创新思想政治教育工作途径和方式，就必须理清楚个性化学习的背景和现状。笔者经过对在校大学生、思想政治理论课教师、高校教学管理者和高校辅导员四类人群进行详细而深入的访谈，从大学生、教师、管理者和辅导员四个不同角度充分了解了目前个性化学习的背景以及现状。

在访谈中，笔者得知目前大学生主要是在宿舍、自习室、图书馆、家里、实验室、研究中心、自主学习中心等地方进行学习，每个受访者学习的时间也不尽相同，总体看来，可以用表 4.1 表示如下：

表 4.1　目前高校大学生学习时间的分配及学习地点情况

受访对象	宿舍	自习室	图书馆	家里	实验室	研究中心	自主学习中心	其他（如茶馆、咖啡厅等）
S1	2小时	2小时	1小时	0.5小时			1小时	1~2小时
S2	1小时	1小时	2小时			1小时	1小时	1小时
S3	0.5小时	1小时	2小时	0.5小时	1小时			
S4	0.5小时	0.5小时	2小时	1小时			1小时	
S5		2小时	2小时		1小时	1小时		
S6	1小时	1小时	2小时		2小时	2小时		
S7		2小时	2小时				2小时	1小时
S8	0.5小时	2小时	1小时	0.5小时			2小时	1小时
S9		2小时	4小时					
S10			2小时			4小时	2小时	
S11		1.5小时	1小时					
S12	3小时		3小时			2~4小时		

经过访谈得知，平时上思政课的学生来自不同的学院，尤其是公共的大学生"两课"课堂更加典型；选修的课程多数是大学生结合自己的兴趣和爱好来选择的；上课的人数大多是在 100 人左右，班级普遍偏大，采取小班化授课的，除了专业课程外几乎没有；教师大多采用的是以讲为主、以与学生互动为辅的方式；学生的宿舍大多是按照学院划分的，但有的高校采取了居民委员会的管理模式，并将校园产业（商店、打印复印店、奶茶店等各种小商铺）都交给学生以创业的方式进行经营和管理；在上课方式上，教师会酌情针对学生的不同特点和类别进行备课和授课，个别受访的沿海高校采取了现代化的慕课（MOOC）、翻转课堂、微课、双语互动课堂授课模式，沿海部分高校采取了互动式、沙龙式、情景模拟等方式进行教学；受访的高校几乎都采取了弹性学分制和自主选课制，并考虑了学生和专业特点开设了公共、专业、其他等各种选修课程；个别高校采取了大类培养、分层次培养、合作办学的新模式和新机制；很多学校鼓励学生利用网络进行学习，给学生的教室、宿舍等布置了光纤、无线等校园网络，个别学校实现了网络全覆盖，许多学生会在学习之余进行网上冲浪，但是在网上进行有效学习的时间并不多，只有在查资料和写课程作业或论文的时候才会集中使用；教学管理者也会根据学生的不同年级和专业进行灵活管理。相关访谈记录如下：

大学生：S1，男，中共党员，四川大学，成都市

在我上思政课的班级，同学们几乎都来自不同的专业，我们都是基于自己的兴趣和爱好进行选课的。平时我们上专业课是35人左右，思想政治教育类课程少的时候有80人左右上课，多的时候有120人左右。由于人多，上课效果在一定程度上受到了影响，我们的思政课教师会根据学生的上课情况，对授课的方式、内容等进行改变。

我在完成课程论文和查资料的时候用互联网比较多，平时也上网打打游戏、看看泡沫剧，尤其喜欢观看美国大片和中国传统文化剧（哈哈）。

我们学校全部实现了自主选课，也落实了弹性学分制，但是在实际操作上，还有不完善的地方。自主选课的弹性学分制对我个性的发展和学习帮助很大，比如说可以培养一下自己的兴趣和爱好。另外就是弹性学分制课程会有一些创新学分之类的，这会鼓励自己更多地去学习一些书本上学不到的东西，提升一下自己的创新思维等。

我们学校主动和国外很多高校进行合作办学，大学四年级的时候同学们可以去国外学习一年，那么在这个过程中，同学们不仅学到了专业知识，也学习到了国外的文化和相应国家的语言，这对他们在就业的时候都很有帮助，而且这些同学，总体来说都发展得比较好。

学校主要采取的还是集中式授课，老师主讲。在这个过程中，老师也会采用一些开放式的和交互式的方式进行教学，沙龙式、无中心小组讨论式的稍微少一些。我们老师也会与我们进行一些互动学习和讨论，这种方式我比较喜欢，因为在互动的过程中既能接受老师教授的知识，也能在这个过程中提升自己的表达能力，这是一种参与式的学习。

思政课教师：T6，男，中共党员，北京航空航天大学，北京市

作为一个思政课教师，在备课的时候，我会根据上课学生的不同专业、年级、大学生的兴趣点和爱好进行考虑。若是忽略这些差异，那么课堂就会显得死气沉沉，学生对自己的课不感兴趣，自己讲着也没劲儿（哈哈）。我认为，为了提高学生的上课兴趣，结合他们的自身特点进行备课和授课是十分必要的。在具体备课的过程中，我会考虑学生所关心的事例和常用的语言，用一些学生们喜闻乐见的案例和语言。

由于我上的是大学生思想政治理论类的公共课，学生几乎都是非思政专业的，所以，针对每一个同学进行指导的难度有点大，但是我会根据每一个学院、专业的特点，备课时会有针对性地进行准备，尤其是在涉及案例教学的时候。

在知识传授方式上,我更注重的不仅是对知识的传授,还有对思维方式的训练,比如说在讲一个具体章节的时候,我不光要把知识讲透,还把它们之间的逻辑关系、脉络理出来。

在上课的班级人数上,我不得不说确实是大班级授课模式,学生大概在60~100人,虽然人数多,但是我还是会针对学生不同的专业、年龄、性格、爱好等进行讲授,尽量用浅显易懂的语言解释专业术语和当前的理论热点,恰当阐释政治现象。

在备课、授课、撰写文章、做科研项目的时候,我会经常使用互联网,至少4小时/天,有的时候甚至更多。在对网络的使用上,我是鼓励我教的学生使用的,毕竟,网络已经非常普遍了,已经渗透到了我们学习的方方面面。

授课的时候,我喜欢采用微课、慕课、翻转课堂的方式来传授知识,积极调动学生的学习积极性,引导他们主动思考,取得了很好的效果。但是在思政课的传授上,我认为现代化的授课方式和传统的授课方式比起来,也有利有弊。一方面是新的上课方式可以增强课程的实效性,增强了学生们上课的兴趣和参与度。另一方面它也有它的局限性,特别是很多老师在备课的过程中过度地强调参与度的话,那么可能会弱化课堂知识的传授,使这个课堂变成了游戏,这样显然是不利于我们传授知识的。因此,在传授知识的过程中应该以传授知识为根本目的,而传授知识的手段可以是多样性的。

就我个人而言,我非常赞同实施分类培养、分层次培养、合作办学等方式,这对大学生的个性发展、因材施教是个好事儿。尤其对学生个性化发展和社会主义核心价值观培养的作用是相当大的,因为在课程的教学过程中是很难把核心价值观和每一个人的具体情况进行匹配的,我们在课堂集中灌输过程中是很难照顾到每一个学生的,而把学生拉进来做参与启发就能让他们自己结合自己的特点进行自我学习。这种方式可作为我们统一式教学的补充,而且是一个很有必要的补充。

我上课时,前半部分我讲得多,后半部分让学生参与得多。我觉得上课方式是多样的,对于知识的学习肯定还是要靠讲授,但是对于学生的能力培养来说,交互式的个性化学习也是很有用的,二者结合效果更好。我越来越重视互动式教学,在这一点上,我印象比较深刻的是:在跟学生互动的过程中我会有意识地引导他们建立"为什么"思维,让学生在进行事实判断的过程中多问一下"为什么",引导他们对很多事情进行价值判断,在进行价值判断的过程中既把自己的主体意识导入进去了,又把对事实的认识上升了一个层面。我感觉学生们还是比较认可这种方式的。

高校教学管理者:G11,女,中共党员,湖北三峡大学,宜昌市

在我们学校,大学生一般是在图书馆和寝室学习的,考研的同学一般都在考研教室内从早到晚自习,其他学生没课的时候一般都在图书馆和寝室里学习,每个人的具体的学习时间因情况而异,还有一少部分同学在没人的教室学习。此外,学生固定用的自习室不多,一般去没人上课的教室里自习,学校有大学生活动中心,学习资源针对本科生、研究生有所不同。针对学生的多样性,学校有各种各样的社团、协会来促进学生的个性发展。

在思政课教学方面,全校所有学生都必须学习思想政治理论课,班级有大有小,一般为100人左右。学校鼓励老师采取多种教学模式。

网络学习方面,学校开设了网络思想政治教育课,网络思想政治教育课对当前大学生的个性发展起了一定的作用,传统的说教方式已经很难打动学生、吸引学生,学生需要吸收网络时代更多的信息。学校推行了网络公开课等多种措施推进学生思想政治教育学习,这些措施使学生的学习不再局限于教室,时间和方式都随意了很多,一些精品课程得到了更广泛的应用。在学习网络课程过程中,由于教师没有在现场,与学生沟通不够,不能准确解答学生的问题,如果学生不主动沟通的话有些甚至会起到消极作用。此外,学校与学生直接接触的部门都开通了官方微信公众号,具体到教师上课来说,课余时间老师与学生微信互动还是比较多的,老师可以实时了解学生的动态,有针对性地开展思想政治教育。

在自主选修和学分制上,我校是采用学分制和自主选课制。考虑到学生的个性特点,学校开设了一些选修课,由任课教师自己确定课程名称、课时,学校统一放到网上,由学生自主选择。

高校辅导员:F11,男,中共党员,成都理工大学,成都市

我在开展工作的时候,会结合主题进行安排,接地气,贴近生活,谈论一些身边发生的事情,这可以让大学生更好地融入校园生活,学生也更易接受思想政治教育的"罗氏风格"(嘻嘻)。

我上的思政课一般都是大班教学,所以会有其他学院或其他班级的同学来听课。我只能在尽量了解学生的情况下,进行一定的指导,通过分组讨论、任务安排、上台讲解等授课方式,尽可能调动学生的积极性。我授

课的班级人数较多,最多的时候大概有150人,人虽然多,但是我会尽量采用一些新的授课方式。比如我经常采用网络备课方式,每天上网大概要耗费6个小时。在我眼里,网络无时不在,它对于信息的交换、沟通、获取至关重要,我们可以从网络上获得很多有益的知识、方法,这些都利于自己备课,与学生互通信息。

我非常推崇和喜欢使用微课、慕课或者翻转课堂的新方式来上课,我所在的学院,很多老师参加了微课比赛并获得了全国大奖,这种新的授课方式利于学生的个性发展,使他们能够发挥特长,提高学生的课堂参与度。这些方式比较新颖、高效,符合学生特点,使学生感兴趣,激发他们的求知欲,利于因材施教,促进学生的个性发展。

作为大学生辅导员,我所在的学校已经实施了自主选课制和新型学分制,2016年实行了大类招生,我非常赞同这样的培养模式和招生方式。这种方式在大学生的个性发展,尤其是社会主义核心价值观的养成上,作用很大。举个例子说吧,在2015级的新生入学后,学校在体育馆组织新生观看2015年9月3日的祖国大阅兵,对大学生爱国精神的培养作用非常大,当时我带的几个新生看到祖国强大的画面都高兴不已,阅兵结束后,学生自发进行了讨论和分享。

作为辅导员,上思政课的时候,我非常注重学生间的互动。但是由于是大课堂授课,人数众多,互动的效果不是很好,有一定局限性。就我个人来说,我很赞成互动式教学,非常欣赏你列出的"交互式、开放式、共享式、沙龙式、无中心小组讨论式、轮流发言式、情境性和人文性模拟式、个性展示式"等多样化、个性化的上课方式。

通过对当前个性化学习现状的访谈并进行深入分析可以看到,目前个性化的学习方式已经在高校中得到有效执行,借助互联网和信息技术的力量,很多高校已经将本校的硬件(例如实验室、教室、实训室)等进行了改造,同时也积极引入了诸多的软件,以适应个性化学习的需要。总体上来看,个性化学习的大背景和推广条件已经成熟。受访的高校大学生、思政课教师、教学管理者和辅导员也基本认可了个性化学习的大趋势和主潮流,我们已经在他们的谈话中充分了解到了这一信息。在访谈中,大学生对个性化的学习认同度是最高的,现在网络信息的普及,使得大学生随时随地利用手机结合自己的兴趣爱好来选择性学习的现象越来越普遍。

第二节　目前个性化学习对大学生思想政治教育产生的效果

通过访谈可以看出，不同学院、不同专业的学生在一起上课、住宿、参加实践活动对大学生的思想认识很有帮助，同时受访学生一致认为小班化授课比大班授课效果好得多；对于"知识在网上，思想在微博上，朋友在QQ上，感情在短信上"的认识，大学生、思政教师、高校管理者及辅导员的认可度较高，但是也表示在关注和重视网络的同时更要重视现实生活；在人才培养的模式上，在校大学生普遍喜欢分类培养、分层培养、合作培养、学分选修等针对自己发展特点而制定的人才培养模式；在授课方式上，个性化学习的以学生为中心的翻转课堂模式受到学生的欢迎，但是在这一点上，高校思政教师、高校管理者和思政教师持有不完全相同的观点，高校思政课教师认为思政课有其特殊性，建议传统的授课方式和现代化的授课模式相互结合，应根据实际需求来差别化开展大学生思想政治教育课。相关访谈记录如下：

大学生：S4，男，中共预备党员，东华大学，上海市

就我来说，我非常喜欢和不同学院、不同专业的学生一起学习和交流，这对我很有帮助。我们学文科的同学和学理工科的同学在一起交流，对我们思考问题的逻辑能力有所帮助；我们和其他文科学院的同学一起，会接触到他们所学的专业知识，这对拓宽自己的视野、培养人文素养，还是很有帮助的，其中影响最大的就是对个人世界观的影响。

在老师给我们讲授思想政治课的时候，我非常喜欢小班化和互动式教学，希望老师能多采取网络授课的方式和学习方式。对于你提到的"知识在网上，思想在微博上，朋友在QQ上，感情在短信上"的说法，这都是社会上的人在虚拟生活中所产生的状态，我认为在信息化的时代，这些网络话语和涉及的内容是现实的存在，无可厚非。但是，我们不能完全依靠网络这个工具，我们还是应该把我们的精力更多地放在现实之中，在现实中记住"知识在网上，思想在微博上，朋友在QQ上，感情在短信上"这个说法，目的是增强自己对网络世界的适应能力和对网络话语的辨别能力。

思政课教师：T4，女，中共党员，中南大学，长沙市

在授课的过程中，我关注学生的个性和特点，也会在备课时根据学生的整体特点有意进行差异化备课。在授课的过程中，我发现不同专业的学生在一起，大家相互交流、相互切磋学习，对学生的世界观、价值观和人生观的养成会有影响，尤其通过人际交往会影响他们对人的看法和对人生的看法，在世界观层面会扩充他们的见识。各个专业的同学在一起有利于消解一些由于大学专业化教学而产生的不利价值倾向。

在授课班级上，我赞同小班化授课。小班化教学中，学生能够学到更多的知识，增加师生互动交流机会。此外，在信息化时代，我鼓励自己的学生采用网络学习，也提醒大家理性使用网络。对于目前流行的"知识在网上，思想在微博上，朋友在QQ上，感情在短信上"的网络上的说法，我认为这只是一种网络话语，在生活中会缺乏一定的现实基础，很多网络话语是虚拟情景中的虚拟情感的宣泄，与现实还是离得很远。网络有一个很大的特点就是它的知识具有很强的碎片性，这不利于学生进行集中学习，如果把学生的思想碎片化也就相当于把学生的思想打乱了，这样显然是不利于学生学习的。

对于目前高校实施的分类培养、分层次培养、合作培养等个性化的培养模式，我是持赞同态度的。但是就思政课改革并使用以上培养方式来说，我认为要具体问题具体分析。思政课程有它自身的特点，我们传授的知识必须具有很强的导向性和科学性，与其他课程启发学生发现不一样，我们教学所灌输的理论知识恰恰有时候就是要求所有的大学生都要接受一样的知识，这些是他们通过启发也很难掌握的，这一点我们在授课时候都有体会。所以，在理论知识传授上，我更倾向于灌输；但把理论知识运用到现实生活中，我更倾向于让学生主动参与，这有助于他们健康成长成才。

高校教学管理者：G5，女，中共党员，广东工业大学，广州市

就我们学校而言，学生混合上课的情况是很普遍的，上课的学生来自不同学院、不同专业的情况很常见。

对于学生进入学校后，宿舍的分配上，学校会根据男女生结构比例进行安排，如果女生比较多，就会集中在一栋公寓里，男生比较少就会和其他学院的学生混住在一起，反过来也一样。不同学院的混住在一起对大学生的世界观、人生观和价值观影响还是比较大。因为不同学院的学生、不同专业的学生在一起，大家来自不同地方，思考问题、看待问题的思路和方式不一样，会相互影响。

作为高校管理者，我们非常支持师生利用网络进行授课和学习，学校也对整个校园进行了无线网络覆盖。

就目前我校思政课的上课方式而言，主要采取的还是比较传统的授课方式，但也加入了一些新的方式，两者融合更利于大学生发展和大学教育目的的实现。因为当前我国大学生基数大是一个不争的事实，所以对学生的思想政治教育只能进行大班化教学，在这样的情况下根据学生的情况将传统授课方式与个性化培养方式结合是比较符合实际的做法。

高校辅导员：F5，男，中共党员，东北师范大学，长春市

目前而言，我暂时未采取针对某个学生的教学方案设计，但是在备课时，我会考虑整体学生的专业、年龄以及学院等因素，进行差异化备课和教学设计。

在授课的班级规模上，我校还是大班授课，但是规模已经比以前小了不少。我非常喜欢小班化授课，因为小班化可以讲得更细，老师也能够更加了解学生特点从而做针对性的指导，传授知识给学生才更加有成就感，也会提高我授课的幸福指数。

作为辅导员，我非常鼓励自己的学生利用网络进行学习，对于目前流行的网络话语"知识在网上，思想在微博上，朋友在QQ上，感情在短信上"，我认为还是有一定的道理，它提示我们世界信息化的步伐在进一步加快，而且已经悄然改变了我们日常的学习、工作、生活以及交往的方式。

通过访谈并进行深入分析得出，个性化学习给大学生思想政治教育带来了现实的效果。这个效果主要包括两个方面：一个是个性化学习给大学生思想政治教育带来的机遇，一个是个性化学习对大学生思想政治教育的挑战。从机遇来看，受访对象都认可的是在目前信息技术（尤其是互联网技术）普及的情况下，大学生思想政治教育的载体、传授模式、传授媒介和传授形式都有了新的选择；从挑战来看，个性化学习方式的自主性、开放性与大学生思想政治教育要求的权威性、统一性有一定的冲突，同时，个性化学习的不确定性给大学生的世界观、价值观和人生观带来了一定的冲击和影响。

第三节　个性化学习给大学生思想政治教育带来的机遇

随着网络技术和手机的快速发展，网络化学习环境已成为高校老师和学生必不可缺的学习环境。通过深入访谈得知，当前大学生手机或电脑的拥有率近95％，学生们75％的信息来源于网络。50％左右的学生认为网络化环境对他们的生活和学习有深远的影响，极大地便利了学生的日常学习和生活。网络化学习环境逐渐成为个性化学习的主要阵地。个性化学习不仅对大学生的世界观、人生观、价值观产生了巨大影响，还对大学生的学习方式、行为方式、交往方式、受教育模式产生了重大影响。

一、拓宽了思想政治教育平台

个性化学习具有丰富的网络信息资源。网络信息技术、数字技术以及通信技术的快速发展为高校开展个性化学习构建起巨大的网络化学习环境。在个性化网络学习环境中，每个学生都是信息的接收者、发布者和传播者。学生利用快捷的信息网络，能够掌握新鲜、及时而全面的多元化信息，来满足自身学习需要。在个性化学习中，大学生能够突破课堂和图书馆开放时间的限制，利用计算机或手机网络等新的学习媒介，快速及时地获取学习信息和资料。[①] 通过利用个性化学习工具和环境，学生们可自主学习马克思主义、社会主义核心价值观等思想政治理论教学内容，促进思想政治教育信息传播。

高校负责思想政治教育理论课的教师，可以利用网络上丰富的教学资源和信息资料，通过演示文档（PPT）、图像、视频等多种方式来生动形象地讲解思想政治教育教学内容，以此来向大学生传播思想政治教育理论知识，向学生及时讲授党中央新的思想、方针、政策，克服传统学习环境中时空的限制，拓宽思政教育的平台。[②]

对高校思想政治教育任课教师来说，个性化学习带来的机遇主要有六个方面，分别是：提高教学工作效率、提高工作成就感、提高工作幸福感、丰富思想政治教育手段、拓宽思想政治教育平台、提高教师荣誉感。

共访谈高校思想政治教育任课教师12人，其中，有10人认为提高了工作

[①] 杜亮. 3G背景下大学生思想政治教育载体研究［D］. 济南：山东大学，2010：43.
[②] 赵敏. 新媒体视阈中的大学生道德教育创新研究［D］. 济南：山东大学，2012：40.

幸福感，拓宽了思政教育平台；有 11 人认为提高了工作成就感，提高了工作效率，丰富了思想政治教育手段；对于提高荣誉感，接受访谈的 12 人全部赞同。

高校思政教师：T5，女，中共党员，河北师范大学，石家庄市

就我实际教学的经验来看，根据学生的兴趣、爱好和特征有针对性地进行课堂设计，对于授课的质量和效果提高非常有帮助。我们思政课还是大班教学，人数相对来说还是比较多的，所以针对某一个同学的个性进行教学还是比较困难的，不过在这个过程中我会通过对某一个学生提问来对学生的思想进行引导。

作为老师，我尝试采取新的授课方式，经常采用一些现代化（非传统）、网络化（无纸化）、个性化（非统一化）的学习载体和平台，上课会带领学生进行模拟情境学习、讨论式学习、互动式学习、无中心式辩论学习等，这非常有利于学生更多更快地获取知识，增强他们的参与性。许多学生非常喜欢我的上课方式，我作为思政课老师，非常有获得感，幸福指数嘛，乐观地说，非常高（呵呵）。

在网络化的学习环境没有出现时，高校大学生的思想政治教育教学大多是传统的教育模式。传统教育模式中，学生从中获取有效信息的内容很少，可用来学习思想政治的环境也受限制。随着网络技术的发展，高校大学生思想政治教育教学工作有了长足的发展，各种教学资源也层出不穷，并且具有及时性、新颖性和丰富性的特点。同时，之前在大学生思想政治教育实际工作中一些比较棘手的问题，比如信息沟通和交流渠道少，有用性交流信息资源匮乏等，得到了彻底的解决。[①] 随着第三代移动通信技术（3G）和第四代移动通信技术（4G）网络的发展和完善，信息实现了快速即时传递，也创新了信息传递的方式，信息不再是纯文字信息，还能和声音、图片和视频相结合。这就丰富和创新了大学生思想政治教育模式和方法，在很大程度上减少了学生学习的枯燥感，使大学生思政学习更加生活化和现实化，推动了高校思想政治教育工作不断发展和完善。

网络信息技术跨越时空传播的特点以及信息共享的特性，能够确保大学生在网络环境中及时接收到最新鲜的学习资料和信息。个性化学习中，大学生彼此之间能够利用网络进行学习交流。比如利用手机浏览网页、搜索专业知识，

[①] 赵敏. 新媒体视阈中的大学生道德教育创新研究 [D]. 济南：山东大学，2012：39.

登录QQ、微信等，利用即时通信进行学习交流，实现信息的传递。① 此外，手机携带方便，便于随时储存有价值的学习信息。在个性化学习中，大学生还能利用手机或笔记本等将学习过程中有用的信息记录下来，通过视频、微信等方式将信息进行传播，它一方面丰富了校园生活，另一方面将学习通过网络进行共享。这就在原来传统学习的基础上扩大了信息交流空间，思想政治教育信息资源也拓展了影响范围。

在笔者实际深度访谈中发现，大学生认为个性化学习的好处主要表现在五个方面，分别是能够实现快乐学习、提高思想政治境界和觉悟、增强思想政治教育的实效性、拓宽思想政治教育平台、提高思想政治教育效果。笔者对12位大学生访谈结果进行统计，其中，有10人认为个性化学习增强了思政教育的实效性，提高了思政教育效果；有11人认为个性化学习拓宽了思政教育平台，能够实现快乐学习；8人认为个性化学习能够提高思想境界和觉悟，与前面四个方面相比，人数较少，这一点在对大学生的访谈中，得到了印证。

大学生：S11，男，中共党员，外交学院，北京市

我认为和不同班级、不同寝室的同学在一起上课、学习和生活对我的思想认识有所提高。我很期望思政课老师可以根据学生的兴趣爱好和特征有针对性地进行课堂设计，这对于提高我的思想理论水平非常有帮助。

在选修课程的时候，我会非常重视结合自己的兴趣、爱好和个性来选择自己喜欢的课程。比如说我这次选课，选修了当代军事课程，对当代军事概论、军事科技前沿、军事斗争新理论等有了全面认识，继而激发了个人学习研究兴趣，从而对该领域有了较为深入的了解。

教师在上课的时候，采取模拟情境学习、讨论式学习、互动式学习、无中心式辩论学习等学习方式，对我平时待人处事能力的提高、思想的进步会起到一个很好的引导和促进作用。上述学习方式发挥了学生的主体作用、参与意识、创新思维，基于问题解决的学习方式能够有效模拟现实生活的情景，因而有助于提高学生的待人接物能力。

高校思想政治教育管理者也可以利用网络化环境积极宣传社会主义核心价值观、集体主义精神、爱国主义精神等思想政治教育的相关内容。此外还能利用个性化教育环境，选择符合教学要求、新颖而具有针对性的思政教育信息资

---

① 李岩，曾维伦，何海涛. 新媒体环境下的大学生思想政治教育新载体探析 [J]. 重庆邮电大学学报（社会科学版），2010，22（5）：21—26.

源以网络方式分享给学生们。在访谈的过程中,发现受访的12名高校管理者中,有11位认为个性化学习有利于拓宽思想政治教育平台,仅有1位认为个性化学习对大学生思想政治教育平台的拓宽影响不大。这在访谈中也得到了证实。

高校教学管理者:G1,女,中共党员,成都理工大学,成都市

我认为不同班级、不同寝室的同学在一起上课、学习和生活可以增进交流和沟通,对学生的思想认识提高有一定的好处。至于你提到的我们作为教学管理者会不会鼓励思想政治理论课教师根据学生的兴趣、爱好和特征有针对性地进行课堂教学设计的问题,答案是肯定的。我们鼓励思政教师根据学生的兴趣、爱好和特征有针对性地进行课堂设计,不只是思想理论课程,其他课程也是如此,这有利于激发学生兴趣,使学生主动参与到学习过程中来。

我认为给学生提供个性化的选课平台,提供多样化的选修机制,让学生选择自己喜欢、有兴趣、符合自己个性的课程对其成长、成才有积极的影响。具体来说,给学生提供个性化的选课平台,从公共选修课到专业选修课,再到双学位学习,再到创新创业等,都给予了学生很大的自主学习权,学生可以选择自己喜欢的、符合自己个性的课程,这可以激发学生学习的兴趣,提高学生学习的能力,促进其对专业知识的学习,同时也有利于复合型人才的培养。

此外,就我看来,大学生个性化学习给了思政教师和大学生思想政治教育工作者更多的机会和平台来开展大学生思想政治教育工作。比如,以前大学生思想政治教育的开展主要是采取传统的方式,教育活动主要集中在教室、宿舍或者社团中。现在在个性化的学习中,思政教师和学生管理人员可以采用网络化(微博、微信、QQ、易信)的方式开展工作,尤其是最近国家推行的大学生应用程序和易班建设平台,可以让老师们实时掌握自己学生的情况,可以做到随时为学生服务,这无疑是拓宽了思想政治教育的平台,也给大学生思想政治教育带来了新的发展机遇。

对于大学生辅导员来讲,个性化学习给大学生思想政治教育带来了前所未有的机遇。在个性化学习视域下,大学生辅导员可以利用多种平台,有针对性地对大学生进行思想引导,这对大学生思想的提升,人生观、价值观和世界观的形成都有很大的帮助。作为大学生辅导员,除了繁杂的日常思想政治教育工作外,还会主动承担一些大学生思想政治教育类课程,比如大学生思想道德修养、形势与政策、大学生就业创业指导等课程，在备课的时候大学生辅导员会针对自己学生的特点来备课，对学生的学习情况也会进行差异化的指导。对于辅导员来说，个性化学习拓宽了思想政治教育的平台，给大学生思想政治教育工作带来了新的契机。受访的 12 名辅导员老师也认同这一点。

从访谈的结果来看，大学生辅导员认为个性化学习给大学生思想政治教育带来了很多机遇，最主要的是拓宽了思想政治教育的平台，11 位大学生辅导员认为个性化学习拓宽了大学生思想政治教育平台，仅有 1 位大学生辅导员认为个性化学习对大学生思想政治教育平台的拓展效果不大。这一点在对大学生辅导员的访谈过程中也得到了印证。

高校辅导员 F3，男，中共党员，湖南师范大学，长沙市

在访谈中，该辅导员指出教授来自不同学院和班级的学生既是机遇也是挑战。这些学生学习不同的专业，对待同一个问题可能会有不同的看法，这也能够使他们产生新的想法，会使该辅导员在备课时更加注重学生的个体差异和兴趣爱好。为了发展学生的个性，实现因材施教，在进行课堂设计的时候，该辅导员会充分考虑大学生的个性特点和爱好进行有针对性的思政课堂设计，这进一步深化了该辅导员对思想政治理论课的看法，进一步增强了该辅导员对思想政治理论课的热爱。

在谈到采用现代化（非传统化）、网络化（无纸化）、个性化（非统一化）的学习载体和平台对学生的潜力挖掘、思想观念的形成带来了哪些积极因素时，该辅导员指出现代化（非传统化）、网络化（无纸化）、个性化（非统一化）的学习载体和平台使大学生的思想和价值观更加多元化，使他们的个性得到了张扬，他们有了自己独到的见解和看法，不再迷信甚至敢于质疑权威。

在个性化学习中，大学生还能利用校园网浏览和搜索与思想政治教育相关的信息和学习资料，极大地丰富和拓展了大学生的思想政治学习内容。个性化学习为高校思想政治课教师和管理者及时传递了有用信息，为大学生及时接收信息提供了新的平台，提供了新的载体，拓宽了大学生思想政治教育的平台。

二、丰富了思想政治教育手段

高校个性化学习中，微博、微信、论坛以及贴吧等方便快捷的学习途径已经发展为当前大学生思想政治教育和学习的新途径。在传统学习环境中，高校大学生大多是按照规定在固定的时间和教室接受思想政治教育内容。但是，新媒体时代来临后，许多新媒体手段渗透到学习中，打破了传统的固定学习时间和地点的限制。大学生可以利用手机或网络随时随地获取所需要的思想政治学习内容资料。①

个性化学习大多以多种媒体方式来进行思想政治教学活动，且内容和方式多样，不但拓展了大学生的学习思路和看问题的视角，还在很大程度上丰富了思想政治教育方法和手段。在个性化学习过程中，大学生可自由选择信息获取的方式，而且还能通过不同的方式回复信息，积极参与教学内容反馈。这种师生互动、双向沟通的信息交流方式，推动大学生从被动接受知识变成积极参与教学过程，改变了传统的教育方式。

传统学习中，报纸、期刊等学习媒介，大多只重视信息的单向传播和传递，而微博、微信等个性化学习环境下的全新教育平台则更注重信息的双向交流和互动。传统学习中，高校思想政治理论课老师大多采用"填鸭式"的教学方法，把思想政治教学内容一股脑儿地灌输到学生脑袋中，不管学生有没有学会。② 这种教学方法渠道单一，内容枯燥乏味，教学成效不佳。在个性化学习中，声文并茂的新媒体教育方式，促使大学生思想政治教育方法更加多元化，教学内容更加形象、活泼和生活化，极大地增强了思想政治教学的吸引力和趣味性。

（一）个性化学习促进了大学生进行自我教育和学习

自我学习是一种大学生思想政治教育的有效方法。自我学习指的是教师根据大学生的身心发展特点，进行及时正确的引导和指导，推动大学生自觉提高思想政治学习的自觉性和积极性。思想政治课任课教师要引导学生树立正确的世界观、人生观、价值观，培养学生自我学习、监督、判断和评价的能力，引导学生学会使用批评和自我批评的思想政治教育方法。

任课教师的正确指导，在大学生价值观建立过程中发挥着重要作用。通常，大学生的学习理念是家长和老师公认的道德规范和理想价值理念，但是大学生正处在身心发展完善的时期，有其自身的一套价值评价标准，很容易对家长和老师产生逆反心理。而学生同龄人之间更容易产生共同的思想价值理念，彼此间相互影响。这对思想政治观的建立发挥着重要作用。同辈群体是同龄人，是兴趣、爱好、态度以及价值观等相似的人群，群体成员关系密切，且相互影响。同龄人之间的信息交流、沟通几乎没有障碍，他们对事物的认知、学习、理解和接受几乎是一致的，彼此之间的学习观、价值观和思想观相互

---

① 李岩. 大众传播媒介对大学生的影响 [J]. 山东工商学院学报，2003，17 (5)：121−124.
② 刘幼昕. 手机短信挑战高校德育 [J]. 北京教育（高教版），2005 (4)：14−15.

影响。

个性化学习的产生，为同龄人群体之间构建了自由对话和随时沟通的平台。大学生可以在微信、贴吧、论坛上自由地交流学习理念、思想价值取向以及学习过程。所以，高校思想政治课任课教师应充分利用网络媒体，对大学生进行学习指导和道德观、价值观的引导。教师要有针对性地对大学生展开思想政治教育，促使学生群体之间形成潜移默化的影响，树立正确的世界观、人生观和价值观。访谈中，大学生对现代化、网络化和个性化的思想政治教育模式表示非常欢迎。

大学生：S6，男，共青团员，华南理工大学，广州市

现代化（非传统）、网络化（无纸化）、个性化（非统一化）的学习载体和媒介对我的潜力挖掘、思想观念的形成带来的积极因素有很多。比如现代化网络化平台上能够使我获得很多的知识，也能使我更快地获得一些东西；比如，以前在图书馆去借书，有些被人借了的书要等别人还了才能借，从宿舍去借书的路上也要花时间，而在网络化的情况下，我们只需要利用一些网络化的平台，在网上就能够查到这些知识，非常便捷。个性化的学习，不仅能够增强自己学习的思维能力，还能够提升自己学习的主动性，因为在个性化的学习过程中我们自己能够把控好，自己有一个主动意识在里面，我觉得在很多方面对我们都有很好的帮助。

（二）个性化学习有利于改善传统思想政治教育方法

传统教学模式中，高校思想政治教学方法大多是理论知识灌输和师生直接的思想交流。这种教育方法虽然好，但随着社会的发展和进步，暴露出一定的缺陷。比如，枯燥乏味的理论讲解往往会演变成老师对学生的说教，学生心里反感，不愿接受。而面对面的思想交流，学生又不愿向老师畅所欲言。这就导致思想政治理论课老师不理解学生，不能充分了解学生的学习需求，老师也就不能对症下药解决问题，导致教学效果不太理想。

个性化学习中，大学生思想政治教育则没有这方面的担忧。网络化教学环境有助于构建寓教于乐的教学环境。开展个性化学习具有新颖性、自由性、形象直观性等特点，可利用文字、图片、声音以及视频等多种方式把学习内容传输给学生。对大学生来说，个性化学习，既可以随心所欲地学习知识，又可以和老师进行及时的交流和沟通。① 通过教师的正确引导,在个性化学习中,大学生不但能够快乐地学习思想政治教育内容,还能提高思想政治素养。

高校思政教师:T1,男,中共党员,四川大学,成都市

对比以前大学生思想政治教育来看,开展个性化学习之后,我明显感觉大学生思想政治教育的手段丰富了很多。比如,原来我们上课主要采取的是传统的授课方式,每次上课的时候,进入教室,教师讲授、写板书,学生在下面聆听,这是单一渠道的知识灌输和授予模式。

然而,现在随着教育思想的转变和教育手段的增加,大学生思想政治理论课的教师在思想观念上有了很大的提高,充分认识到了大学生的现实语言体系和接受能力才是我们大学思想政治理论课教师开展工作的出发点。鉴于此,我多采用现代化的教学手段和网络化的语言体系,采用博客、微课、翻转课堂、慕课等多种授课方式来对大学生进行思想政治理论教育;此外,作为当前的大学生思想政治理论课教师,还要积极学习并融入现代大学生的语言体系和交流圈子。只有融入了大学生的社交圈子和进入了其语言体系,才能更好地和大学生建立友好型互动教学关系,大学生也才可能更好地接受你的授课内容。随着教学的发展,个性化学习把思想政治教育从面对面的教学和思想交流,变成手机对手机、电脑对电脑的方式,从一对一的方式变成一对多的方式,从传统的"填鸭式"变成学生自主学习,从教室变成网络虚拟教室,从传统的统一授课模式逐渐转变为慕课、翻转课堂模式。把个性化学习环境和大学生思想政治教育结合起来,是时代发展的进步,是师生之间双向的教育学习过程。

高校教学管理者:G2,男,中共党员,西南大学,重庆市

对于我们高校教学管理者来说,在个性化学习越来越普及的情况下,我们会顺从高校教育发展的需要,积极主动将不同班级、不同寝室的同学安排到一起上课,这样可以扩大大学生的交际范围,让他们结识更多的人,从而可以丰富大学生的思想观点、增进大学生的思想认识。

作为高校教学管理者,我非常支持大学生思政课教师创新教学方式,针对大学生的个性特点开展个性化教学,这可以使学生积极融入课堂,从被动接受者变为主动学习者,有利于学生的思想理论水平在潜移默化中得到提高。

---

① 邓志伟.个性化教学论[M].上海:上海教育出版社,2002:36.

最重要的是作为高校教学管理者,我会积极主动给学生提供个性化的选课平台,为大学生提供多样化的选修机制,让每个学生根据自己的兴趣和爱好,对自己未来的发展进行规划,经过多年的实践,我们可以肯定地说,个性化的选课平台有利于学生结合自身实际情况灵活选择适合自己的课程,使其更好地发展。

现代化、网络化、个性化的学习载体和平台有利于学生价值主体意识的提高,丰富了大学生思想政治教育的手段和方式,增强了大学生的自我意识和自信心。但同时互联网上的信息良莠不齐,学生很容易迷失在海量资讯中,而且碎片化的阅读方式不利于学生深刻思考问题,极容易流于表面,形成跟风式思考。这一点,作为高校管理者,我是比较在意的,也会非常注重对大学生进行科学、合理的引导,使大学生健康成长。

大学生辅导员们也提到,网络是信息传播的平台,但它又是竞争激烈的思想舆论阵地。网络信息化时代,媒体技术的快速发展和更新,有利于大学生思想政治教育工作的开展,这对思想政治教育工作者来说既是发展机遇,又是一种新的挑战。高校大学生辅导员,要紧跟时代发展的步伐,积极应对新挑战,把握个性化学习的主导权,从而为大学生思想政治教育提供多样化服务。[①] 从当前的发展形势来分析,高校思想政治教育的重点是积极利用个性化学习的有利时机,拓展思政教育教学的途径,推进大学生思想政治教育创新。

笔者通过实际深度访谈发现,高校辅导员认为个性化学习对大学生的机遇主要有四个方面,分别是丰富教育手段、拓宽教育平台、便于进行日常思想政治教育工作以及对所有学生进行思想政治教育。对高校辅导员来说,个性化学习更有利于展开日常思想政治教育工作,有助于拓展思想政治教育平台,丰富思想政治教育手段和方式。

笔者对 12 位高校辅导员进行了访谈,其中,有 11 人认为个性化学习有利于学生个性化发展,有利于拓宽思政教育平台,有利于促进大学生成长成才,有利于塑造学生正确三观和有利于提高大学生幸福指数;有 1 人持有不同观点,认为大学生个性化学习对思政教育的开展的作用不是特别明显。

高校辅导员:F12,女,中共党员,中国政法大学,北京市

作为一名高校辅导员,我深深感受到当前大学生个性化趋势明显,信息化的平台和网络化的联系以及实时沟通大大丰富了思想政治教育的手

---

① 刘晓宇. 面对新媒体时代的思想政治教育策略 [J]. 高等农业教育,2004 (8):38—40.

段，使得校园充满活力，学生需求能够得到更大满足。个性化的学习环境使得如今的大学生可以凭借信息化的技术和丰富的教学资源培养自己的特长，弥补自己的不足，教师要因材施教，因需设教，促进学生多样发展和学校资源的有效利用。

具体来看，个性化学习视域下，教授来自不同学院和班级的学生，能开阔视野，便于借鉴其他学科专业的教学方法，使思想政治教育的教学方式更加丰富多彩，也利于培养学生的个性，形成包容、开放的价值观。但也要注意引导学生不断培养对社会有益的个性，不断改正一些坏习惯和不良的个性，因为并非大学生所有的个性行为都是正确的。

在个性化的学习方式中，每个学生都有发表观点和质疑别人观点的权利，每个学生都要尊重他人的发言，大家畅所欲言，有利于培养学生互相尊重、互相包容、互相借鉴的良好心态，提高人际交往能力。通过这样的方式，我也能从学生的互动中体会到大学生的真实感受，从而更好地提高教学管理能力，获得成就感。作为思政教师中的一员，我看到学生的进步会感到很幸福。

最后，我还是想说一下，作为"三双"管理的大学生辅导员，我非常重视新的学习方式和学习手段对大学生思想政治教育效果的潜在影响，我们作为一线的学生工作干部，对这些新的手段和方式更加地敏感和警觉，这是工作职责的要求。当然，我也非常感谢个性化学习手段和方式带给我以新的视角来开展大学生思想政治教育的机会，这对于我开展大学生思想政治教育更加有利、更加方便。

三、增强了思想政治教育实效

大学生思想政治教育的实效性指的是根据高校教育发展目标，结合实际思政教学情况对大学生进行思想政治教育，教学成效和高校教育发展目标相比所能达到的实际有效水平。个性化学习下，高校思想政治教师或管理者可利用网络化新媒体，来深入了解大学生实际学习的进度和情况，掌握大学生思想发展动态，发现学生隐藏的问题，进而采取有效措施对大学生实施具有针对性的思想政治教育。

网络信息技术和新媒体传播方式的发展，在现实世界和网络虚拟世界之间搭建起了一座沟通的桥梁。这一变革从根本上改变了人们学习、生活和交际的方式，更改变了网络化时代大学生的学习、生活和人际交往方式。在网络环境下，所有人都能畅所欲言，尽情地表达自己的思想和见解。通过个性化学习，思想政治教师更容易接近大学生的真实心理世界，了解学生真实的内心想法，把握思想政治学习动态，还有助于围绕热点问题和焦点问题展开激烈的讨论，促使教师的思想政治教育工作有的放矢。[①] 高校思想政治教师和学生之间的融洽度、信任度是影响思想政治教育教学效果的因素之一。在和大学生的访谈中，也证明了这一点。笔者访谈了 12 位大学生，其中，有 11 位大学生认为在个性化学习方式下，提高了自己的思想认识，对自己的世界观、人生观和价值观的形成影响较大；有 10 位大学生认为个性化学习提高了思政课教师授课的效果；有 11 位大学生满意个性化的人才培养方案。

在校大学生：S10，男，中共党员，中国社科院，北京市

在个性化学习下，不同专业、不同学院、不同年级的同学在一起学习，对我的思想认识的提高非常有帮助，起到了很好的效果。详细点儿说，不同专业背景和知识储备的同学在一起学习的时候，有利于互通有无，拓宽知识面。

不同专业的学生混住在一起对我世界观、人生观和价值观的形成影响很大。在我的班级上，各个同学都来自国内外不同的地方，我们宿舍里面住的同学是不同专业的学生，这对于我平时学习思维方式的转变、知识结构的构建以及学习方法的改进非常有帮助，我们经常在一起交流，在一起探讨，还经常在晚上熄灯后卧床谈论学习，甚至是争论，在这个过程中，我们互相学习，共同提高进步。

对于上课的教学班，我自己认为小班化的教学对于大学生思想政治教育的效果更好。因为小班教学更有利于激发学生参与感，让学生融入课堂互动和思考当中，有利于知识的输入和输出。大班教学限于条件，难以调动学生积极性，因而往往流于知识灌输。

就我所了解的，不光我自己，我身边很多同学都在采取网络化的学习方式，对于"知识在网上，思想在微博上，朋友在 QQ 上，感情在短信上"的说法，我非常赞同。就我看来，网络学习只是一种方式，信息的获取是一种大潮流，正所谓"世界潮流浩浩荡荡，顺之者昌，逆之者亡"，说的就是这个道理。当然，我们也不能一味夸大个性化学习带来的效果，我们也应清醒地看到，网络也是一把双刃剑，用得好，就能充分利用海量信息和大众的智慧，收到博闻强识、术业专攻的效果；如利用不当，则可

---

① 田霞，邢千里. 论增强高校思想政治教育的实效性 [J]. 中国特色社会主义研究，2007（6）：107-109.

能陷入碎片化的信息大海，难以甄别优劣、真伪，不利于大学生正确世界观、人生观和价值观的培养和形成。

就我们中科院思政课程教师授课的模式看，主要是讲授，辅之以课堂互动。在小班教学的基础上，引入了课堂展示、辩论、专题研究等教学方式，使学生从思想上认识问题，从行动上解决问题，这一点，我是非常满意的。

就我看来，目前各个高校加快了招生和培养的改革，部分高校已经实施了分类培养和分层次培养，剩余的高校也在逐步改革中，这是高等教育改革的大势所趋。尤其是在当前大众创业、万众创新潮流下，以往的培养方式难以跟上社会发展潮流和时代对人才的新要求，因而需要有的放矢，因人制宜，灵活设计培养方式，以国家政策导向和社会需求为指针，针对学生发展特点设计人才培养方式，达到内图个性之发展、外图贡献于社会的实效。

通过以上的访谈我们认识到在传统教育中，师生一般不能处在完全平等的地位，课堂沟通和交流效果也大打折扣，这影响了思想政治教育成效。随着新媒体和媒介的产生，教师和学生之间有更多的隐蔽性和平等性。师生双方可隐藏自己的真实身份、性别，网络虚拟环境缩短了时空距离，拉近了师生之间的心理距离。个性化学习中，更容易消除师生之间的心理障碍和隔阂，营造轻松的学习和交流氛围，增强师生之间的信任，提高思想政治教学实际成效。

大学时期是大学生重要的成长期和发展期，是他们世界观、人生观以及价值观形成的重要时期。高校思想政治教育理论课老师和辅导员可以利用贴吧、微信、论坛等网络化工具深入了解学生思想状态，和学生近距离接触、交流。此外还要结合大学生的心理需求，帮助学生解决学习和生活中的困难，引领大学生思想政治教育健康发展。[①]

高校管理者认为个性化学习对大学生思想政治学习的效果主要有以下几个方面，分别是增强思想政治教育实效性、提高思想政治教育管理的科学化水平、提高思想政治教育的现代化水平以及增强管理效能等方面。笔者对12位高校管理者进行了深度访谈，有11位认为个性化学习增强了思想政治教育的实效性，提高了思想政治教育管理的现代化水平（如增强了管理的科学化水平和管理效能），只有1位受访者认为个性化学习在增强管理效能方面效果不

---

① 杨文革. 加强高校思想政治教育实效性的动态分析 [J]. 黑龙江高教研究，2006（2）：48-49.

明显。

（一）节约思想政治教育成本，提高工作成效

个性化学习中的大学生思想政治教育工作，能够推动教师和学生之间思想的沟通和交流。高校教育者、辅导员能够及时发现学生的思想问题，及时掌握反馈信息，思想政治教育工作的信息交流、工作回复以及相关服务都能通过网络化载体实现。这就在很大程度上节约了高校思想政治教育成本，提高了工作效率。

另外，高校思想政治课任课教师可以利用微信、微博、论坛、易班等，把传统的思想政治教育教学内容延伸到网络空间。教师还能把教学资料通过网络分享到微博、微信中，思想政治教学内容通过网络平台进行发布传播。学生在网络上可以表达自己的真实想法和对问题的见解，为思想政治知识学习交流创建平等自由的平台，引导学生积极主动参与讨论。

高校和社会可以利用网络监管来增强对思想政治教学和大学生思想政治教育活动的监督，推动主流价值观的传播。高校思想政治教育课老师可以进行个人身份认证，利用大V身份，引导学生进行"互粉"，缩短师生之间距离，实现思想政治教育课教学和日常思想政治教育效果的提升。[①]

（二）在个性化网络环境中获取更多的正能量

当前，高校个性化学习的发展，促使高校转变教育信息传递方式。网络化环境具有信息整合的能力，它能快速传递信息，还能交换和创造信息。网络化环境对信息的扩散和影响作用是尤为显著的。这种方式下思想政治教育信息的传播更加快速。

网络化学习环境备受大学生的欢迎。全国各地高校都在新浪微博和腾讯微博上开通了学校的官方账号，很多思想政治课任课老师和高校辅导员也开通了微博，以此了解大学生思想政治教育情况。教师和辅导员可在网络（微信或微博）上发布正能量的思想政治教育内容，以积极引导和教育大学生。

个性化学习对学校的软硬件有较高的要求，笔者对12位高校管理者进行访谈，其中，有10人认为：个性化学习推行以来，思想政治教育管理者很重视教育效果，所在高校都配备了多媒体教室；有11位高校教学管理者认为自己学校拥有开展个性化学习的网络设备，并认为教师和教材符合个性化教育要

---

① 潘秀山. 构建新世纪高校全员德育的新格局［J］. 中国轻工教育，2003（2）：7-8.

求；有10位高校教学管理者认为自己学校基本实现了小班化教学；在人财物的投入是否到位上，有9位高校教学管理者认为自己所在学校基本到位；此外，有3位高校教学管理者认为自己所在高校在人、财、物等方面的投入还不足；有2位高校教学管理者认为实验室的配备不足；有1位高校教学管理者认为本校的多媒体教室配置不足、网络化设备投入不足、教师和教材尚未达标；有2位高校教学管理者认为自己学校距离实现小班化教学还有一定的差距。这些数据说明，个性化学习视域下，高校教学管理者对本学校实现个性化教学的硬件和软件投入及配置还是有着清晰的认知。

高校教学管理者：G8，男，中共党员，武汉大学，武汉市

现代化（非传统）、网络化（无纸化）、个性化（非统一化）的网络学习载体和平台对学生的潜力挖掘、思想观念的形成带来了积极的影响，学生获取信息更加快捷方便，信息更加多元，为学生全面了解自己及社会提供了更多机会，有助于拓宽学生视野、激发学生学习主动性、丰富学生学习的形式。比如我就在自己的微博上开了每日动态，通过定期发布有关的教学管理信息，实时给全校的学生发布最新的教学管理信息，及时纠正学生中的负面信息和不文明行为；同时积极推送学校的好人好事、先进事迹，对于弘扬正能量、树正气、去歪风，起到了很好的作用。

思想政治课任课老师、辅导员、教学管理者等都能通过微博、微信对热点问题或突发事件进行讨论或发表自己的观点，也可以通过转发和评论对问题发表看法，引导学生正确地看待和处理问题。微博上的社会问题讨论和热点事件，会随着影响范围的扩大和程度的加深从而引起权威部门的关注。思想政治教育管理者和教师要利用微博、微信等及时发现问题并传播正能量，引导大学生正确分析和辨别网络信息，树立正确的学习理念。

在网络化时代，微博、微信等备受当下教师和学生的青睐，逐步成为一种新的思想政治教育平台和载体。在个性化学习中，大学生思想政治教育没有必要必须局限于固定的课堂和僵化教条的教学模式中，微信、微博等丰富了信息传播方式和手段，促使传播方式更加灵活。[1] 个性化学习下，新技术应用于大多数媒体，把文字、图片、声音、视频等和思想政治教育内容相结合，为大学生带来了丰富的视觉知识盛宴。此外，在个性化学习下，教师和学生担任的角色可以实现互换。这种改变可以充分地调动起教师的教学积极性以及学生学习

---

[1] 孙祥军. 论大学生思想政治教育载体的发展与创新 [D]. 济南：山东师范大学，2007：12.

的兴趣,推动师生在轻松愉悦的环境中进行教学活动。

对高校思想政治课任课教师来说,个性化学习带来的思想政治教育效果认知主要有四个方面,分别是:是否实施个性化、教师的满意度、教师的成就感、教师的尊严感等。笔者对12位思政教师进行调查走访,其中,有10位思政课教师认为,目前在自己的授课方式中不同程度地采用了个性化教学方式,有11位思政课教师从个性化教学中获得了满足感,有11位思政课教师在实施个性化教学的时候得到了尊重,有12位教师在个性化的教学中获得了不同程度的成就感,有9位思政课教师从个性化的教学中获得了幸福感。

总体上看,笔者在实际访谈中发现,个性化学习下思想政治课任课教师很重视教育效果,绝大部分教师乐于实施个性化教育方法或选择在个性化学习中教学。教师也能在个性化教育中实现教育成就感、被尊重感以及满足感。

高校思政课教师:T10,男,中共党员,东北师范大学,长春市

就我来说,我任教的学校坐落在祖国东北的长春——东北师范大学,我所在的学校在个性化教学方面积极探索,尝试了一些新的办法。比如,学校在思政课程的教学方面,针对大学生的个人兴趣、爱好和特点进行教育和引导,通过对大学生辅导员的培训、培养,增强了大学生思想政治教育工作队伍的能力和素质,连续多次被《光明日报》等主流媒体报道和宣传。

学校有意识地打破传统的专业学生培养模式,摒弃了只注重专业成才、忽视精神成才的做法,强调不同专业的学生积极进行交流和沟通,号召不同专业的学生常在一起学习、交流、沟通,这样可以增强大学生的思考能力,有利于大学生正确世界观、人生观和价值观的形成,有利于大学生增长见识,学会做事,学会做人。

在个性化教学方面,我们积极探索不同方式的大学生思想政治教育模式和方式。首先,我们非常重视大学生思政课教师素质的提高和水平的提升,每年我们都积极选派思政教师进修访学,这一点我们坚持了很多年,形成了良好的传统;其次,学校选派教学、管理、服务骨干充实到学生思政队伍中,充实到大学生思政课程任教教师中,形成了老、中、青结构合理的教师队伍和管理班子。

在学校大的背景下,我也积极实施大学生个性化教学,主要是针对不同年级、不同专业、不同地域、不同性别、不同兴趣的大学生分大类开展思政课的备课工作,不会用一个课件讲遍所有专业,相同的内容我会采取不同的讲授方法讲给自己的学生听。在现实的教学中,我印象深刻的是有一个学生,刚上我课程的时候,对社会很反感,对未来不抱希望,非常消极厌世,尤其对思政类课程非常反感。后来我积极找他谈心,耐心疏导。我将我那一学期所带课程的选课同学分成了16个思政课程学习、讨论、实践、报告小组,每个小组6个人,我还特意让他担任了1组的组长,经常鼓励他,不断表扬他的优点,引导他发挥他细心、认真、坚强有毅力的优势。他在老师和组员的鼓励与激励下,主动地带领小组成员努力学习指定书目、详细记录笔记、积极开展交流并做好交流笔记,他还创新性地带领小组成员到全国知名的红色旅游地点走访。在期末,各个小组汇报的时候,他们小组的汇报获得一致好评,获得了总分第一的好成绩。那一刻,我作为一名思政教师获得了相当大的幸福感和满足感,我的幸福指数满满的。

这位高校辅导员认为,个性化学习视域下思想政治教育效果主要体现在以下三个方面:学习空间自由化、学习方式自主化以及学习载体个性化。

笔者对12位高校辅导员进行访谈发现:个性化学习下辅导员很重视教育效果。有11人认为自己所在的学校可以实现同班不同学;有10人认为可实现同寝不同班;只有4人认为所在的学校可实现小班化教学;有11人比较满意弹性学分制;有10人满意选课制成效;有10人对网络化学习效果比较满意;有9人对平等化学习比较满意。

高校辅导员:F9,女,中共预备党员,西藏民族大学,咸阳市

在我从事辅导员工作的过程中,我非常重视大学生的个性化学习,在大学生学习的时间和空间的安排上、学习方式的探讨上和学习载体的创新上都下足了功夫。在大学新生报到后,我会有意识地分开安排寝室,有意识地让少数民族学生和汉族学生一起居住,营造同班不同学、同学不同班的学习氛围。这样一来,各民族学生互相学习,友爱相处,融洽了民族关系,取得了良好的效果。

此外,作为辅导员老师,在教学过程中,我非常注重小班化教学,因为在小班化教学的过程中,可以对每个大学生的个性特点、兴趣爱好等进行有针对性的分析,从而达到针对性地教学,取得良好的教学效果。比如,在教学的过程中,遇到性格活泼开朗、组织交际能力强的学生,我往往会安排他们从事实践教学的组织和安排、期末实践教学的实习汇报等;遇到性格内向、不善言谈的同学我会安排他们进行论文的资料搜集、筛选以及小论文的撰写等,争取让每个学生都能发挥自己的特长,使他们得到充分发展。

在个性化学习的方式和方法上,我推荐完全的学分制选课方式,我很喜欢让我的学生采用学分制的方式选修课程,这样一来,每个大学生都可以结合自己的兴趣、爱好、特点和将来的发展方向来选修课程。全面开放式地选择课程可以使得师生互相选择,实现教学的效能最大化。学生在选修的过程中,还可以采用弹性学分制,学生选修一门课程还可以去试听,在一个月内认为此门课程不适合自己发展的需要,不符合自己的兴趣爱好,就可以改选或者退选,然后再结合自己的兴趣、爱好去选择其他的课程。如此一来,在开放的网络环境下,大学生可以依靠网络实现个性化学习,这种学习的效果远比传统的平等化学习好得多,基本满足了大学生个性化学习和个性化发展的需要。

通过深入访谈并进行分析可以看出,目前个性化学习给大学生的思想政治教育带来了很多的机遇。诸如个性化学习扩大了大学生思想政治教育的平台,丰富了大学生思想政治教育的手段,增强了大学生思想政治教育的实效性。通过访谈,我们不难看到,个性化学习借助网络化、信息化的平台,通过翻转课堂、慕课、微课等各种新颖和时代化、潮流化的授课形式,使大学生的思想政治教育课程得到了即时性和新颖性的传授与表达,使大学生更加易于接受和认同。此外,高校教学管理者、思政课教师和辅导员都在不同程度上认可个性化学习是一把双刃剑,在给当下大学生思想政治教育带来挑战的同时,更多地是带来了机遇。个性化学习对大学生思想政治教育的媒介、手段、平台、内容和效果都带来了深刻影响。

第四节 个性化学习给大学生思想政治教育带来的挑战

一、冲击教育理念

理想信念是人们生活、学习的精神动力和力量源泉。理想信念是学生学习追求和向往的目标,是人们世界观、人生观、价值观和政治立场的真实反映。它能激发人们积极向上,不断努力追求个人理想和生活目标。科学、崇高、正确的理想和信念,能够促使社会发展和进步,净化人们的思想,改善和协调人际关系。

思想政治教育理念是符合社会发展和时代进步的正确理念。随着人们思想水平的提高,人们对共产主义的认识和理解逐步加深,为社会主义和共产主义奋斗的信念逐步增强，对共产主义理念的理解逐渐深入。① 因此，应把大学生思想政治教育理念创新作为高校思想政治教育的核心和中心。唯有如此，大学生在思想政治学习上的疑惑和困难才会迎刃而解，才会逐步增强社会主义和共产主义理想信念，为培养合格的社会主义建设者和接班人奠定坚实的基础。

个性化学习拓宽了学生的阅读视野，大学生可以浏览和阅读各种课外知识，但是网络化环境中信息良莠不齐，各种不良思想充斥在其中，甚至有反党反社会言论。西方一些资本主义国家试图利用网络环境和科学信息技术，对我国青少年进行资本主义腐朽思想意识渗透，积极宣扬资本主义的拜金主义、极端个人主义和享乐主义的价值观。此外，部分资本主义国家还利用网络环境诋毁中国共产党的领导，拿"民主""人权""自由"等肆意寻衅滋事，对我国社会主义制度和意识形态进行无端攻击，企图利用网络腐化和侵蚀我国高校大学生的思想，从而实现对我国青少年思想的掌控，动摇大学生对马列主义的信仰。② 大学阶段是高校大学生世界观、人生观、价值观形成的重要时期，这一时期如果没有老师和学校的正确引导，他们极易受拜金主义、极端个人主义等不良思潮的冲击而迷失方向，形成错误的思想意识。

随着网络化学习的普及，不良信息的影响更加广泛，极易对马列主义学习意志薄弱、辨别能力弱的大学生的世界观、人生观、价值观产生冲击，使得大学生的思想意识出现偏差，偏离正确的发展轨道。有极少数大学生在不良思想的影响下，已经对共产主义信仰产生怀疑，对社会主义制度的认识产生动摇。有些学生甚至秉承得过且过的消极学习态度，对自己的理想和未来规划一片茫然，更不要说什么树立共产主义理想和信念。可见高校还需要进一步强化思想政治教育理念。在个性化学习条件下，大学生在思政课堂上，要想很好地跟上课程的步伐，学习到大学生思想政治理论的有关知识，就要付出更多的努力。笔者对12位在校大学生进行了深入访谈，其中有11人认为思政课前需要充分预习；有10人认为若要很好地进行个性化学习，需要充分挖掘自己的性格优点；有9人认为若要打破现在传统的思政课程授课方式，采取讨论启发式的授课方式，那么对大学生的要求就会提高，学习难度会加大；有8人认为为上好小班化思政课做充分准备要求比较高；有11人认为面对浩瀚的知识进行选择时，难度较大；有10人对于纷繁复杂的意识形态，感到分辨的难度较大。可见，个性化学习的确给大学思想政治教育带来了一定的挑战和压力。这一点在

---

① 刘强. 高校网络思想政治教育及管理对策研究 [D]. 兰州：兰州大学，2009：87.
② 杨贤芳. 自媒体时代大学生思想政治教育创新研究 [D]. 合肥：安徽大学，2014：37.

笔者与大学生的深入访谈中也得到了印证。

在校大学生：S2，女，中共预备党员，成都理工大学，成都市

对于我来说，在个性化学习的前提下，思政教师针对我的兴趣、爱好和特点来进行授课的话，我一定要进行充分的准备。做这些准备需要我提前到成都理工大学图书馆、网络上、自己的师兄师姐等处查询资料，反复准备和多次思考，甚至进行相应的模拟和演练，这对于我来说，肯定是一个不小的挑战。

个性化学习中，需要每个大学生对自己的性格、特长、兴趣、爱好进行充分了解，这样才能更好地进行个性化学习。但是现实是：每个大学生对自身的优点和特点、性格都不容易了解准确，这对于每个大学生来讲都是一个挑战和压力，加上每个人的性格、性情有一定的变化和不定性，这就更加加大了对自身性格特征的认知难度。

思政课程的教授采取讨论启发式教学，肯定会给上课的学生带来一定的挑战和压力，若是在课前不做充分的准备，学生就无法和自己班级上的同学进行讨论和相互学习。所以，若是想在讨论启发式的大学生思政课堂上学到知识，就必须提前做好准备，这给大学生个性化学习带来了挑战。

对于浩瀚的知识和纷繁复杂的各种思潮的冲击，我相信任何一个大学生都会感到迷茫和手足无措。就我自己来讲，每次面对图书馆的大量书籍，面对网络上各种议论，我都会感到无所适从。每次到了图书馆，所有的书籍我都想阅读，但是结合自身的特点和个性，设计自己的阅读方案，有针对性地进行阅读和学习，对我来说很困难，是一个挑战。对于网络上的各种思潮和意识形态，我有时候感到很是迷茫，看到很多负面信息后，就感到很悲观，很是担心；但是看到好的消息，看到感人的事迹时，又感到前途一片光明。所以，现在复杂的网络环境和意识形态的确给我们大学生带来了挑战。

高校思想政治教育课任课老师认为个性化学习对大学生思想政治学习带来的挑战主要体现在六个方面，分别是影响教师队伍、更新教学内容、冲击教育理念、挑战教学过程、挑战教育方法和教育模式以及挑战教师专业素质和业务知识等。

笔者在实际深度访谈中发现，在12位高校任课教师中，有7位教师认为个性化学习影响了教师队伍，所占的比例较其他项最少；有9位教师认为个性化学习更新了教学内容；10位教师认为个性化学习对教学理念产生了冲击；

有 11 位教师认为个性化学习挑战了教学过程；有 11 位教师认为个性化学习改变了教育方法和教育模式；有 11 位教师认为个性化学习给思政课教师的专业素质和业务知识带来了前所未有的挑战；当然，在不同意的项目中，认为个性化学习带来的挑战和影响最大的项是影响教师队伍这一项，不同意的教师有 5 人；其次是影响教学内容，不同意的教师有 3 人；再次是冲击教育理念，不同意的教师有 2 人；剩余的访谈项目，比如改变教育方法和教育模式、挑战教学过程、挑战教师专业素质和业务知识，持有不同意见的教师都是 1 人。

思政教师：T7，男，中共党员，南京大学，南京市

在目前这个学习方式现代化、学习载体多样化、学习方法因人而异的大数据时代，课前课中课后的指导若仍旧采取"满堂灌""填鸭式"的方式，忽略学生的个性特点，不但不会提升教学的质量，反而可能会降低教学的质量。现在学生的个体性差异太大，大家对教学多样化的诉求有所提高，如果满足不了他们的需求，他们就会对我们的课程产生抵触情绪；再加上大学生这个年龄段逆反心理比较强，独立意识比较强，在这个过程中采取原来的教学方式会更加引起他们对我们的课程的反感，如果他们在价值层面反感我们的课程，在知识层面就可想而知，肯定不能积极主动有效地获取我们课程传授的知识。

在与高校教学管理者的访谈中笔者发现，作为高校教学管理者，要求思政教师针对学生的兴趣、爱好、特征进行开课，有很大的困难；就各高校目前的教学硬件和软件来看，要保证大学生个性化学习、教师个性化施教，最大的一个挑战和困难就是教师的数量不够，素质也有待提高；同时，教学所需要的教室、多媒体、网络和信息化的教学软件等设施还有很大的差距。受访的高校教学管理者普遍认为，若是实施个性化教学和学习，那么教学管理的跟进和管控也面临很大的挑战，因为要对学生和教师进行差别化管理和要求，所以也对高校教学管理者本身的素质和能力提出了新的要求。

笔者将访谈的数据和资料进行了整理，在受访的 12 人中，有 10 人赞同个性化学习对高校教学管理者管理水平提出了挑战；有 11 人赞同对高校教学管理者管理理念提出了挑战；有 9 人认可对高校教学管理者的管理方法提出了挑战；认为在个性化学习视域下，要求创新管理方法的有 9 人，提高管理者自身素质的有 8 人，强化硬软件保障的有 7 人；相对个性化学习的实现的其他项中，硬软件保障一项却放到了次要的位置，在访谈中，经过分析，初步的结论是，受访谈的高校教学管理者认为，硬软件的升级换代相比较其他项目来说，

不是难事，只要资金有保障，这些都不是多大的问题，难的是其他几项。所有教学管理者一致认为教学管理理念的改变是最大的挑战。这在深入访谈中也得到了证实。

高校教学管理者：G3，男，中共党员，上海外国语大学，上海市

我们学校是一所以语言教育类专业为主的高校，我们非常提倡和注重大学生个性化学习和教师的个性化教学。就目前情况来看，学校的学生数量虽然不多，但若是实施个性化学习和教学，压力和挑战还是很大的。主要表现为：教师的数量不够，而且素质也需要再提高；对于我们高校的教学管理者来说，要管理个性化学习下的教师授课和大学生学习，我们自身的管理理念、管理水平和管理方法都要有提升和改进。

具体来说，若想将个性化学习和个性化教学管理好，首先管理者自己要充分认识到什么是个性化学习、个性化教学，在个性化学习和教学下，高校教学管理者要主动提高自身的管理素质和管理水平，要和个性化的学习合拍。

当然，对于我们高校教学管理者来说，个性化学习的硬件设施和软件条件的保障也是一个挑战，但是这个挑战随着国家经济的发展和进步，随着高校经济实力的发展，都是比较容易解决的，相对其他的挑战项来说，这一项还算难度小的。

通过对大学生辅导员的深入访谈，笔者认识到，大学生个性化学习对从事一线大学生教学管理的辅导员的挑战更是巨大。首先，教授管理不同专业、不同学院和班级的大学生，本身就是一种挑战；其次，针对每个大学生的个性特点和兴趣爱好差异化开展大学生日常教育与管理工作，引导大学生树立正确的世界观、人生观和价值观，这也是不小的挑战；再者，作为大学生辅导员，在日常教育和管理之余，还要对大学生进行授课，在授课之前进行备课，要针对每个大学生的不同特点来进行教学设计，采用多种教学手段和方法进行教学，这对大学生辅导员来说难度很大；最后，大学生辅导员要促进大学生的个性化学习就要一对一建立动态的大学生的个性化学习台账，这对于大学生辅导员来说也是一项重大的挑战。

通过访谈12位辅导员，并对访谈数据进行整理后可以看出，高校辅导员认为在个性化学习对大学生思想政治教育带来的挑战各项因素中，赞同个性化差异备课会带来挑战的有10人；根据大学生特点区别化教育管理会带来挑战的有10人；提升自身素质以适应个性化管理带来挑战的有9人；赞同个性化开展大学生思想政治教育活动会带来挑战的有 11 人；赞同个性化授课取得显著成效会带来挑战的有 11 人。不同意的项目中，认为提高自身素质适应个性化管理构成的挑战所占比重最大，也就是意味着带来的挑战最小，有 3 人；其余项都在 2 人及以下。

高校辅导员：F4，女，中共党员，中南大学，长沙市

作为一名高校辅导员，我除了日常的思想政治教育和管理外，还要进行授课，针对学生进行差别化备课、授课对于我来说无疑是一个巨大的挑战。每个学生的性格、爱好各不相同，充分考虑个体差异并做到面面俱到绝非易事。所以，我在上课之前，都会进行充分的准备、认真的思考，害怕无法完成对学生的教学工作，这对我来说是一个很大的挑战。

在从事繁忙琐碎的大学生辅导员工作之外，我十分关心和关注大学生思想政治教育的小班化授课情况。实施个性化学习，势必要改变目前的大班授课情况。倘若实施小班化教学，对于我来说，是一个很大的挑战。首先，观念的转变就不是一件容易的事。其次，在备课时，教师必须充分考虑学生的兴趣爱好以及每个学生的特点，这需要做大量的准备工作。最后，在授课的过程中，还要时刻注意每个学生的个性特点和状态，并建立动态的个性化学习台账，这对于我来说也是很大的挑战。

在个性化学习下，大学生辅导员承担着重要的角色，高校辅导员是大学生的知心朋友和人生导师，面对浩瀚的知识，作为辅导员老师，有义务、有责任引导学生结合自身的特点和个性来选择知识。然而，在选择的时候，又很难做到兴趣和教学的兼顾，这一点很难两全。当前，大学生辅导员在一定程度上忽视了学生的个性特点，使部分学生走向社会后缺乏实际竞争力。作为大学生辅导员要重视这一点。

二、挑战教育模式

在古代，儒家思想长期占据主流，它对我国教育的影响也是深远的。儒家思想提倡尊师重道，在这一教育理念影响下，教学活动保持了良好的秩序性，也能很好地实现教育目标。教师在实际教学中会受到应有的尊重，能很好地把握思想政治教育和舆论的引导权。但是，现在随着网络技术和手机等新媒体的发展，其快速的传播速度和大范围的影响面，迫使思想政治教育活动中的权威资源不得不重新分配。这就导致思想政治教育逐渐低廉化，政府不得不对思想政治教育工作格局进行重新调节和控制,教师不再拥有绝对的主导权。[①] 在网络化环境中,各种千差万别、良莠不齐的思想政治理论信息像洪水一样在高校中泛滥。大学生可以根据自己的喜好和意愿,自由地选择和浏览需要或喜欢的信息,教师的教育权威受到史无前例的挑战,教师教书育人,引导大学生摒弃负面信息、吸收正面信息的责任和压力空前增加。

当前的在校大学生,不再像以前的学生那样全盘接受教师的教学内容,而是向老师提出平等的对话权,挑战教师的权威。如此一来就导致传统的教学模式不能很好地发挥其原有的作用,不能有效地达到预期教学目的。一部分思想政治教育教师因为教学时间长、知识结构老化、对计算机和网络不熟悉或不适应,造成思想政治教育模式老旧,难以实现创新,进而难以增强思想政治教育的吸引力。这些观点在笔者对 12 位大学生的访谈中得到了验证。

在校大学生:S5,女,中共党员,广东工业大学,广州市

在教师针对我的兴趣、爱好和特征讲授课程的时候,我需要做充分的准备才能和老师进行有效的交流和沟通,这对我来说,肯定是一个不小的挑战。因为我习惯了以往老师的教育方式,如果采取如上述所说的交流沟通授课方式,那么,我们就需要做充分的课前准备,还要克服心理压力。

此外,从目前的大班授课情况来看,实施小班化教授思想政治理论课,我觉得具有不少的挑战。最大的挑战在于思想的转变,要改变自己以往被动性接受知识的习惯,主动学习、积极参与课堂教学,这需要转变自己以往的依赖心理。我认为这是对我最大的挑战。

我今年大四了,马上就要毕业了。在广州这个高校密集的城市,个性化学习已经很普及了,在个性化学习的影响下,传统的思想政治教学模式发生了很大的改变。

原来,部分高校授课的教授是学术权威,教授上讲台,学生台下听。台上教授热情洋溢、滔滔不绝,台下学生冷冷清清、无所事事,台上热,台下冷。即使这样,学生还是由衷地敬佩老师,虚心向老师请教,究其原因是教师掌握了专业知识和技能,而学生只有虚心向老师学习,才能获得想要的知识和能力。所以,那时候的教师是绝对的权威,掌握绝对的话语权。

随着计算机、互联网以及信息化步伐的加快推进,教师的中心地位受

[①] 杜亮. 3G 背景下大学生思想政治教育载体研究 [D]. 济南:山东大学,2010:21.

到挑战,传统的以教师为核心的大学生思政模式受到挑战。目前,一名思政教师若是不认真备课,不能深入理解提炼知识,不能结合社会现实进行有趣的讲解的话,学生一定会对你的课程提出质疑。因为如果是单纯的知识传授,学生可以直接通过百度、谷歌等搜索引擎实时获得,而且准确度高,获得渠道便捷。随着信息化技术的推进,新的教育理念、教育技术日新月异、层出不穷,微课、慕课、翻转课堂等新的教育手段和教育方式越来越普遍,且发展得越来越快。

在广州工业大学,目前许多教师已经采取现代化的教学手段和技术,与世界名校开展课程共享,学校学生不出校门就可以在线学习到世界一流高校的专业课程,在线聆听一流专家学者的讲授。学生还可以在线互动,在网上参加开放式讨论,在线提交作业,获得批改,学习知识,得到进步。

从目前来看,个性化学习视域下,高校教师原来传统的教学方式和教学模式受到了前所未有的挑战。

随着网络技术的快速发展,个性化学习导致现实世界和虚拟网络世界之间的界限日益模糊。在个性化学习下,学习信息具有特指性和期待性。特定的人在网络化环境中可随时浏览信息,体现了信息的直接性。这便于信息的传播和接受,这和传统教育模式下,学生被动接受信息的方式有显著的不同。此外,个性化学习视域下,网络信息的开放并不只是针对教师,还包括所有的学生,这就极易造成思想政治教育工作中主体和客体发生角色互换,教师和学生的角色也不再是固定不变的。网络信息的传播不受时间和空间的限制,大学生可利用网络对社会进行了解和感知,调整自己的心理状态来适应社会,改造社会。[①]这些都对传统教育环境和教育方式产生了冲击和影响。

在传统的教育模式下,高校教学管理者以管理者的身份出现,其拥有的地位和作用是不可小觑的,处处受到尊敬和追捧,带有很强的行政色彩。但是在个性化学习视域下,整个教育的理念和思路正在发生天翻地覆的改变。整个学校,大学生成为学校的主人和教学、管理、服务的中心,教学管理者成为真正的服务者,扭转了以前的管理和教育模式。这一点,在访谈中也得到了验证。

高校教学管理者:G6,女,中共党员,南京大学,南京市
我所在的南京大学,个性化学习比较普遍。在个性化的学习视域下,

---

① 赵敏. 新媒体视阈中的大学生道德教育创新研究 [D]. 济南:山东大学,2012:53.

传统的教育模式受到了很大的冲击。在这种冲击下，我们作为教学管理者，对此有非常深的体会。在传统的教育模式下，我们作为教学管理者是非常受照顾和尊敬的，类似教育事业单位的"公务员"，有一种优越感和自豪感。而随着个性化学习的推进，传统的教育模式和教学管理模式受到冲击和挑战，所有高校的重心都转向了以学生为中心、以教学为中心、以科研和创新为中心、以服务社会为中心，教学管理者已经彻底地转变成了服务者，从内心深处树立起了真正的服务意识。

在以前，很多专业课教师都愿意在岗位调整和选择的时候，选择管理岗位，那个时候的管理岗位非常火爆，很多教师宁愿舍弃教学岗位，主动申请到管理岗位上来；现在，正好反过来了，很多管理岗位的工作者都愿意转到教学岗位去，转到服务学生教学的一线中去。这背后当然有一线教师的待遇高、时间灵活自由、担责风险小、职业发展路径顺畅等各种原因，但是更加重要的原因是个性化学习下高等学校教育教学模式的转变。

当前，我国高校思想政治教育教学在进行改革时还存在诸多问题，如改革速度缓慢、思想政治教育模式相对落后等。随着网络信息化的快速发展，信息技术更新换代的速度也在加快，但是当前我国部分高校的思想政治教育模式革新缓慢，停滞不前，教育模式的发展已不能适应信息技术的发展。随着网络信息化的日益普及，人们的思想和学习方式也发生了改变，大学生思想政治教育模式需要进行革新以适应社会发展的需要。[①] 当前高校的普遍现状是：和信息技术的快速发展相比，我国的高校思想政治教育模式无法跟上信息技术发展的步伐。部分思想政治教育教师对个性化学习方式并不清楚，也没有主动学习的意识。所以，我国高校思想政治教育模式创新在个性化学习背景下处于被动地位。

笔者在访谈中发现，受访的12人中，有10位思想政治教育任课教师认为个性化学习对思想政治教育方法和模式带来了挑战。

高校思政教师：T2，男，中共党员，成都理工大学，成都市

就我自己来说，原来我上大学生思想政治教育课的时候，都是以我为中心，整个课堂都是我来主讲，学生一直在教室里面坐着听，整个课堂的互动交流少，或者说基本上没有互动和交流，学生对我的课堂没有什么兴趣，我也没有幸福感和成就感。

---

① 张风华. 高校德育网络环境研究 [D]. 武汉：武汉大学，2005：32.

在个性化学习下，我开始慢慢根据学生的个性和特点来逐步调整我的授课模式，我开始将我的学生分成若干个学习小组，每个小组在上课之初就设计自己的组名，将思政课程的教学内容分成若干个单元和板块，分别由不同的小组来承担。在这种情形下，各个小组都很用心地负责自己的部分，通过查找背景资料、模拟教学、自由讨论、实践走访、期末实践汇报表演的方式来呈现，这样给了每个小组、每个学生自我展示的机会，也让每个学生主动参与到了思政课程的教学之中，他们成了课程的主人，我成了组织者和"裁判"，课堂教学取得了很好的效果。

我之所以采取这样的教学模式，是因为个性化学习的大背景下，学生们可以做到这一点，现在的信息化时代和互联网技术的发展给了每个学生完成教学任务的机会和平台。所以，传统的教学模式受到了个性化学习的挑战。

在与高校辅导员的访谈中，我们也得到了同样的结果。在对高校辅导员的访谈中发现，很显著的一个现象就是：当前高校辅导员从事大学思想政治教育的模式已经由传统的面对面开班会、面对面谈话、面对面教育引导转向了网上引导、网上开导、网上指导，更多地依靠信息化的媒介，比如通过微博、微信、易班、易信、飞信等开展大学思想政治教育工作，甚至很多日常教育和管理工作也通过信息化的方式来完成。

高校辅导员：F10，男，中共党员，云南大学，昆明市

作为高校辅导员，在个性化的学习模式下，我会主动针对我所教学生的兴趣、爱好和特征进行差别化备课、授课，我需要做充分的准备，这个工作量很大，而且需要查阅很多资料，需要不断扩充知识面，这使我感到压力很大。虽然压力大，但是由于学生个性化发展的内在要求，我不得不这样做。因为目前信息化给个性化学习提供了平台，个性化的教学模式已经是高等教育发展的潮流，我只有顺应潮流开展大学思想政治教育并教授思想政治理论课知识。

在我们学校原来的思想政治教育模式下，大学生辅导员更多地扮演着教育管理者的角色，而扮演教育服务者的机会比较少。随着个性化学习的发展，我改变了以往的教育、管理和服务模式，采取了以学生为本的全新教育、管理和服务模式，并结合学生的个性和特点加以实施，取得了很好的效果。

三、更新教育内容

在个性化学习中,每个学生都是网络学习者,既是信息传播者也是信息接收者,从一定程度上来说,个性化学习中信息的传播具有无障碍性。同时,信息传播的瞬间性和互动性增加了信息数量。网络环境下有各种各样的信息,良莠不齐,网络媒介在传播积极向上的正能量的同时,也会传播一些不科学的、腐朽的和极端个人主义、拜金主义、享乐主义的思想意识,甚至会传播黄、赌、毒和暴力信息,更有甚者会传播反党反马克思主义言论。这对高校大学生思想政治教育产生了不良影响,给大学生思想政治教育工作带来严峻挑战,因此,亟须加强正确的舆论导向。

传统的思想政治教学是利用固定课堂,开展学术讲座,用一对多、点对面的方式进行交流,有极强的控制性。教师在对学生实施思想政治教育内容灌输时,能够根据自己的教学目的选择合适的辅导材料、背景知识对学生进行思想政治引导,实现教育目标。① 在个性化学习中,信息传播方式的多样性和瞬时性促使学生可随时接受和传播信息、浏览信息、发表评论,大学生有了自主选择知识的权利。这就使高校思想政治教育处在被动地位,不能完全掌握话语权,不能完全占领思政教育阵地,对高校思想政治教育的主体性产生了冲击,对思想政治教学内容产生了不良影响。其中,最为主要的是网络学习等新媒介学习中的不良信息影响了大学生的价值取向,导致社会道德和法律问题的产生,迷惑了大学生,带来了文化上的安全问题。

在个性化学习视域下,一旦没有高校管理者和老师的监督、管理与引导,学生很难剔除垃圾信息和不良信息。一些伪科学、反动思想会对大学生的思想产生腐蚀,部分学生甚至会参与到反社会、反马克思、反党思想言论的传播中去。② 这些不健康的教学内容会对大学生的世界观、人生观、价值观产生冲击和不良影响,不利于思想政治教育教学内容的传授。

高校大学生认为个性化学习给自身思想政治学习带来的挑战主要体现在五个方面:改变了传统大班教学课堂模式、课前准备较多、和教师的直接交流增多、课后作业和任务增加、需适应新的教育模式等。

笔者通过对 12 位大学生进行深度访谈发现,有 10 位大学生认为个性化学习改变了传统的大班课堂模式;有 9 位大学生感觉个性化学习让学生的课前准

---

① 曲志钢. 高校网络德育工作研究 [D]. 济南:山东师范大学,2003:29.
② 夏俊丽. 论网络时代我国高校德育的创新与发展 [D]. 福州:福建师范大学,2003:19.

备和预习工作增多;有 9 位大学生感觉增加了很多学习内容和课后作业量;有 10 位大学生感到必须和教师多交流才能适应个性化学习的步伐。大学生普遍感觉个性化学习增加和丰富了教育内容。

在校大学生:S7,女,共青团员,湖南师范大学,长沙市

在个性化学习下,我明显感到我上课的教学内容发生了改变。以前在上大学生思想政治教育课程的时候,我主要是带着耳朵和眼睛去听去看就可以了,整个教育的内容主要是思政老师讲,我们坐在教室里面静静地听。

现在不一样了,在个性化学习下,我现在所在的课堂规模明显缩小,现在每个思政课课堂的学生人数大约是原来的一半,并且课程的安排也已从原来的晚上、周末上课改到了周一到周五的上午或下午;在上课之前,我们会主动到图书馆和网络上去查阅和下载很多资料,因为上课的时候思政课教师会让我们先进行交流发言,分组讨论,互相评论,你若是不提前准备资料,到时候都不知道说什么,说的内容毫无根据,那是很丢人的事情。

在个性化的学习中,我会主动和思政课教师接触,交流也多了起来,因为只有这样,我才能获得新的学习思路,得到及时的指导;在上课之余,我会积极主动完成大量的课程作业,这对我来说是一个挑战;并且我需要主动学习并积极适应这种思政课教学内容上的改变,积极适应新的学习方式,获得新的知识。

一些高校思政教师也认为,在个性化学习下,大学生思政课程的内容已经不同于以往,教学素材要具有鲜活性,教学内容要接地气、个性化。笔者将对高校思政教师的访谈资料数据整理如下。

高校思政教师:T8,男,中共党员,上海大学,上海市

在我看来,在个性化学习下,高校思政课在教学素材的鲜活性和课程内容接地气、时代性及个性化方面都较以往有很大改变,换个说法就是个性化学习给大学生思政教育内容带来了新的改变。

原来我上思政课的时候,只要按照课本上的内容进行备课、讲授就可以了,教学内容是既定的,没有什么新的内容和参考资料。但是随着个性化学习的普及,现在的大学生对于思政课程内容的要求也越来越高。这么说吧,现在我去上大学生思政课程,心里都是忐忑的,很怕自己不能讲好,因为现在的大学生可以通过网络搜索等方式获得海量的参考信息,这就倒逼着我对思政课程的内容进行更新和精心准备,这对我来说是一个很大的挑战。

从教学管理的角度看,个性化学习对大学生思政课程内容的改变也是比较大的。

高校教学管理者:G4,女,中共党员,东华大学,上海市

作为一名高校教学管理者,我在东华大学工作的过程中,深刻体会到个性化学习给大学生思政课程内容带来的改变。以前,高校思政课程的内容基本都是两课教师在课堂上将纸质文本的固定信息传达给学生。

在个性化学习下,思政课程内容更多的是通过视频、电子信息的方式由高校思政课程教师传达给大学生。就单纯从大学生接收信息的角度来看,他们也是更愿意通过电子的方式来接受,尤其是在信息技术得到了很好的普及和应用后,思政课程的教学内容已经可以通过多种方式来传递,思政课程的内容也得到了极大的丰富和发展。

作为高校辅导员,对于个性化学习下大学生思政课内容的变化更加敏感,更加有体会。对于个性化学习下大学生思政课程内容的改变,从辅导员老师角度看,更多的是与大学思政教育管理联系紧密的部分,比如目前的大学生社会主义核心价值观教育、思想政治教育政策及文件、大学生形势与政策教育、大学生就业创业指导、大学的职业生涯规划等。在访谈中发现,随着个性化学习的推进,思政教育内容从政策层面到具体的实施都发生了改变。

高校辅导员:F6,男,中共党员,河北师范大学,石家庄市

作为一名辅导员老师来看,个性化学习下,大学思想政治教育的内容发生了很大的变化。原来我作为辅导员,更多的是按部就班地把思政内容传达给自己的学生,很少考虑自己学生对思政教育内容的不同需求。但在现在个性化学习下,我会考虑结合大学生的个性特点来有机地选择思政教育内容。

在目前这个信息化快速发展的时代,大学生思政教育内容也凸显出了与时俱进的态势。在当前的情况下,我非常明显地感受到了思想政治教育内容的变化。比如,以前对大学生进行世界观、人生观和价值观教育的时候没有目前以社会主义核心价值观为抓手这么明确,现在对大学生进行以社会主义核心价值观为主要内容的大学生思想政治教育,可以明确大学生的言行标准,为我们更好地开展大学生思想政治教育打下了基础。

四、改变教育方法

（一）虚拟化、平等化的网络传播迅速削减教师的话语主导权

虚拟性、平等化是网络传播所独具的特性，每一位上网的人员均有自由表达个人见解的权利，这在一定程度上迅速削减了教师的话语权。网络传播的出现，使得多维方式交流意见的目标成为现实，打破了原有媒体线性传播的固有模式，让人们能够等量沟通。在个性化学习平台上，所有发言者都是平等的，不论发言数量多少都无太多差别，只存在一个发言质量优劣的区别。我们传统的思想政治教育模式大部分是"垂直结构"或"自上而下"的，传播的上层多为权威媒体或教育者，而处于传播的最下层的则是被教育对象，处于被动状态。[1]另外，草根化、平等化的网络传播，促使网络成为真正意义的大众媒体，所有网民都在利用网络传播信息，这也赋予了大众传播更新更高层次的内涵。

在虚拟化、平等化的网络传播环境下，高校思政教师在授课的时候，明显感到话语权被削弱。主要表现在以下几个方面：一是知识的储量不再是衡量一个教师授课优劣的唯一标准；二是教师作用从原来单纯的知识传授逐步转向了思想引导；三是授课内容发挥的余地被大大缩小；四是单向教学向双向教学转变；五是权威意识被打破，平等学习的意识被推崇。

高校思政教师普遍认为，随着个性化学习的发展，思政课程教学的方法正在逐步改变。受访谈的12位思政课教师中，认为知识储量不再是衡量教师授课优劣的唯一标准的有12人，认为教师作用从知识传授转向思想引领的有11人，赞同授课内容发挥余地被缩小的有10人，承认单向教学向双向教学转变和权威意识被打破的受访人数分别是11人和12人。持不同态度的受访思政教师均不超过1人。

高校思政教师：T11，男，中共党员，安徽师范大学，合肥市

我在安徽师范大学工作已经近10年了，在这10年的时间里，我从一名助教逐步成长为教授，对个性化学习视域下思政教育方法发生的改变体会很深。在我刚工作的时候，衡量一个教师水平高低的标准就是这个教师的知识储量。一般来说，教师的知识储量多，不用看课本就可以把自己脑

---

[1] 朱文文. 新媒体时代下大学生思想政治教育的挑战及其对策 [J]. 文教资料，2009 (31)：199—202.

海中的知识传授给学生。然而，随着网络平民化和大数据的实现，目前每个大学生都可以随时接入互联网，在搜索引擎中查询自己想要获得的知识。在我所教的学生中流行一句话："内事不明问百度，外事不懂问谷歌"，从大学生的话语中你可以感受到目前思政教师的知识储备已经不再像以前那么重要。

以前，我上课时以知识传授为主，这种做法当时还可以，因为那时网络不发达或者说几乎没有网络，学生获取知识的渠道很单一，主要通过教师传授。而现在，随着信息化步伐的加快，大学生获得知识的渠道多样化，所以目前作为思政教师的我，将教育方法从原来的知识传授逐步转向了思想引领。

在个性化学习下，教育方法改变的一个显著现象就是，教师在课堂上发挥的余地被大大缩小了。原来我在课堂上可以结合自己的感受和理解对学生们进行传授，但是现在就不可以了，因为说的每一个知识点、每一个历史人物和历史事件都务必正确，否则，学生分分钟就可以从网络上搜索后告诉老师讲授的内容是不准确的，这样一来，教师在课堂上即兴发挥的余地被大大缩小。

个性化学习下教育方法的改变还体现在单向教学向双向教学的转变以及权威意识被打破上。以前上课主要是思政教师讲授，学生认真听讲。现在呢，我更多采取的是师生互动教学、讨论式教学、分组互动式学习的方式。此外，我主动将自己设定为教学组织者、管理者和引导者，让我的每一个学生主动参与到教学中来，经常采取一些无中心的启发式讨论和学习的教育方法。

（二）传统理论说教式教育受到数字化网络传播的挑战

个性化网络传播还有一个重要特征就是数字化，这样就能够轻松实现各种不同形式信息的产生、复制、流通和消费。当前文字、图片、声音、视频、动画等都出现在了现代网络传播当中。相对于传统说教式教育的内容，多媒体囊括丰富的信息、极富感染力、具有更高的可信度。伴随科技的快速发展，未来技术形式或许还会走向一体化，具体可以理解为一种数字化形式涵盖多种媒体的信息。

（三）传统教育过程中的控制力受到挑战

所谓思想政治教育过程控制，就是在思想政治教育过程中，教育者遵循一定的教育目标和要求,采用多种手段和途径,有计划地组织、协调、监督和修正,以保证该过程按预期方向进行并达到预期效果的行为和过程,包括控制目标、控制者、控制对象、控制标准、控制路径与方法等。不难想象,思想政治教育是一个非常复杂的过程,它受到现实社会太多因素、太多变量的影响,并且教育者、受教育者、教育内容和方法、教育环境等关键要素也在教育过程中互相影响,从而造成千丝万缕的关系网。① 在思想政治教育开展过程中,要切实有效达到教育目标,并且实现过程的最优化,那么必不可少的工作,就是积极监管和调控各种影响因素,避免或减少内在的负面消极影响,探索并强化自觉的、积极的影响,让教育的影响力真正凸显出主导作用和强大感召作用。虽然现在的高校校园网络均实现了实名制,但是我们依然不能改变的一点是其复杂性和难控性,因为校园网络有其独特的空间、现代化开放式的传播路径以及特殊的舆论机制。在过往传统的校园舆论模式中,往往谁传播信息谁就是"把关人","把关人"参考社会培养目标和自身标准,对将要传播的信息进行分析和解读,然后向舆论环境传播符合规范或把关价值标准的信息。② 所以在校园舆论导向层面上,传统的"把关人"有着举足轻重的作用。但是在新的网络传播体制下,这样的传播模式正迅速被颠覆和取代。

随着传播工具的日益多元化、便利化和网络传播即时性的实现,人们很难监管舆论的生成,以及掌控舆论的流通。在互联网上,随时随地一个节点上的某个人或某个团体,都能够或多或少逃避组织的监控,用极少的花费对外自由散布信息,并且能够自由获取信息。显然,学校的管理者想在负面舆论散布之前就把它滤除实在太难,而对网络上所有言论进行即时检测并做出回应则更是难上加难。网络舆论中,网络信息传播的多元化和信息传播主客体之间不断相互换位,对思想政治教育过程控制产生着重大影响。这一点,在我们对高校教学管理者的访谈中也得到了印证。

高校教学管理者:G7,男,中共党员,湖南师范大学,长沙市

就我作为高校的教学管理者来看,高校思政课程教学方法在最近几年来改变的力度大,效果明显。以前思政课程的教学管理中,教育方法简单、教学过程简单、教学对象简单,我们基本都采用传统的教学管理手段和方式进行日常的教学运行和管理。但是,随着个性化学习的推进,受教对象发生了巨大的变化,作为教学管理者,也会及时动员和联系思政任课

---

① 赖勇. 新媒体环境下的大学生思想政治教育探索[J]. 网络财富,2010(17):40—41.
② 祖嘉合. 新媒体环境下高校思想政治理论的教育教学[J]. 思想教育研究,2011(7):32—34.

教师和大学生代表进行及时的沟通交流，以便紧跟时代步伐随时调整教育的方式和方法，适应时代的发展和社会的进步。

我们现在采用了一些全新的教育管理方法，主要目的是配合教育方法的改变。比如，从硬件方面来看，我们把原来教室的固定座椅改为了移动的，这样利于教师随时分组；我们在整个校区都安装了无线网络，实现了师生实时无障碍数据传递和交流。从软件方面来看，我们引入了最先进的网上学习系统和学习软件，学生足不出宿舍就可以随时和教师在线交流沟通，节约了教学的管理成本和运营成本。

大学生网民自发查找或发布信息，构建起各种各样的舆论场，成为传播路径中的主导者。在他们构建的舆论场，言论自由程度更高一层，人人都能自由加入并表达个人的思想和视点，可以是"官方"正式的，亦可是平民草根式的。各种内容、各色类型、各类形式的言语组合成为一个又一个的信息包。所有的信息包彼此相互独立，当中有丰富的信息，而每一个信息包均能够通过不同的传输路径，从 A 地传送至 B 地，从 B 地传送至 C 地……这样强大的分布式体系结构，使得互联网发展至今日的态势，也使得政府无法实现真正意义上地管理整个网络，不管是借助法律途径还是借助其他手段。[①] 网络传播机制的巨大变化，致使舆论传播充满着多变、离散和复杂的特性，大大增加了人们对舆论发展情况的分析、引导和调控难度。这些都对目前的教育方法产生了巨大的影响。在访谈中，我们深刻地感受到了这一点。

在校大学生：S8，男，中共党员，中南大学，长沙市

作为大一新生，我明显感受到大学里面教师授课的方式不同于高中老师的授课方式。在中南大学，教师会主动采用一些网络化、无纸化、实时对等的信息交流方法给我们授课，课前的预习和课后的作业更是如此。比如说，我们成立了 QQ 群、微信群，建立了学习动态交流平台，在学习动态交流平台上，我们的学习进度、学习情况一览无余地展现在每一个参与学习的同学面前，做到了学习教育痕迹化管理，同学们可以一目了然地看到自己学习的每一点进步和存在的不足，可以随时在网上和自己的同学、教师进行交流，这对于我受教方式的改变是空前的。

和大学生辅导员的交流中，笔者也感受到了在个性化学习下，思政课程教

---

① 付菊，孙弼. 网络时代的高校思想政治教育工作的挑战与对策[J]. 成都教育学院学报，2005，19（1）：79—80.

育的方法得到了明显的改变。主要体现在：以前思政教师教学几乎是独立的，思政教师自己备课、自己上课，在整个过程中与辅导员的交流和沟通比较少。但是，随着个性化学习的推进，思政教师改变了以往的教学方式和方法，现在主动联系大学生辅导员，掌握教授对象课堂外的表现和情况，以实现教学的外延和拓展，达到一个更好的教学效果。当然作为辅导员，也会及时和思政课任课教师取得联系和沟通，共享信息，共同培养大学生成长成才。

高校辅导员：F2，男，中共党员，广东工业大学，广州市

作为高校辅导员，我以前主要是做好自己的日常工作，也就是做好日常的大学生思想政治教育和管理工作。随着个性化学习的开展，我感到和思政专业教师的联系越来越紧密。我们学校很多思政教师开始改变教学方法，主动和所任教班级的辅导员取得联系，了解自己学生在课堂之外的情况，以求全面真实了解自己的学生，这样可以做到更好地、全面地开展思政课程教学，提高教学的效果。对我来说，一个印象深刻的事例就是我原来带的一个学生小李刚入学时其他各科专业成绩都很好，只有"大学生思想道德修养和法律基础"这门课程成绩一般，专业课程教师主动来找我进行交流，了解小李课堂之外的情况，我也主动向他了解小李在课堂上的表现。经过长时间的合作和交流，我和思政课教师一起形成了合力，仅仅用了一个学期的时间，小李就对思政课程产生了浓厚的兴趣，毕业后考取了思政类的硕士研究生进行深造。

五、影响教师队伍

（一）个性化学习对思想政治教育工作者主导地位的挑战

当前，传统教学环境中教师绝对掌控信息传播过程的教学方法已经很难发挥其原有的效果。个性化学习的产生，造成思想政治教育的接受者——学生积极主动地学习和接受信息，同时学生还能根据的自己的喜好和主观意识将信息转化为自身的观念，最终对学生的言行产生影响。[1] 所以，个性化学习对高校思想政治教育工作发出了挑战，使教育者的权威性和主导地位受到冲击，对思政教育队伍产生了影响。

大学生不再是单纯地一味接受教师"填鸭式"教育的受教者，而是根据自

---

[1] 张瑞，邱杰. 新媒体视域下的高校辅导员执行力提升研究［J］. 长春理工大学学报（社会科学版），2011，24（11）：126-128.

身的思想意识来辩证地审视思想政治教育，从自身的角度来分析和选择思想政治教育教学活动。学生的自主学习能力和分辨能力不断提高，对新知识和新信息有新的渴望，因此大学生会自然地排斥和抵触传统的思想政治教育内容和模式，挑战教师的主导性教育地位。[①] 此外，个性化学习中网络信息的快速大量传播，其影响力和辐射范围早已超出传统的思想政治教育环境和平台，多元化信息传播途径和载体也会对教师的主导地位和教师队伍产生冲击和影响。

在个性化学习中，每个学生都是教学内容的学习者、传播者和接受者。这就促使个性化学习中，信息传播速度以几何式增长方式快速传播。从量变和质变的关系来分析这一问题，量变引起质变，数量上的剧增就会引发质变。多元化的意识形态为大学生认可和接受，同时又被学生传播。传统的思想政治教育环境下，教师可以根据事先设计好的教学模式和内容，选择适合的教学信息，展开有针对性、有目的的思想政治教育活动，来实现教学目标。[②] 但是，网络化信息的大范围传播和信息的多元化发展动态，导致高校教师不能准确把握学生的思想动态、学习态度以及对知识的需求程度，这在无形之中为思想政治教育教师带来了极大的挑战，增加了教学内容把握的难度，也对教师的地位产生了影响和冲击。

笔者对 12 位在校大学生进行了深入访谈，他们认为个性化学习对思政教师的挑战主要有对思政教师队伍权威性的影响、对教师主体地位的冲击、对教师发展的影响以及加速了思政教师的优胜劣汰，赞成的人数分别是 11 人、12 人、10 人和 9 人。持不同意见的受访大学生的人数均不超过 1 人。

在校大学生：S12，男，共青团员，西南大学，重庆市

作为一名在校的大学生，我如实讲一下自己对于个性化学习下大学思政教师面临的挑战的理解。我今年大四，一共上了 7 个学期的大学生思政课，在上课的过程中，我明显感受到了思政课任课教师面临的挑战和巨大压力。

给我感受最明显的就是思政教师的自身发展受到了很大的挑战。随着个性化学习的推进，学校要求思政教师不断提高自己的学术能力和水平，取得新成绩，否则就会落聘。具体来说，学校要求相应职称的教师每年要发表一定数量的论文并完成相应的教学科研任务，否则也会落聘，甚至被

---

① 张加勇. 对我国高校人本化教育教学的探讨 [D]. 济南：山东师范大学，2006：45.
② 梁玮. 基于互联网环境下的高校思想政治工作研究 [D]. 西安：西安电子科技大学，2002：26.

解聘。

　　此外，个性化学习下，高校思政教师的主体地位和权威性已经受到了很大的影响。在我刚上大学的时候，我们都非常崇敬和羡慕我们的思政教师，他有渊博的知识和独特的个人魅力，我们非常喜欢他。但是，随着时间的推移，我逐渐发现，他上课的知识不再契合我的需要，我偶尔会在上课前到图书馆和网络上搜索自己感兴趣的知识点和相关的参考资料，因为对于我们这一届大学生来说，单纯的知识传授已经落后了，我们需要的是有思想、有想法，能带我们树立理想、整合知识、产生思想的老师。

高校管理者认为个性化学习对大学生思想政治学习的挑战主要体现在：影响教师队伍，对教育评价带来挑战，对管理者实际管理能力和水平带来挑战，小班化教学不易实现，高校对思政教学的人、财、物投入不足，硬件资源不足以及师生比例失调等。笔者通过对12位高校教学管理者进行深度访谈发现，12位高校教学管理者中有12人认为个性化学习下，师生比失衡，教师数量严重缺乏，有11位高校教学管理者认为硬件资源投入不足，有10人认为人力、财力等投入不足，12位高校教学管理者认为个性化学习会影响教师传统的主体地位，有10位高校教学管理者认为个性化学习会对教师教学效果评价产生冲击。

高校教学管理者：G9，男，中共党员，东北师范大学，长春市

　　作为高校教学管理者，我认为，个性化学习下，高校教师的主体地位和权威性都受到了巨大的挑战。比如，随着个性化学习的普及，大学生对高校的硬件和软件条件要求越来越高，然而，目前绝大多数高校存在着师生比例失衡，对思政教学的人、财、物投入不足等问题，因此实施小班化的思政教学非常困难。此外，在对思政课教师教学效果的评估上，也有不少难题，这给高校思政教师带来了很大的压力。思政教师申请课题、做学术研究的难度大，学历提升的空间狭窄，这些我们在制定评价机制的时候尽管都有所考虑，但还是和现实要求有很大的距离。

笔者在对高校思政教师的访谈中发现，思政教师普遍认为，在个性化学习下，高等教育改革的大趋势是个性化学习，这就迫使高校不断要求教师更新自己的教育理念、教学方式，积极主动适应教学对象的个性化需要。而高校思政教师为了顺应高校教学改革的潮流，需要不断提升自身的素质和能力，不断在教学、科研、学历提升上下功夫，否则就会被淘汰，这对于思政教师来讲是一个巨大的挑战和压力。

经过对 12 位受访思政教师的深入访谈，笔者发现，高校思政教师对个性化学习对自身队伍的挑战的认识还是很清醒的。受访谈的 12 位受访思政教师一致认为，个性化学习倒逼自己提升自身的学历，有 11 位思政教师要求提升自身的科研能力，认为要转变授课理念和提升教学质量的分别是 11 人和 10 人，对各项持反对意见的思政教师的人数除个性化学习挑战传统授课质量一项的人数为 2 人外，其余均不超过 1 人。

高校思政教师：T9，女，中共党员，西藏民族大学，咸阳市

作为师范类高校的思政教师，我自己对于个性化学习给思政教师队伍建设带来的挑战是深有体会的。我 2008 年进入东北师范大学从事工作，在 8 年的工作时间里，我不断遇到个性化学习给我带来的挑战。具体来看，一方面，个性化学习挑战我原有的教学理念。博士研究生刚毕业，我想着教授高校"两课"是有把握的，是没有问题的，但是，事实上，我错了。在任教的过程中我发现，我的教育理念已经在个性化学习的时代落伍了。比如说，我想采取传统的教育方式，教师主讲，学生静静听。但是在实施过程中，我发现学生不怎么配合，学生更愿意主动参与到教学中来，不愿意被动接受教育。在个性化学习下，我自己被倒逼着去做博士后研究，接下来，可能还要出国访学，不断进修，努力使自己与党中央、国家最新的要求保持一致，同时还要用当前大学生喜闻乐见的形式讲授出来，这个压力很大。另一方面，在做好教学、提高教学质量的同时，我还得加班熬夜做好科研工作。目前各高校对思政教师的科研抓得非常紧，个性化学习要求每个思政教师有科研意识，要不断出科研成果，不做研究只管教学就无法满足学生个性化学习和发展的需要，那么期末学生对你的评分就非常低，这样一来，会影响续聘，也会影响绩效。

（二）个性化学习对思想政治教育工作者自身素质的挑战

高校思想政治教育工作者自身素质指的是教育者在高校思想政治教育过程和环境中所具有或形成的基本的思想道德素养，教学能力以及专业知识结构。例如：思想道德水平、专业知识水平、专业教学能力等。目前，高校思想政治教育工作者的自身素质主要存在以下三个方面的不足：

一是某些思想政治教育工作者的政治立场不够坚定。网络上的信息形形色色，其中既有精华也有糟粕，给思想政治教育工作者甄别是非真假带来了极大的挑战。还有一个现实状况则是，一些思想觉悟低的人崇洋媚外，在没看清某些西方的制度与价值观念的前提下，内心开始摇摆不定，极力崇拜和宣扬西方的制度与价值理念；更有甚者，一讲到马克思主义、共产主义就不以为然、嗤之以鼻，这样又怎么可能教导好学生？所以现实当中的这些不足，导致一些高校的思想政治教育工作者不具备坚定的政治立场。①

二是一些思想政治教育工作者相关理论知识不扎实。我们这里所说的相关理论知识，主要是指借助微博、微信等现代网络媒体开展思想政治教育工作的相关知识。其一，缺乏一定的计算机网络知识。借助微博开展工作，就要求思想政治教育工作者能够极为熟练地运用计算机并熟悉互联网常识。然而，实际情况是大部分思想政治教育工作者不具备或者初步具备这些知识。长此以往，在当今信息化飞速发展的社会，教育者会逐步失去原有的信息优势，甚至会面临被淘汰的困窘境地。其二，掌握的知识结构过于单一。教师教政治学就只通晓政治学，教哲学就只研究哲学。这样的现状使得每个学科无法与其他学科紧密相连。还有，教育者鲜少了解、接触新鲜事物，对于网络文化、文艺新思潮、新生代、新的网络词语等现象一无所知或者一知半解，就会失去和大学生绝好的沟通方式。在现今社会，想要成为一名优秀的思想政治教育工作者，就要努力成为一个知道各科知识的"全才""通才"。② 这就向思想政治教育工作者提出了新的挑战。

三是部分思想政治教育工作者的思想政治教育预见性不突出。所谓的思想政治教育预见性，指的是大学生思想政治教育工作者从施教对象身上提前发现思想动态、行为倾向，通过确立特定的教育对象、内容和方法，开展预测及超前教育工作。超前预测大学生思想政治发展动态，积极开展超前教育工作，能够确保大学生思想政治教育工作主动应对而非被动接受。然而，大学生思想政治教育工作开展的实际情况却往往是学生们真的出事了才采取措施解决问题，根源当然是思想政治教育工作者们的预见性缺乏，从而导致不可估量的伤害和损失。③ 比如说，学生因为在校思想压力过重、心理无法承受而轻生等。

不过值得庆幸的是，网络技术飞速发展，有效改善了教育者和大学生的思想沟通方式与交流方法，缩短了两者的心理距离。借助网络工具，大学生的思想状况和思想动态能够及时有效地反馈给教育工作者。通过近些年对大中专学

---

① 王媛. 新媒体背景下大学生道德教育的导向力研究 [D]. 长沙：湖南师范大学，2011：43.
② 于波. 个性化学习环境中分析学生行为并视觉化反馈信息 [D]. 上海：上海交通大学，2011：52.
③ 高小平. 思想政治理论课实践性教学改革探析 [J]. 福建论坛（社科教育版），2009，7 (6)：183-184.

生心理特点和需求的分析可以发现,他们更愿意通过现代通信和网络技术袒露自己的心声,那么,我们的教育工作者就应该尽可能多地利用这些现代化的网络媒介,发挥创造性思维,构想出新的思想政治教育模式,使得教育内容更为通俗易懂、更加接地气、更易于被学生接受,进而将受教育者的逆反心理遏制甚至消除,最终提升大学生思想政治教育工作质量。

笔者通过深度访谈发现,高校辅导员认为个性化学习对思政教师队伍的挑战主要有五个方面,分别是:及时更新专业知识、个性化教育方法、更新教育理念、冲击教育模式以及更新教育评价机制等。笔者对12位大学生辅导员进行了访谈。受访高校辅导员认为,个性化学习不但对思政教师自身专业素质发起了挑战,更对教育方法和教育模式发起了挑战。笔者在实际访谈中发现,个性化学习对思政教师专业素质提出了更高要求。12位辅导员认为在个性化学习环境下,思政课教师应及时更新自身的专业知识,提高自己的业务能力,10位辅导员认为应改进教育方法,11位受访辅导员认为思政教师应及时更新教育理念,10位辅导员认为个性化学习对现有的大学生思政教师践行的教育模式带来了冲击,12位辅导员认为个性化学习对现有的教育评价机制带来了冲击。

高校辅导员:F1,女,中共党员,华南理工大学,广州市

一方面,在目前学习方式现代化、学习载体多样化、学习方法因人而异的大数据时代,课前、课中、课后的教学中,辅导员(思政课教师)的教学能力不足,亟待提高。尤其是一些传统的教师不愿意去改变自己的教学方式,创新突破传统教学方式的能力缺乏,积极性和动力不足。

另一方面,教师掌握信息运用信息的能力不够。不管是个性化的教学也好,还是互动性的教学也好,它必然是建立在和学生充分接触的基础之上的,而要有效地和学生进行接触,就要在讲课的过程中和学生产生共鸣,让他们参与其中,毕竟要在一个频道上,大家才有共同的语言。说实话,现在思政教师的年龄比学生普遍大很多,通俗地说,就是有代沟。那么我们如何跨越这个代沟呢?很多时候就是要我们通过网络与学生交流,了解他们在想什么,在干什么。

对于我们思想政治理论课来说,还有一个底线思维,就是我们在上课时,在采取多样性的教学方式时,在关注学生兴趣爱好时,不能放弃主流知识的准确性,不能为了迎合学生的兴趣就把一些东西进行人为的篡改。在教学过程中,知识的准确性是第一位的,即我们思政理论课讲究的方向性是第一位的,基于这个基础,我们才能结合学生的个性特点传授知识。

我们要坚持底线思维，就必须把知识的方向性和理论性作为一个底线，不能够越过这个底线，不然我们的教学就达不到思政理论课的目的。

六、革新教育评价

思想政治教育效果评价是基于一定的教育目标和标准，运用一定的工具和方法，对思想政治教育工作进行的一种价值评判。思想政治教育效果评价能够有效判断思想政治教育开展的效果和作用。随着大学生自身的发展和思想政治教育工作的广泛开展，思想政治教育评价的开展势在必行。现代通信和网络技术的发展，给大学生思想政治教育评价工作带来了很大的挑战，主要体现在以下三个方面：

其一，评价指标体系有待进一步完善。思想政治教育效果评价的基本依据就是指标体系，指标体系是否科学将会直接影响评估的效果，也是能否进行科学评价的根本。新技术支持的网络传播具备开放性、互动性和多路径性，较之以往的传统教育进程，新形势下的教育效果所受的影响要素更多也更繁杂，其中任何要素的微变都可能导致结果出现巨大差别，所以网络条件下的指标体系的构建会更为复杂。[①]

其二，对评价队伍的挑战。目前，大学生思想政治教育的专业评价队伍还未进行科学构建，并且个性化学习对评价队伍的专业素质和能力水平也提出了很高的要求。

其三，我们的评估方法需要更加贴近实际，以便于在实际工作中更好地开展评估。网络具有虚拟性，而现实社会却具备实体性，二者之间差距悬殊，考虑到思想政治教育评估的大学生具有学生和网民双重身份，其思想可能也会存在双重性，所以开展虚拟空间行为的评估确实困难。

笔者在访谈中发现，绝大多数大学生、高校教学管理者、高校思政教师和高校辅导员均支持革新思政教育效果评价机制。在个性化学习中，只有及时更新和改革思想政治教育评价机制，才能取得更好的思政教育效果。

在校大学生：S11，男，中共党员，外交学院，北京市

就我看来，当前高校思政教育在教育效果评价机制上急需进行革新。因为，在个性化学习中，大学生更加看重思政教师在思想引导和价值观重塑方面的作用，换句话说，就是每个大学生在学校里面学习思政课的时

---

① 张艺兵. 数字化时代高校思想政治教育工作的思考 [J]. 高教论坛，2003（1）：13—16.

候，相对于基本知识的传递，他们更看重思政教师对大学生世界观、价值观和人生观的塑造以及对大学生思想迷茫时的正确引领和指导。

我在上学期间，我的思政教师就非常注重这一点，他知识渊博，能够对相关的思政知识进行整合和提炼。在课上，他对当前国内外时事政治的独到见解对我们的思想影响很大，这样的教师虽然是大学生的良师益友，但是在现行的思政教育效果评价机制下，他的评价结果不是很理想。

作为大学生，我曾问过我的思政教师，他指出现在的思政教育评价指标是科研、学术论文和项目，以及学历的提升、海外留学、访学情况，教学往往在真正评价的时候只占较小的比例。在这样的思政教育评价机制下，很多思政教师和辅导员老师的工作重心就非常容易随着评价指挥棒转动，从而忽视了思政教育最本质的东西。

高校教学管理者：G12，男，中共党员，河北师范大学，石家庄市

作为高校的教学管理者，我认为当前思政教育的评价机制需要进一步完善和调整。因为在个性化学习下，我们服务的对象在不断改变，现在的大学生全部是"90后"，甚至马上就有"00后"入学了，我们还在沿用传统的思政教育评价机制来评价现在的思政教育工作者，这显然是有失偏颇的。

在实际的思政教育过程中，除了传统的教学方式外，目前很多思政教育工作者采用了新方式、新方法，取得了新的成效，但我们苦于没有新的评价机制来对这些成果进行评定并奖励。这在一定程度上挫伤了部分思政教育工作者的积极性，也确实影响了部分思政教育工作者创新开拓精神的发挥。

高校思政教师：T12，男，中共党员，江西宜春职业技术学院，宜春市

我作为职业技术学院的思政教师，非常热爱这份工作，也很喜欢自己的学生，我努力从事教学工作，潜心教学研究，我非常用心地去做好我的教学工作。但是就算是这样，我每年的思政教学评价的分数都不太高。原因是我的论文、科研项目上不去，我没有出国进修的经历，我也不是博士、博士后，这些都严重影响了我的评分，虽然我的学生给我的教学打分非常高，但是教学在年终的评价机制中所占的比例是比较小的。

作为思政教师，我知道一所高校要发展，要创建"双一流"大学，必须要有强大的科研团队、顶尖的科研项目和高学历的专业人才，但是我坚信一所高校的最终目的是培养人才，那么在这个目的不变的前提下，一些拥有丰富教学经验的职业思政教师是不可缺少的。所以就我来说，我特别愿意国家尽快革新思政教育评价机制，让各种优秀人才竞相迸发、百花齐放，共同促进高等教育的发展。

高校辅导员：F7，女，中共党员，上海外国语大学，上海市

目前我从事高校辅导员工作已经12年了。在个性化学习下，高校思政教育评价机制急需进行改革。就拿我来说，我们辅导员教师是"三双"管理，即"双重身份、双向晋升、双向管理"。在这种情况下，我作为辅导员，职责是做好大学生的思想政治教育工作，重点是开展大学生的日常教育与管理，可以说是"白＋黑""5＋2"的工作，正所谓"两眼一睁，忙到熄灯"，我就是"消防员""救火队"，努力工作，一年下来，忙忙碌碌，不曾停歇。

然而，到了年终的时候，我突然发现，在目前的思政教育评价机制下，我的工作几乎都没什么可以总结的。再等到评聘职称的时候，我就傻眼了：没论文，没项目，学历没有提升，没有出国进修。所以我到目前还是一名讲师，还是学校在评聘职称的时候向辅导员教师倾斜的情况下才评上的，若是想再上一步，评高级专业技术职称，我心里都在打鼓啊，毕竟缺少时间和精力发论文、做项目。

我真心希望国家能考虑大学生辅导员的实际情况，能对辅导员从事的思政工作出台专门的评价机制和职称单列制度，这样的话，高校辅导员工作就可以得到充分肯定，自身工作的动力会更大，幸福指数和获得感更高。当然，说这么多，出现今天的结果，也有我自己努力不够的因素，这一点，我不否认。

通过深入访谈并对访谈资料进行分析后得知，个性化学习给当下大学生思想政治教育带来了众多的挑战。这些挑战主要表现为对大学生思想政治教育理念的冲击、对大学生思想政治教育模式的冲击、对大学生思想政治教育内容的更新、对大学生思想政治教育方法的改变、对大学生思政教师队伍的影响、对大学生思想政治教育评价的革新。从访谈发现，高校大学生对思政课受教方法和评价感受最为直接，有许多大学生在访谈中都谈到，网络化的学习、生活、交友及娱乐模式已经冲击了自己的"三观"，已经改变了自己的行为思考模式。受访的高校辅导员也普遍表示，当前个性化的学习方式已经渗透到每个大学生的世界里，大学生感到手机不可分离、网络不可缺少，而良莠不齐的网络信息给当前大学生思想政治教育带来了很大的挑战；受访的教学管理者、思政课教师也纷纷表示，当下的个性化学习方式已经对自己所从事的教学管理工作和授课工作提出了众多的挑战。

第五章　个性化学习视域下大学生思想政治教育的理念、模式、内容及方法的创新

现代信息技术的快速发展，对大学生的生活、学习以及价值观产生了多方面的影响，也让大学生思想政治教育工作面临新的挑战。在个性化学习视域下，要提高大学生思想政治教育的吸引力、影响力，就必须从理念、模式、内容等方面出发，了解个性化学习对大学生思政教育的影响。基于前文的分析，本章探讨个性化学习视域下大学生思政教育的创新。大学生思想政治教育理念是针对大学生群体所展开的思想政治活动应遵循的最本质和最核心的基本要求。大学生思想政治教育理念是理论性和实践性的统一，是主导性和多样性的统一。

第一节　个性化学习视域下大学生思想政治教育理念的创新

一、树立以学生为本与整体育人的理念

要想培养大学生健康的人格和富有理想的个性化人格，需要坚持和贯彻以学生为本的思想政治教育理念，通过接地气的方式，实现大学生健康人格的培养，努力促进学生个体自由全面发展，解放思想，实事求是，与时俱进，增强思想政治教育的实效性、吸引力和感染力。

在开展大学生思想政治教育的过程中，要始终坚持个性化的培养方式，塑造大学生的人格，促进大学生个性自由全面发展，通过不断提高大学生个体的思想道德素质、树立新型的物质利益观念、促进个体个性发展，来实现个体认知能力、自我潜能、社会适应发展能力的有机统一，有效塑造大学生的理想人格。

以学生为本、整体育人理念是将大学生思想政治教育看作一个整体，把从思想政治教育的主体、客体到思想政治教育的环体，都看作一个整体。整体育

人理念是在以人为本的教育理念基础上发展而来的，它是科学的教育理念。整体育人理念对大学生思想政治教育来说，既有价值观指导作用，又有方法论指导意义。"真正的教育是以人为本，让受教育者感受到美好、体验到成功，培养积极的人生态度、鲜明的价值观的思想教育。"[①] 因此，整体育人理念是大学生思想政治教育理念的创新。整体育人，要尊重学生在个性化教育中的中心地位，把推动学生的全面发展作为教育目标，促使学生在个性化学习中实现德智体美全面均衡发展，实现个性化发展和共性要求的统一。

如何培育大学生，培育什么样的大学生，是当前个性化思想政治教育面临的问题，也是当前社会主义教育事业发展亟须解决的问题。党始终高度重视大学生思想政治教育问题，重视从思想政治教育层面推动大学生健康成长。唯有用科学的理论引导大学生思想政治教育，利用传统文化陶冶学生的情操，才能推动大学生思想政治素质、文化素质的全面健康发展。[②]

与此同时，大学生是承载社会和家庭期望的群体。大学生的健康成长关系到家庭的幸福，关系到社会的和谐安定，关系到国家的长治久安。在个性化学习中加强大学生思政教育，要和社会发展实际相结合，树立以学生为本理念，树立整体育人理念，把学生作为创造力的中心和主体。此外，还要把积极引导和学生的内在需要紧密结合，关注大学生的利益诉求，挖掘大学生的创新潜力。树立整体育人教育理念，以学生为中心，为大学生身心健康发展提供物质条件和良好育人环境。坚持把大学生思政教育作为发展的中心，把大学生的个性化发展和思想政治教育相结合，理解、关怀、相信并积极引导大学生。[③] 在个性化教育环境中，树立整体育人理念，坚持做到全面育人和德育的有机结合。所以，确立整体育人、育人首位的教育理念，不仅是党和国家的基本要求，更是家庭、社会的必然要求。树立正确的教育理念，对国家、社会和个人具有重要意义，因此必须树立整体育人理念。

具体来讲，要树立以学生为本和整体育人理念，就必须要做到在整体育人理念的前提下，实施以学生为本；在以学生为本的基础上尊重每个学生的个体需要和发展要求，实施整体育人。

---

① 赵敏. 新媒体视阈中的大学生道德教育创新研究 [D]. 济南：山东大学，2012：39.
② 杨晓慧. 新媒体与思想政治教育新思路 [J]. 高校理论战线，2009 (7)：43—44.
③ 王贤卿. 论高校思想政治理论课教学方法创新的特点与路径 [J]. 思想理论教育导刊，2011 (1)：70—74.

（一）高校必须要树立以学生为本的教育理念

个性化学习视域下，高校必须要把学生的成长成才作为第一要务，以培养社会主义合格的建设者和接班人为最终目的。在对大学生实施教育的过程中，坚持做到教育工作一切为了学生，为了一切学生，为了学生的一切。

从学生入学开始，就要明确将高校的育人理念告知每一个大学生，让学生知晓并监督学校的日常教育教学工作；在学生学习期间，高校要结合学校的实际情况，开设个性化的选修课程，制定大学生个性发展实施规划，力争让每一个大学生在大学生期间都能对自己的发展有一个清醒的认识和美好的蓝图；在大学即将毕业的时候，各高校要密切关心和关注学生的毕业走向，切实做好大学生的毕业就业创业工作，让每一个大学生学有所得、学有所获。从内心关心和关爱每一个大学生，让以学生为本的教育理念在高校大学生思想政治教育工作中生根发芽。

要树立以学生为本的教育理念，就要在个性化学习视域下，充分了解每一个大学生的个性、特点、喜好与特长，从育人角度出发，如同对待自己的孩子一样对待每一个学生，建立学生的动态台账，实时了解和掌握每个大学生的发展状况和诉求，真心诚意为了每个大学生的发展而努力，将以学生为本的育人理念融入日常的大学生思想政治教育和管理工作中去，力争取得良好的效果。

（二）高校在以学生为本的基础上要树立整体育人的理念

高校首先要以学生为本，只有在此基础上，才能谈贯彻整体育人的教育理念。个性化学习视域下，所有大学生都是国家的栋梁和难得的人才，作为高校，在切实看到每个大学生的个性需求不一样的同时，又要看到整个大学生群体的要求，从整体上关心关爱和关注大学生的发展与成长。树立整体育人的教育理念，就要在关心每个学生发展的需求下，重点考虑整体、大部分学生发展的需要，从整体育人出发开展大学生思想政治教育工作。

要切实落实好整体育人的教育理念。首先，要对现代大学生的整体特征有一个宏观的把握，从大体上了解大学生的内在成长成才规律，建立好的制度、机制和体制，保障大学生的需要得到满足，使每一个有成长成才需求的大学生都尽可能地受到高等教育整体育人理念的教诲。其次，要通过各种媒介来大力宣传整体育人理念的正确性，让每一个大学生及学生家长了解高校的整体育人理念，做好高校、家庭和学生的三方沟通与联络，保证形成育人合力。最后，要切实采取可行的办法和措施落实整体育人理念。可以考虑采取集体的大学生参观、实践活动，让每个个性特点鲜明的大学生有机地融入整个大学生群体中，并在整体共性的"培养园地"里面生根、发芽、开花、结果。

二、树立一元主导与包容多样的理念

在个性化学习视域下，大学生思想政治教育要牢固树立一元主导与包容多样的教育理念。在当前条件下，我们要巩固党中央、国务院提出的大学生思想政治教育理念的一元主导地位，坚持社会主义核心价值观教育，以培养社会主义合格的建设者和接班人为目的。在坚持大学生思想政治教育核心主导的前提下，可以在不违背、不反对国家提倡的主流思想的条件下，尝试包容多样的教育理念。

（一）坚持以社会主义核心价值观为主导

党的十八大明确提出了社会主义核心价值观这一概念，并分别从国家、社会、个人三个层面对其基本内容进行了界定：富强、民主、文明、和谐是国家层面的价值目标；自由、平等、公正、法治是社会层面的价值取向；爱国、敬业、诚信、友善是公民个人层面的价值准则。社会主义核心价值观的提出，是我国改革开放40多年以来的发展需要，是适应和适合当前社会发展潮流的。

个性化学习中，大学生自主学习相对自由，而且通常缺乏监管，极易导致大学生接受多元价值观，也让大学生在价值选择时感到迷茫。所以，在个性化学习中，必须要增强社会主义核心价值的主导作用，优化个性化学习氛围，促进大学生思想政治教育创新发展。

"以德育人"是我国教育事业的根本要求，也是大学生思想政治教育的要求。这就需要把社会主义核心价值观融入个性化思想政治教育中，坚持以社会主义核心价值观为主导。在思想政治教育内容上坚持社会主义核心价值体系，在方向上坚持以社会主义核心价值为主导，坚持树立一元主导、包容多样的理念。[1] 各大高校应积极探索融入新的方法，充分利用个性化学习带来的机遇和平台，将社会主义核心价值观通过不同的方式转变为大学生的思想和道德认知，促使大学生坚定推崇和践行社会主义核心价值观。

在当下，要充分理解社会主义核心价值观的概念、内涵、发展历程、价值意义、基本原则、践行路径等，始终用社会主义核心价值观来指导和引领大学

---

[1] 寇嘉. 传播学视野下的新时期高校思想政治教育传播策略研究 [D]. 西安：西北大学，2010：44.

生思想政治教育的方向,在其指导下,努力创新大学生思想政治教育的相关理论,主动开展大学生思想政治教育的实践活动。

(二)继承弘扬中国优秀的传统伦理道德及其德育价值

我国传统文化博大精深,在历史发展中积淀出中华民族的精神追求,深深地影响着中华民族的未来发展。党的十八届四中全会强调指出:要全面认识中华民族传统文化,推陈出新,古为今用,坚持保护利用、继承弘扬传统文化并重。此外,还要深入挖掘传统文化伦理道德及其德育价值,推动传统文化成为人们进步的精神力量。

弘扬传统伦理道德,增强自我责任意识。当今社会提倡"大公无私""克己奉公"的思想道德,现实生活中人们崇尚道德模范。当代大学生应以儒家思想中的精华来修身养性,追求克己内省,时时提醒自己要不断完善道德修养,意识到"见贤思齐,见不贤则内省"。[①] 在进行思想道德评价时,要尽量做到"择其善者而从之,其不善者而改之"。在处理人际关系时,大学生应推己及人,设身处地为他人考虑。在继承和弘扬我国传统德育教育过程中,必须要坚持兼收并蓄的原则,坚持"取其精华,去其糟粕"的原则,汲取优秀的传统文化。[②] 同时,还要适应新时代的发展要求,不断赋予传统文化新的时代气息。

在个性化学习视域下,要切实吸取我国优秀传统文化和公序良俗,让传统文化中的精华作为大学生思想政治教育的肥沃土壤,强调大学生要主动弘扬传统文化中的精华,主动开展良好的传统活动,保持好的传统习惯,做到继承和弘扬中国优秀的传统伦理道德及其德育价值。

(三)学习借鉴西方道德及其德育文化的积极因素

虽然资本主义的必然结果是灭亡,但是在西方资本主义发展的几百年当中也有很多值得我们学习和借鉴的道德和德育文化因素。资本主义在社会管理、生产、秩序维护等方面积累了丰富的经验,并且具备了一套完备而有效的成功方案。这些成功的经验和做法,饱含着人类的智慧,值得我们学习和借鉴。

西方德育文化的主要内容有:自由、平等、民主等人文主义诉求,自由公民的培养目标,教育方式多元化等。西方道德文化值得我们借鉴的主要价值观

[①] 赵梦影,姜剑,万慧琳. 论中国传统文化对当代大学生的德育功能及实现途径//2011年全国高校学生工作年会论文集[C].2011:29.
[②] 李素素. 先秦儒家修身观对当代大学生道德教育的价值探讨[D].广州:广东商学院,2011:45.

有：自由、民主、平等，理论创新和实践创新并行，理想性和现实性并举等。公民自由的现代化定位是：注重公民的个体精神，权利和义务对等。[①] 个性化学习是开放性的学习，西方德育文化和开放性环境更加契合，这是我们应积极借鉴和学习的。

（四）坚持一元主导下包容多样的教育理念

在坚持一元主导的基础上，还需要坚持包容多样的思想政治教育理念。

在个性化学习下，每个大学生都是独一无二的，每个大学生都有自己的个性和特点，而且每个大学生都迫切需要张扬自己的个性，发挥自己的特长，成就自己的梦想。我们要充分宣扬社会主义的核心价值理念，用它来武装全体大学生，在大学生承认并遵循主流的一元价值理念的前提下，充分尊重每个大学生差异化的发展诉求。当然，一元主导是前提，包容多样必须建立在一元主导的基础上。

通过坚持一元主导、包容多样的教育理念，可以很好地适应个性化学习下大学生自身发展的需要，这样既能确保所有大学生接受主流教育理念，又包容了不同大学生思想政治教育的理念。

三、树立全面发展与个性发展相统一的理念

个性化学习下，大学生思想政治教育首先要树立全面发展的教育思想，这符合马克思主义人的全面发展理论，也和我国优秀传统文化中人的自我完善思想是一致的。全面发展是培养学生内在道德素质、人格，形成良好社会风气的重要前提。全面发展教育并不是抽象的、孤立的教育。社会政治经济对全面发展教育发挥着决定作用，而全面发展教育的好坏直接影响我国大学生的培养质量，进而影响国家合格接班人的培养。个性化学习视域下，树立全面发展的教育理念，是以尊重和促进大学生个性发展为基础的，是个性发展和全面发展的有机结合。

个性化学习促使大学生积极参与到社会公共事务中，大学生从传统依附型人格向独立型、个性化人格发展。个性发展的价值主要包括两个方面：一是尊重独立价值的主体性，二是尊重他人权利的主体间性。首先，个性化学习推动了大学生主体意识和独立意识的发展，同时，网络社区化又促使大学生尊重和

---

① 韩家勤. 马克思主义灌输理论的当代价值及其实现路径研究［D］. 芜湖：安徽工程大学，2010：39.

认同他人的权利。一方面个性化学习解构了传统的价值模式，使大学生一定程度上摆脱了社会关系的限制，推动了大学生独立意识和主体性意识的发展。另一方面，个性化学习视域下，大学生秉承不同的价值观，在没有利益冲突的情况下，通常会包容和尊重他人。它既推崇契约精神和规范意识，又宣扬德性价值。个性化学习促使大学生的独立性逐步增强，个体诉求更加自由多样。但是，由于网络的虚拟化特点，导致现实社会的他律机制在网络世界中日益淡化，在一定程度上也导致个体间矛盾的加剧。因此，增强网络虚拟空间的有序化和规范化，离不开法制和契约，而个性化学习能够推动大学生契约精神的培育和发展。

四、树立教育与自我教育相协调的理念

个性化学习为思想政治教育的创新和推动大学生发展提供了新的条件和机会。个性化学习的交互性、参与性、自主性、共享性等特点，丰富了思想政治教育的载体，推动了思政教育的发展，为协调教育与自我教育打下了良好基础。

个性化学习视域下的网络化和形象化对大学生自我教育有较大的吸引力，极易引发学生的共鸣。个性化学习视域下，老师和学生不用顾忌身份，可自由表达内心的想法，这有助于推动学生心理和态度向好的方面转变。而大学生在个性化学习中形成的良好学习习惯也会延伸到现实生活中。因此，个性化学习为大学生思想政治教育提供了良好的契机和平台。

个性化学习视域下，思想政治教育创新教育和自我教育方法是实现思政教育目标的必要条件。个性化学习是教育者利用新的学习平台和载体进行思政教育的新方法，是思想政治教育在方法、模式、理念上的创新，可以为施教对象提供良好的教育理念和教育方法。个性化学习集合了多种优势，是大学生学习知识和获取信息最便捷的方式，有助于大学生的自我教育。个性化学习视域下的大学生思想政治教育要从高校的实际情况出发，根据问题的性质和类别、起因、受教育者的不同情况和特点来选择不同的教育方法。[①] 个性化学习能够使老师快速、及时地了解学生的思想情况，有助于促进大学生的个性化发展，达到教育与自我教育相协调的效果。

---

① 杜亮. 3G背景下大学生思想政治教育载体研究 [D]. 济南：山东大学，2010：19.

第二节 个性化学习视域下大学生思想政治教育模式的创新

一、思想政治教育的文化引领模式

文化引领模式主要是通过发挥文化的作用,将大学生的注意力引导到特定的方向,帮助大学生提高对个性化学习的认识,实现引领学生健康成长成才的目的。文化引领模式是当前较好的学习引导和教育模式,这为高校思想政治教育模式创新、提高思政教育的实效性提供了方法和实现的可能性。要在个性化学习视域下,更好地实现文化引领模式,需要从以下三个方面着手:

首先,文化议题设置要新颖。好奇是学生的天性,对未知的好奇是大学生学习的重要动力。通过利用最新的文化信息来引起学生的注意力,贴近现实生活,更能引发学生的关注和思考。面对新信息和文化,学生们的多元化认知决定了其理解方式的多样化,特别是在个性化学习中,大学生对传统主流价值和话语的理解更会出现多元化的理解。[①] 所以,文化引领议题设置时要符合大学生的心理特点,对他们进行包容性引导。通过文化引领,让学生进行沟通、交流和反省。自我反省教育的成效要比传统教育效果更加明显和更加有效。

其次,文化引领要区分主次。在高校校园文化中,哪些文化是大学生比较关心的,哪些文化是值得弘扬的,这些都是思政教育者在进行文化引领时需要考虑的问题。所以,在进行文化引领时一定要考虑主次。在当前个性化学习中,越是大学生关注度高的正能量的文化信息,其信息价值就越大,对高校思政教育的作用也就越大。对这部分文化信息要予以重点关注,应列为主要引领文化;对于大学生不太关心的文化信息,要减少投入的精力,要放在次要位置予以引领。

最后,文化引领的方式要科学。在对大学生进行文化引领的过程中,一定要注重引领方式的科学性。要充分结合大学生的个性特点和大学生思想政治教育的规律,通过大学生喜闻乐见的方式予以引领。比如,可以结合大学生的时代特征、地域特点、性别差异及成长经历等因素来开展,可以采用正规的说教式、潜移默化式、音体启发式,甚至非主流的嘻哈式,和当今大学生打成一片。通过大学生感兴趣的文化进行引导,不但可以提高学生对思政热点问题的关注度,还能帮助学生树立正确的世界观、价值观和人生观,达到大学生思想

---

① 赵敏. 新媒体视阈中的大学生道德教育创新研究 [D]. 济南:山东大学,2012:32.

政治教育的目的。

二、思想政治教育的网络互动模式

随着网络信息化程度的不断提高,思政教育工作者要主动通过网络媒体实现个性化学习视域下大学生思想政治教育模式创新。

(一)利用社交网站强化大学生思想政治教育

社交网站是老师和学生进行思想沟通和交流的平台。在社交网站上,大学生往往能表达自己在现实中不敢表达的真实想法,可以在一定程度上真实反映大学生的思想状况;在社交网站上,老师和学生都能实现思想火花的激烈碰撞和交流;在社交网站上,老师和学生都能注册账户,搜索资料和教学内容,以此来提高思政学习水平。此外,社交网站还能为师生交流提供安全、稳定的信息沟通平台,实现思想政治教育的时效性和针对性。作为大学生思想政治教育工作者,一定要牢牢抓住社交网站平台,因势利导,随时关注和掌握大学生的思想动态,实时记录大学生的思想动向,构建大学生的思想变化台账,依据不同学生的个性特点,有针对性地开展思想引领和疏导工作,强化大学生思想政治教育,引导学生健康成长。

(二)结合大学生群体特点设立思政教育网站

在个性化学习中,高校应设立思想政治教育网站,增强大学生思想政治教育工作人员利用网络开展工作的能力,以网络为抓手,提高思想政治教育工作水平。个性化学习平台是高校思想政治工作的新平台,高校必须在新的环境中建立以社会主义核心价值观为指导的思政网站。

高校可利用个性化学习平台,逐步完善思政教育网站。例如,高校可设立网上党校、红色翻译、网上社团、时事政治、理论学习等多个思想政治学习模块,不断完善校园思政网站。此外,高校还应建立活动在线、组织在线等工作方式,建立党员干部QQ群、团干QQ群以及微博、微信群等,构建学习活动平台,促进知识交流和学习。①

建立了大学生思想政治教育网站后,要充分调动广大大学生的积极性,动员大学生分为若干小组,并在网站中设置若干版块,并让每个小组负责一个版

---

① 逯姝洁. 网络环境下高校思想政治教育工作的研究[J]. 河北北方学院学报(社会科学版),2012,28(4):110—112.

块,把网站经营好。在经营网站的同时可以引导大学生实际参与到网站建设和维护中,使得大学生受到正面引导。例如,高校的外国语学院就可以结合自己专业的特点来组建大学生红色翻译网站,在网站上设置"理论之窗""革命之路""文艺精粹""时代先锋""党史博览""党刊文摘""党建词汇""时事动态"等版块,充分利用这些红色网站版块,将外国语学院各语种(如英语、日语、俄语、德语、法语、西班牙语、葡萄牙语等)的师生分组翻译红色词汇、语句和经典故事,并可以据此来申请党建项目立项,申请评选奖项等。这样一来,既锻炼了师生的专业能力,提高了专业水平,同时又对大学生进行了潜移默化的思想政治教育,实现了大学生思想政治教育的目的。

(三)设立思政专栏开展大学生思想政治教育

在个性化学习视域下,老师要利用网络积极宣传社会主义核心价值观,让马克思主义真正为学生所用,让大学生真学、真懂、真信、真用。在高校思政教育网站中,可根据大学生的个性特点和时代特征创新性设立一些教育专栏,例如期刊、书籍、重大会议精神、领导人讲话等。此外,高校还可以根据自身情况,设置权威下载渠道,增设一些经典红色电影,在线播放经典的红色教育故事。高校通过设立思政教育专栏,提高学生对社会主义核心价值观的认知、认可、认同,增强教育成效。①

(四)建立专门为大学生服务的网站

网络化环境中要注重增强大学生思想政治教育实效,注重网络服务功能的实现。高校要建立专门的网站,提供拓展延伸服务。高校可以为大学生提供服务性的网站,例如大学生创业网、志愿者网站等。② 在为大学生服务的过程中,将大学生思想政治教育的目的和理念依据每个大学生的个性特点予以植入,并随服务产品打包送给学生。例如可针对贫困大学生比较关注的勤工俭学、贫困生补助、考研、就业等内容设立专题,并在专题中教育贫困大学生自立自强,要依据贫困的原因告知学生坚信"人穷志不穷",培养大学生敢于脱贫的勇气,鼓励大学生养成自信自立的品质,让受到资助的大学生学会感恩和回报社会,并通过服务网站对受助学生进行动态跟踪教育,促使学生成为一个

---

① 闫贺杰. 思想政治教育网络传播的受众研究 [D]. 北京:北京交通大学,2007:35.
② 郑元景. 新媒体环境下高校思想政治教育实效性探析 [J]. 思想理论教育导刊,2011 (11):107.

知晓感恩、乐于帮助他人的人。

三、思想政治教育的生活体验模式

我国知名的教育家陶行知曾说过：没有生活作中心的教育是死教育。没有生活作中心的学校是死学校。生活体验式教育是相对传统教育模式而言的，生活体验式是渗透式的、间接熏陶式的教育模式。生活体验式教育是个性化教育中的一种。我们学习思想政治的最终目的是为我们的生活提供指导。[①] 个性化学习视域下，大学生思想政治观点大多来源于日常生活。网络化环境具有传播快、范围广等特点，一味地采用"堵"和"扼制"的方式不能从根本上解决问题。

高校在对学生进行生活体验式教育时，应注意学校生活和社会实际结合构成日常化学习活动，有目的性、针对性地进行思政教育引导。大学生要想树立正确的价值观，就需要从现实生活出发，认识到生活的过程也就是价值观形成的必要过程。

高校思政教育工作者要在个性化学习中，多与学生进行思想的沟通和交流。这些思想的碰撞和交流通常能真实地反映出学生们真实的生活态度和想法，关注学生的这些思想动态更有助于教师有针对性地制订科学、合理、符合学生情况的教学方法。大学生也应充分和老师进行及时的沟通与交流，表达自己真实的内心想法。生活体验式教育是传统教育的延伸和拓展，而个性化学习中的生活化学习更是生活体验式教育模式的重心。

通过大学生生活体验式学习，让大学生深刻理解生活中的真谛，通过生活体验来培养、锻炼大学生的品质，让一些生活中的真实见闻来影响大学生的思想认识，通过生活实践来让大学生更加深刻地认识到大学生思想政治教育的最终目标是通过学习思想政治来正确地指导学生分析问题、解决问题，实现知行合一。在生活体验模式中，社会考察法是一个重要的方法。社会考察法是通过社会实践和调查来实现知行合一、获得认知的科学教育方法。[②] 在调查考察过程中，既实现了学校教育和社会教育的结合，又实现了理论知识和社会实践的结合，同时也实现了大学生思想政治的自我教育和学习，提高了大学生的分析能力，增强了大学生适应生活的能力。

---

① 李秀芹. 高校思想政治教育传媒载体研究 [D]. 济南：山东师范大学，2008：39.
② 孙兆静. 高校思想政治教育网络载体的运行现状及建设对策研究 [D]. 重庆：西南大学，2008：28.

四、思想政治教育的任务驱动模式

思想政治教育的任务驱动模式指的是在个性化学习中,大学生在思政老师的指导下,受问题动机驱动,以共同的任务为中心,发挥主动性、积极性、创造性,进行自主探索和互动协作,实现既定任务的一种思想政治教育模式。

任务驱动模式教学法是一种创新的教育模式,它是在建构主义教学理论的基础上发展而来的。它对教学任务提出了明确的要求,促使学生以任务为导向,进行探索性学习。在学习过程中,随着任务的不断完成,学生会获得持续的成就感和自信,这会激发学生学习的欲望和探索欲,并由此形成良性循环,培养学生独立探索、自主学习、勇于进取的学习精神。

个性化学习中的思想政治教育的对象是大学生,大学生思政教育的关键是尊重和实现学生的主体地位。所以,教师在选择教学方法和模式上,应遵循学生自主选择的原则,并坚持适度灌输的教学理念。此外,还要坚持外在教育和自我教育并用,使原来的单向灌输教育向双向思想交流转变,充分体现出大学生的主体地位,推动学生在教育过程中实现自我内省和改进。这就需要教师在实际思想政治教学活动中,尊重和相信学生们的接受能力和自省能力,将学生们看作不断改进、发展和完善的个体。教师的实际工作就是引领和推动学生人格的构建和不断完善,支持和鼓励学生积极参与到思想政治教育和学习活动中,引导和激发学生们学习和参与的积极性与主动性。教师应以平和与平等的心态对待学生,了解学生们在学习过程中的困惑、感悟和感想,之后,根据学生们的实际需求详细地讲解理论知识,分析实际问题。老师应采取潜移默化的教育方法,针对每位大学生的特点,设置一定的任务,并通过任务的设置、分配、完成、总结,肯定大学生的付出,积极引导大学生自我教育,实现思想政治课的最终目的。

第三节 个性化学习视域下大学生思想政治教育内容的创新

一、以"立德树人"引领大学生德性教育

大学生思想政治教育的内容要根据时代发展不断与时俱进,适时调整。大学生思想政治教育内容的不断创新,要在符合社会主义时代背景发展的前提下进行,并与大学生的思想进行融合,不能脱离实际生活的思想范畴,并不断强化道德思想教育,这样才能够使政治思想与道德教育和谐发展,相辅相成。以

习近平同志为核心的党中央,更是强调了德的重要性,提出立德树人的思想。

党的十八大报告强调指出:要把"立德树人作为教育的根本任务,培养德智体美全面发展的社会主义建设者和接班人"。① 2013 年 9 月 9 日,习近平总书记在致全国教师的慰问信中指出:"希望全国广大教师牢固树立中国特色社会主义理想信念,带头践行社会主义核心价值观,自觉增强立德树人、教书育人的荣誉感和责任感,学为人师,行为世范,做学生健康成长的指导者和引路人。"

在 2014 年 12 月 28 日至 29 日第二十三次全国高等学校党的建设工作会议上,习近平总书记指出,办好中国特色社会主义大学,要坚持立德树人,把培育和践行社会主义核心价值观融入教书育人全过程。

在 2016 年 12 月 7 日至 8 日,在全国高校思想政治工作会议上,习近平总书记强调,高校立身之本在于立德树人,要把思想政治工作贯穿教育教学全过程,开创我国高等教育事业发展新局面。

当代大学生思想政治教育的加强是大趋势。只有把大学生思想政治教育工作做好,才能够从根本上保障社会主义和谐社会的建立。由于全球化的发展,外界思想不断涌入,在促进社会发展的同时,大学生政治思想的弱化也是显而易见的,面对复杂的形势,必须不断加强大学生社会主义政治理论教育。将中国特色社会主义理论归纳到大学生思想政治理论课程中,带进课堂,送进校园,不断深化大学生对社会主义的理解。政治思想与道德两个方面的教育关系是相互促进、相互影响的,如果只做单方面的教育是达不到预期效果的。在政治思想教育方面如果忽视了与道德教育的关系,就不能够保证政治思想教育开展的效果。② 所以,我们要在注重社会主义政治思想教育的同时,紧抓道德基础教育,紧紧跟随社会主义的发展,不断完善大学生的政治思想。要加强大学生道德教育,实现以立德树人引领大学生德性与德行教育,促进大学生思想和道德的全面进步,具体要注意以下几个方面:

首先,从公民基本道德规范的角度出发强化大学生道德教育。在新时期,对作为普通公民的大学生进行道德规范的教育,是大学生思想政治教育的基本内容。具体来说,要引导大学生树立合格公民的思想观念,自觉遵守公民的基本道德规范,做到自主学习和实践,在社会交往的不断磨砺中树立自己的品德和文明习惯,强化大学生的道德意识,在遵循道德规范的情况下,不断强化自

---

① 中共中央文献研究室. 十八大以来重要文献选编(上)[M]. 北京:人民出版社,2014:27.
② 杜亮. 3G 背景下大学生思想政治教育载体研究 [D]. 济南:山东大学,2010:39.

己的思想道德修养。

其次，要强化大学生的诚信教育。要强化大学生的诚信教育就必须要强化大学生的人格塑造，保持大学生健康的生理和心理状态，保持大学生对理想人格的不懈追求，这是个性化学习视域下大学生思想政治教育的目标之一。在大学生思想政治教育内容创新的过程中，要不断调整思想政治教育的内容表达方式，要适度增加对时事要点的关注以及正确价值观的引导，要积极宣传社会主义核心价值观，使大学生明大义、识大体，让每名大学生时刻保持崇高的理想信念，保持积极乐观的人生态度。中华民族传统美德的内容中就包含诚信品德，和谐社会的一个基本特征也是诚信友爱。遵循道德与法治的规范过程就是遵守诚信的过程，只有遵守和尊重诚信，人们活动的秩序才能够得以维护，才能使社会充满活力与法律的保障，才能够更好地维护社会的公平秩序。相反，如果社会缺乏诚信和法治的保障，必然会出现社会混乱现象，人民的利益无法保障，公平正义无法实现，只有在诚信的基础上建立互帮互助、诚实良好的社会关系，才能够推动社会主义和谐社会的建立。[1] 在诚信教育的实施过程中，一定要密切结合每个大学生的个性特点来开展。总而言之，社会中的各个成员只有在诚信道德原则的基础上进行交往，才能够使社会各个系统协调发展。在当代大学生的思想政治教育中，诚实守信是不可替代的重要内容。大学生只有深刻地认识到诚实守信的重要性，才能够加强自身诚实品德的培养。

最后，生态道德教育的内容也是不可或缺的。和谐社会不仅指人与人、人与社会的和谐，其中还包括了人与自然的和谐相处。生态道德具体是指人与自然关系的不断调节的行为准则。它注重培养的是人们的生态道德意识和行为，指导人树立与自然和谐相处的思想观念，不断推动社会生产、生活的持续发展。[2] 因此，要在引导大学生建立生态道德思想观念的基础上，强化其实践。大学生的生态道德素养与行为习惯是分不开的，要想从实际出发提高大学生的生态道德水平，建立良好的行为习惯是非常关键的。大学生只有将不良的行为习惯改掉，才能够养成良好的行为习惯，进而符合道德发展的要求。大学生应该在日常生活中，善于发现自然之美，关注生态发展与保护，形成爱护自然环境和自然资源的良好习惯。

二、以伦理道德教育塑造大学生的现代伦理人格

伦理道德教育的主要内容是让大学生做一个合格的社会公民。具体的教育

---

[1] 赵敏. 新媒体视阈中的大学生道德教育创新研究 [D]. 济南：山东大学，2012：32.
[2] 赵敏，王瑞. 新媒体传播环境下的德性建构 [J]. 当代教育科学，2010（23）：55—58.

第五章　个性化学习视域下大学生思想政治教育的理念、模式、内容及方法的创新

内容包括了公德、知识、环境保护、诚信等，还包括了开展志愿服务、发挥团队协作精神等。在法律知识的教育方面，可以通过讲授法律基础课程，使大学生掌握一定的法律基础知识。虽然具备了法律理论相关知识，但是在实际生活中形成法律意识还需要一个长期的过程。一些大学生虽然法律基础课程成绩优良，但只是停留在对法律条文的记忆上，并没有做到知法守法、懂法用法。因此，必须不断增强大学生法治教育，通过多媒体和多种宣传方式以及各种途径进行法律知识的普及，使大学生在不断掌握法律知识的同时，理解其观点和理论，并不断增强大学生的法律意识和法律素质，自觉进行法律的学习并严格遵守，自觉维护法律权威。在法律的约束下，要以伦理道德来不断塑造大学生的现代伦理人格。要塑造大学生的现代伦理人格，重点需从以下几个方面着手努力：

一是社会公德教育方面。当今社会正处于转型期，大学生社会公德教育问题还比较突出，现在大学生往往以自我为中心，没有从内心深处真正树立起为他人着想和为社会服务的观念，有些人在日常生活中处处讲求排场和面子，缺乏一定的劳动观念和集体主义精神。这种严重的个人主义思想，导致一部分大学生不愿面对集体劳动和生活。他们在面对个人利益与集体利益冲突时，首先以个人利益为重，在兼顾集体利益的同时重点考虑个人利益的思想占据大部分，缺少奉献精神。高校是传承文明的所在地，要通过各种教育方式对大学生的社会主义道德意识进行培养和强化，使大学生认识到作为一名社会主义合格公民，具备思想道德知识理论是前提条件，还必须注重社会公德的培养，不断提高自我管理意识，注重自我的言行举止和自我约束，使自己拥有辨明是非、善恶、荣辱的道德观念。[①] 在自觉遵守社会道德基本规范的同时，提高思想水平，推进良好社会道德风尚的形成。

二是在环境保护意识方面。高校应通过教育让学生对辩证唯物主义事物普遍联系的观点进行正确认识，对社会、经济、环境的相互协调发展要客观正确看待。学生要在坚持可持续发展的观念下，关注生态与资源问题，正确认识社会经济发展与环境保护之间的关系，将来走向社会后，要主动保护环境，爱护地球这个绿色家园。

三是在诚信意识教育方面。上文提到诚信是一切道德观念形成的基础，是社会发展和运行的基本保障。但是当今大学生思想观念中存在严重的诚信缺失

---

① 罗伯特·纳什. 德性的探询：关于品德教育的道德对话[M]. 李菲译. 北京：教育科学出版社，2007：12.

问题。例如，一部分学生平时的课堂作业从网上直接下载或抄袭而来，或在考试中出现作弊情况，还有的不按时归还助学贷款，伪造证书、成绩、简历等。大学校园是学生接受正规教育的最后一关，如果在这一关不将诚信严格把控，待大学生进入社会后将无法保证其对社会行为规范的遵守。因此，对大学生进行诚信教育是刻不容缓的，不仅要使他们形成诚实守信的思想观念，更要为他们建立有理想、有文化、有道德、有纪律、讲诚信的社会环境。为新一代具有高素质、良好修养公民的形成提供必要条件，这是高校思想政治教育工作迫在眉睫的任务。

四是在志愿服务方面。许多发达国家的志愿服务是从小学开始抓起的，小学生就必须参加志愿者服务活动，在中学和大学的录取标准中志愿者服务也是考察项目之一。这样的志愿者服务活动与我国高校开展的志愿服务在根本上是一致的，都是为了培养学生良好的品质，比如助人为乐、乐于奉献、设身处地为他人着想等。通过志愿者服务，可使大学生在服务中锻炼品质，帮助他人，提升自己。志愿者服务教育开展的目的，就是为了将思想教育目标具体到各个环节中，建立志愿者服务体系。在活动过程中，思想教育不再是书面化的理论知识，而是更加贴近大学生生活和实际的道德行为。大学生通过踊跃参加义工和志愿活动，用自己的实际行动来证明自己，不断提升自己的修养和品质，形成正确的世界观、人生观和价值观。

三、以道德选择教育为抓手提升大学生道德实践能力和水平

个性化学习下，要提高大学生道德实践能力和水平，就必须基于大学生个性化的特点，从学生利益的角度出发，引导大学生妥善处理个人与社会集体的利益问题。在确定大学生思想政治教育的内容时，同样也要注重个性化学习的因素，在此基础上进行大学生的思想政治教育。思想政治教育是一种存在于社会的活动形态，它有利于帮助人们建立一种正确做事的行为与思维习惯。它要建立在人生存和发展的基础上，与社会环境紧密结合。当前只有在个性化学习下进行思想教育，才能真正符合大学生思想观念的形成规律；只有针对大学生的个性特点进行选择性教育，才能够满足大学生的现实需求。如果大学生的正当利益不能够从社会中获得满足，就必然会与社会产生一定的矛盾。[①] 因此，在大学生的思想政治教育工作中，必须注重大学生的个性化特点，在道德教育

---

① 段丰. 论网络环境下大学生的德育引导工作//政府管理创新理论与实践研讨会论文集[C]. 2011.

内容选择方面需要考虑当前学生的具体利益需求，才能够将思想政治教育融入大学生的思想意识中，最终被其接纳和执行。

如果不能够在个性化学习视域下根据大学生的具体需求，选择道德教育内容，就无法真正发挥思想政治教育的作用，更无法促成思想政治教育目标的最终实现。在对大学生进行思想政治教育时，如果仅仅只是将基本的知识点进行简单灌输，而不涉及大学生的切身利益，就无法有效地将正确的政治思想意识融入大学生日常学习和生活中去，进而导致学生与社会关系的紧张化。在选择教育内容时，需要有针对性地对社会集体与个人利益之间的关系加以处理。实际上，社会利益与个人利益在本质上是和谐统一的关系，如果没有社会集体利益的保证，又何谈个人利益的实现。只有保证了社会集体利益的实现，才能够满足个人利益的实现，所以在进行大学生思政教育时，要尽量考虑社会集体利益与个人利益的有机统一。

当代大学生处于思想文化复杂的社会环境中，在生活和学习中会遇到各种诱惑，只有对这些问题进行个性化分析，区别对待，才能够为大学生思想政治教育的有效开展提供必要的前提条件。在和谐社会的建设中进行大学生思想政治教育，必须重视个性化学习的开展以及对大学生正当利益的满足，通过马克思主义理论的正确引导，让大学生感受到实际生活中思想政治理念的运用效果。只有将思想运用到实际问题的解决中，才能够使学生认识到思想理论教育的重要性，进而满足和谐社会的发展需求。① 提升大学生道德实践能力和水平，可从以下几个方面着手：

首先，针对贫困学生，解决其思想问题。我国贫困学生数量众多，贫困问题不仅给大学生自身带来了影响，也牵动着学生的家庭，对我国教育整体质量的提高有阻碍作用。因此，要针对贫困学生的具体情况，推进个性化的道德养成教育。积极动员社会力量帮助这些贫困学生解决道德认识和思想观念问题，为贫困学生提供勤工俭学的机会，在面对问题和解决问题的过程中引导贫困生形成正确的思想观念，鼓励他们发扬艰苦奋斗、自强不息的精神。

其次，关注大学生就业问题。近些年来全国高校学生的迅速增加，少数学生在毕业后很难找到工作，出现了"一毕业就失业"的现象。因此，必须紧紧抓住毕业的有利时机，对无法顺利毕业的学生有针对性地开展道德说服教育，教育他们不怕艰难困苦，要乐于奉献，从思想道德层面多鼓励、支持这部分大学生到祖国基层就业、创业。同时，要及时加强大学生就业的指导与服务系统

---

① 陈茂生. 新媒体与思想政治教育载体研究 [D]. 武汉：华中师范大学，2007：43.

建设，为大学生创造更加优质的就业环境，积极引导大学生从实际出发，培养大学生从基层做起的就业观念，鼓励大学生自主创业，激发大学生的创新精神，引导大学生养成良好的干事品质和创业创新意识。

最后，要处理好大学生的心理问题。大学生能否适应环境的转变，能否积极地面对挑战，能否运用现实理性的态度去处理社会中存在的不和谐因素是至关重要的。[①] 社会环境的复杂性，考验着大学生的心理素质，尤其是遇到不公平的事情时，大学生就容易产生一些心理问题。高校思想政治教育工作，要基于大学生的个性特点，选择教育内容并制订相应的教育计划，培养大学生形成良好的品德与心理素质，重点从大学生的抗压能力和受挫能力着手，从大处着眼、小处着手培养大学生的心理素质，使大学生拥有一定的抗风险能力和承受能力，能够运用合理竞争机制，发挥自身长处，与社会共同进步，进而成长成才。

第四节　个性化学习视域下大学生思想政治教育方法的创新

一、自主性思想政治教育法

首先，自主的学习方式是实现自主性思想政治教育的途径。自主的学习方式是与被动学习方式相对的，它与传统"填鸭式"教育的学习方式不同，是学习者进行自我学习的方式。学习者拥有自发的学习动机以及积极的学习行为，通过自主学习能够获得知识和能力，进而实现学习者全面进步。自主性的思想政治教育具有一定的独立地位，是一种存在于社会的内部需求与德育观念，能够对人生价值与意义产生影响。自主性的思想政治教育是存在于教育者与被教育者之间的自主性校园教育，需要遵守自由、平等、理性的原则。自主性思想政治教育具有客观、合理的特性，还包含情感方面的稳定性，能够体现出人的个性。自主性思想政治教育是对教育者与被教育者的双重尊重，这也是与传统思想政治教育方式的最大区别。

其次，开展自主性思想政治教育是大学生思想政治教育的现实诉求。当今社会环境对自主性德育方式提出了较高的要求，这主要表现为对人的个性素质方面有更加直接的要求。由于现代社会为人的个性发展提供了良好的环境和空间，又由于社会对个性的要求越来越明显，作为人的个性化特征之一的自主

---

① 王韬. 论思想政治教育传播的效果与优化对策 [D]. 南京：河海大学，2007：46.

性，也会成为社会与个人发展所追求的目标。[①] 新时代的学习手段与新媒体紧紧联系，为了满足社会对自主性思想政治教育的要求，积极地运用新媒体进行条件与机遇的创造也是一种必然选择。

在新时代的媒体环境下，自主性思想政治教育具有发挥教育者与被教育者双重个性的特性，有利于大学生自主地进行道德思想、行为、能力和习惯的培养。自主性教育更加注重个人自主行为的培养，使传统思想教育方式中的他律方式向自律为主的培养方式转变。它不仅要考虑社会道德思想方面的需求，还要考虑个人的道德需求，注重自我道德意识的培养。

最后，自主性思想政治教育的目的是引导大学生形成良好的道德意识。为了达到自主性思想政治教育的目的，必须要注重大学生个性化的发展，积极引导大学生形成良好的道德意识，使自身行为符合社会环境的发展要求。[②] 这就需要大学生不仅能够掌握正确的思想道德知识，还需要在此基础上，将知识进行内化，形成自我约束和遵守的道德意识，进而转变为实际的道德行为和习惯，最终升华为内在品质和精神。在此过程中，受教育的主体要经过道德形式的不断转化，才能够使自我身心得到成长，经历一种具有逻辑性的发展过程。

二、参与式思想政治教育法

参与式思想政治教育具体指的是生活、社会活动的体验性教育方式，是学生在学校、社会的真实生活中通过亲身参与活动来接受思想政治教育的方式。参与式思想政治教育具有实践、开放和不断再生的特性，其本质体现在实践特征中。学生在实践中产生主观认识进而形成客观行为的过程，是将实践产生的思想政治知识与观点内化，形成学生自身品德素质的过程。参与式思想政治教育的开放性具体表现为思想政治教育是通过学生在实际生活中的参与完成的。这一过程需要教师建立相应的情景模式，来进一步提高学生的兴趣，满足学生需要。参与式教育是一个在社会环境变化下不断再生的过程，需要不断适应学生的新观念、新兴趣与新需求。另外，个性化学习与参与式思想政治教育的内容相契合。在个性化学习下，参与式教育的发展条件得到了满足。

当前迫切需要的就是确立与个性化学习相适应的参与式教育方式，满足当代社会对教育模式的创新需求。当前，可以利用网络多媒体的即时性与交互性进行大学生参与式思想政治教育活动，同时也可以利用网络的传播特性，建立

---

① 王长乐. 自主性德育论 [D]. 南京：南京师范大学，2000：34.
② 张耀灿等. 思想政治教育学前沿 [M]. 北京：人民出版社，2006：350.

教育活动交流平台,使大学生更加积极地参与其中。因为网络不受空间与时间的限制,教育者与被教育者能够更好地相互了解和及时沟通。这样不仅为大学生提供了个性化的交往环境,而且有利于教育目标的实现,属于真正意义上的个性化学习。[①] 通过网络这个虚拟空间,学生能够自由地选择社区和论坛形成自主的人际互动关系,互相交换意见,这对学生群体意识与互相合作的思想观念的形成具有较大的推动作用。个性化学习中参与式思想政治教育的实施可以从以下几个方面进行:

首先,要广泛应用网络来开展参与式思想政治教育。通过网络媒体,建立学校、家庭与社会之间的相互联系网,通过设置校园微博、微信公众号等思想政治教育网络平台和家长信息反馈平台等,使学校、家庭与社会相互融合。当代的思想教育并不是对个体单方面的教育,参与式思想政治教育需要社会各个部分的共同参与,顺应其发展趋势,围绕学生建立学习公共环境,使每个大学生能够有机互动,在互动中受到有效的思想政治教育。

其次,可以利用网络媒体激励学生积极参与,强化其在思想政治教育活动中的主体性。网络媒体是一种共同参与、展现个性的平台,学生能够在这个平台上自由地获取信息和发表观点。教育工作者可以通过微博、博客等进行教育内容的议程设置,积极引导大学生参与讨论,使其自主地接受思想政治教育。

最后,网络媒体的个性化特点中包含了广泛的交互特征,学生能够通过网络与广泛的人群进行相互交流,进而获得社会实践经验。与此同时,由于网络平台的虚拟化特征,创造了平等的交往空间,学生交流时只存在不同观点,不存在不同身份等级,这样虚拟化的平等身份能够更好地对学生进行参与式思想政治教育,更易使学生接受大学生思想政治教育的理念、内容及相关要求,使大学生能主动地参与到大学生思想政治教育的全过程中去。

三、主体间性思想政治教育法

传统思想政治教育理论往往片面强调教育者的主体性,忽视受教育者的主体性,主张"教师中心"模式(即主体—客体模式),不利于受教育者主体性的发挥,并在一定程度上制约了受教育者个性的发展,从而使得德育容易与人的发展脱节。现代人本主义教育理论则一反传统,提出了"学生中心"模式(即客体—主体模式),片面强调受教育者的教育主体性,忽视教育者的教育主体性,导致受教育者因缺乏教育者的指导而处于一种盲目的、自发的自我教育

---

① 任兰香. 论参与式德育 [J]. 中山大学研究生学刊(社会科学版), 2006, 27 (3): 155—159.

状态，教育效果也不佳。

总结经验教训，有的学者提出了思想政治教育主体间性的概念："思想政治教育主体间性是教育者与受教育者在教育实践基础上的有机联系，是教育者和受教育者在交往实践过程中的相互影响，是对思想政治教育主体的扬弃。"① 抑或是："思想政治教育主体间性是思想政治教育交往实践中，和谐共处的思想政治教育主体共同作用于教育客体而构建的思想政治教育主体间的关系属性，是研究和规范一个主体（教育主体）怎样与完整的作为主体运作的另一个主体（受教育者主体）相互作用的。"② 在借鉴上述观点的基础上，笔者更赞同的是所谓思想政治教育的主体间性，是指在思想政治教育中，作为主体的教育者与同样作为主体的受教育者之间的平等交往互动的过程。③

主体间性思想政治教育是对思想政治教育过程中大学生主体地位的强调与强化，以增强大学生的主体意识与主体能力为根本目标。主体间性思想政治教育，不仅强调教师的主体性，也强调学生的主体性，是双主体的相互作用过程。

（一）尊重受教育者的主体地位

在传统的思想政治教育中，将受教育者作为教育的客体，否认了其在教育活动中占据的主导地位，这一原因导致受教育者主观能动性难以发挥。但是在教育活动的实践中，教育者与被教育者同样是教育活动的主体双方。双方是平等关系，相互影响和渗透。这种平等的相互关系是思想政治教育活动顺利进行的重要因素。只有对双方的主体性加以确定，主体地位被尊重，才有利于思想政治教育的开展。④ 在思想政治教育活动中，受教育者的主体地位主要体现在知性与德行教育上。前者主要体现的是思想内容的选择与获取，是一种通过科学认知以记忆知识形成的理性意识；后者指的是对思想政治教育价值内涵的一种内在理解与体验，通过自身形成的理论知识与现实生活相结合，在实践中获取思想的价值与意义，对自身人格的形成和品德的塑造发挥引导作用。⑤ 两者要形成统一的和谐关系，不能只偏重一方。主体间性思想政治教育要努力实现

---

① 张耀灿，刘伟. 思想政治教育主体间性涵义初探 [J]. 学校党建与思想教育，2006（12）：8—10.
② 闫艳. 交往视域中的思想政治教育 [M]. 北京：人民出版社，2011：100.
③ 林伯海等. 思想政治教育的人学取向 [M]. 北京：现代教育出版社，2015：142.
④ 唐毅. 网络德育的主体性与生活性分析 [J]. 学习月刊，2010（1）：121—123.
⑤ 王长乐. 自主性德育论 [D]. 南京：南京师范大学，2000：29.

主体人格与品德的内在升华。

（二）关注受教育者的现实需要

传统思想政治教育容易忽视现实的教育需求，盲目地追求思想政治教育的理想化，片面追求整齐划一，被制定的狭窄的规则条框所限制，进而导致思想政治教育主体化偏离方向，严重阻碍思想政治教育工作的进行与意识的培养。人的需要是多样的，而且也是多层次的，包括物质需要、精神需要、生存需要、发展需要、享受需要等，这些需要构成了一个有机整体。人在某种需要得到满足后才会产生新的需要，这一特性体现出了人的主体性和超越性。它不仅对人的主体性与能力的发挥起到巨大的促进作用，还能够推动其生命价值的体现。人的主体性中包含了多样的个性需求，因此在主体间性思想政治教育工作中，不仅要强调主体地位，还需要满足这些个性化的需求，并将这些需求与内在需要进行结合，进而引导其提高思想水平。[①] 在个性化学习视域下结合人的主体性特征，合理制订多层次的思想目标，将实际与个性相融合，才能够使学生更好地理解吸收以及内化思想政治教育的内容。这样的思想培养方式更加符合社会的现实发展需求，具有明显的个性化特征。

（三）重视受教育者的成长"境遇"与"先见"

环境的影响对于人格塑造的作用是巨大的。每个人不同的生活环境导致其接触的人与事也不同，在成长过程中形成的自身经验和理性认知，通过选择性地理解与接受，进而形成了人的思想品德。正像哲学中说的境遇与先见，指的是人们固有的观念与经验等因素，决定了人理解与接受的前提条件。在人的现实状态中，包含了人的过去、现在与未来，通过过去与现在的理解认识，可向人们传达将来的存在状态。我们在思想政治教育工作中，强调受教育者地位的发挥，并不是单纯地指受教育者主动进行知识原理的学习与实践，更多地是指受教育者作为一种精神主体存在其中。尊重其主体存在就必须重视受教育者的经历与已形成的观念，建立在这种观念的基础上加以教育形成新的观念，这种教育方式是具有建设性的，充分地体现出了对受教育者主体性的尊重。受教育者要摆脱固有观念的束缚，以开放的心态接受新的理念和思想，对自身世界进行不断建构完善，进而形成自主的、独特的内心精神状态。网络时代，更加需要重视受教育者的网络自律及成长，通过网络促使受教育者不断进行自我教

---

① 胡玉辉，徐栋梁. 走向主体间性的网络德育 [J]. 思想政治教育研究，2010，26（3）：93-95.

育，提升自我修养，形成良好的网络道德人格，促进自身全面发展。①

四、嵌入式思想政治教育法

思想政治教育过程是一个将存在于社会实践中的自我思想和观点嵌入到社会的形态、制度和结构中的过程。这一过程体现出了思想政治教育的嵌入式特征和趋势。

思想政治教育是嵌入在社会结构中的，具体来说，就是嵌入在社会的政治、文化与经济等实体结构中的。思想政治教育服务的主体是社会思想的上层建筑，是社会观念形成的重要因素。因此，思想政治教育是存在于社会规范制度结构中的。

嵌入式思想政治教育方法的实施，更加注重深层理论基础的强化与实践的积累，是一种具有创新性与高效的教育方式，是未来思想政治教育发展的新方向。

个性化学习视域下嵌入式思想政治教育的优势具体表现在两个方面：一方面是能够符合当今时代大学生的个性化特点与行为模式；另一方面是嵌入式教育不受到时间和空间的限制，通过媒体和网络，随时能够对学生进行思想教育。② 嵌入式思想政治教育的实施可以通过网络来实现，可将思想政治教育内容放在虚拟环境中，供学生查阅和选择，实现其教育目的。另外也可以通过借助设备来实现，通过学生利用率高的手机软件，例如微博、微信等网络平台来开展思想教育。这一方式具有互动交流频繁、易于接受的特点，并且能够增强沟通的亲和力，进而提高教育效果。也可以通过媒体空间中的热点问题和特定情景进行嵌入式教育内容的传播，在对热点问题进行讨论的同时，引导学生进行思想的批判和道德的选择，最终提升学生的思想政治理论水平。

具体来讲，要在个性化学习视域下很好地实施嵌入式大学生思想政治教育，就要切实抓好以下几个环节，并在每个环节中隐形植入大学生思想政治教育内容：

第一，在大学生个性化学习的课程开发环节要植入大学生思想政治教育的概念、原理信息。个性化课程开发中，要切实注重把学科课程与大学生个人品质发展相关课程有机结合。在课程设计上，鼓励突破学科课程的限制，构建个性化的课程体系，积极适应大学生个性发展的内在需求。学科课程既要精心选

---

① 肖永梅，胡树祥. 论网络主体的道德自律 [J]. 思想理论教育导刊，2005（4）：63-67.
② 赵丽华. 图书馆嵌入式信息素养教育研究 [J]. 现代情报，2011，31（3）：127-130.

择大学生共同掌握的基本内容，又要主动适应大学生个体的需要。积极构建适应学生个性发展的个人课程，积极构建师生双向协调、沟通、协商和反馈的个人课程。在课程设计的基础上，还要将大学生个性化学习与集体学习有机结合，在两种学习方式中嵌入大学生思想政治教育的范式引导。在具体的引导过程中，要将教师指导的个别化学习和学生的自主学习相结合，突出教师指导和学生自学，这样不仅可以用课程引导大学生养成良好的思想品质，还可以使得课程设计达到因材施教的目的。

第二，在个性化学习目标制订的环节中植入大学生品质发展的差异化、个性化、自主性的阶段目标。在个性化学习目标制订的过程中，要充分考虑每个学生的情绪、兴趣、思维和个性风格的差异，准确建立个人发展目标台账，做好职业生涯发展规划。在整个过程中，做到动态观察和记录，尤其重点关注那些具有奇思异想的学生，只有这样，每个大学生才能在自我目标的指引下，实现个性化发展。

第三，在个性化学习方法指导环节植入大学生思想政治教育的方法论。比如，在学习观的指导上，什么是学习？人为什么要学习？学习有什么意义和作用？学习成功和失败的标志是什么？怎么才能做到快乐学习？学习的最终目的是什么？针对这些问题可以对大学进行思想政治教育，利用这些环节植入大学生思想政治教育内容，充分利用好这些环节，让每个大学生从思想上树立起正确的学习观、学习价值观和学习成败观。

第四，在个性化学习的流程和个别化指导中植入大学生思想政治教育内容和方法。在个性化学习的师生诊断、学习处方和计划原则的三步流程上，切实加强教师的指导力度，多采用教师"TT"协力体制（教师合作参与教学过程的方式），健全学校个性化学习指导组织，强化PAT校外协力体制（学校与社会相沟通并有效利用社会中的专门人才为学校育人服务的体制），在此环节，要特别注重大学生思想政治教育每个步骤的个人表现，认真观察，详细记录，实时调整个性化学习中的大学生思想政治教育策略。

第五，在个性化学习反馈环节植入大学生思想政治教育内容，对每个大学生进行教育和引导，让其树立正确的学习观和世界观、人生观、价值观。

第六章　个性化学习视域下大学生思想政治教育队伍建设方式方法与评价机制的创新

第一节　个性化学习视域下大学生思想政治教育队伍建设方式方法的创新

一、教师队伍建设方式方法的创新

（一）实行师生"点对点、一对一"的动态结对帮扶机制

在大学生思想政治教育实践中，有机引入师生"点对点、一对一"的动态结对帮扶机制，创新开展大学生思想政治教育，激活并挖掘现有教师队伍的潜在能力。思想政治教育的结对帮扶机制指的是：任课老师和学生之间建立固定的思想政治教育和辅导方面的思想沟通和交流机制。高校个性化学习中，实施导师制有其实现的可能性和必要性。

可能性主要体现在以下三个方面：一是教师具有权威性。高校的思政教育教师大多是硕士或博士毕业，教师在学问、阅历上比学生高出许多，容易赢得学生的尊重和爱戴。任课教师也是从大学阶段走过来的，能够为大学生的思想政治学习提供有益的参考意见和建议，而这些意见也容易让学生接受。这种对大学生的间接教育方式比单纯的说教式更有成效。二是教师本身具有示范和引导作用。教师在思想政治教育中发挥着带动和示范作用，教师在课堂上的言行对学生有潜移默化的影响。三是高校充分利用教师资源，有利于思想政治教育和学生学习相结合。[①]

必要性主要体现在三个方面：一是导师制是高校思想政治教育方式的一种，也是教育实践的方式之一。在我国传统教育中，教师通常注重知识的传

[①]　杜亮. 3G 背景下大学生思想政治教育载体研究［D］. 济南：山东大学，2010：52.

输，注重自身专业素质和技能的提升，而忽视教育的根本目的——"育人"，这就导致思想政治课程的"育人"成效不理想。结对帮扶机制有助于把教育的宗旨落实到具体的教学中。一方面它能坚定教师教书育人的正确教育理念，推动"育人"的落实；另一方面，它也能推动教师亲近学生，使教师了解学生的内心真实想法，从而推动教师教学工作的改进和提高。[①] 二是实行导师制也能促进教师自我教育和进步。育人先育己，教师要想成为大学生的导师，必须不断提升自身的理论知识、工作能力、道德修养，不断更新完善教学方法和课内外指导大学生内化思想政治理论的技巧。教师在引导大学生思想政治学习以及帮助学生解决实际问题的过程中，也会不断提升自身的技能和道德素质。三是导师制度创新了高校思想政治教育模式，扩大了思政教育队伍和思政教育的影响面，从整体上提高了思想政治教育成效。

在结对帮扶机制实行过程中，应选拔优秀的教师参与。具体而言，高校应完善和严格思政教师选拔制度，遴选优秀教师帮扶大学生解决思想政治教育中遇到的难点和问题。学校既可以根据实际情况组织优秀教师主动参与帮扶机制，也可以让学生或班级主动选择喜欢的教师任课，进行针对性帮扶。此外，还应建立约束制度。高校要根据不同情况制定科学的管理措施，既明确教师的责任和教育目标，又约束导师的行为，将导师制度落到实处。

实施"点对点、一对一"的动态结对帮扶机制可以从以下三步来努力：

第一步，从大学生中摸排，将家庭经济困难、学习困难、身体残疾、就业困难等各种需要关心关爱和帮扶的大学生筛选出来，通过编制代号的方式建立相应的困难学生帮扶数据库，然后面对面详细告知学生"点对点、一对一"动态结对帮扶机制的具体实施办法，征得帮扶学生的同意，并对帮扶信息保密。

第二步，结合实际情况制定"点对点、一对一"动态结对帮扶机制实施办法。在实施办法中，明确规定帮扶机制实施的目的及意义、实施的机构、聘任的条件、工作的职责以及考核评价的标准等，制定完成后向参与帮扶的教师和参与帮扶的学生展示，征求他们的意见，反复修改后予以实施。在结对帮扶机制实施办法中重点明确名誉班主任和副班主任等的工作职责。

名誉班主任的工作职责要明确以下几个方面：一是名誉班主任要采取集体指导与个别指导相结合的方式，坚持每学期与学生至少见两次面、做一场交流；二是对学生进行思想引领，在日常的思想政治教育过程中引导他们树立崇高的理想和正确的"三观"，激励他们成长成才；三是指导学生参加各类科研

---

① 杜亮. 3G背景下大学生思想政治教育载体研究[D]. 济南：山东大学，2010：52.

文体实践，训练他们的科学思维方式，提升他们自主学习、自主实践的能力；四是协助专业教师指导学生的学位论文撰写、专业实习等，加强思政教育同专业教育的协同推进；五是帮助学生养成良好的学习生活习惯，提高他们的学习效能和生活质量；六是积极开展对学生的心理疏导和心理危机干预，维护他们的心理健康；七是加强对学生的职业发展教育，帮助他们做好未来发展规划与职业选择；八是对学生教育管理和人才培养等工作提供积极建议，与辅导员、班主任保持有效沟通和交流。

副班主任的基本工作任务是协助班主任开展班级工作，搞好班风、学风建设，其具体工作职责：一是加强自身道德和学术修养，做到以健康向上的精神面貌面对每位同学；二是参与制订班级工作计划，坚持每学期找学生谈话不少于30人次，每月至少参加一次班会；三是经常深入班级，了解学生学习情况，在班级中营造一团正气和优良的学风，在专业教学、专业思想建设方面成为学生与专业教研组之间的桥梁；四是全面了解学生状况，协助班主任做好学生思想工作，对学生存在的问题及时解决并向班主任反映；五是深入大学生宿舍，协助班主任培养学生良好的学习生活习惯；六是关心班级中的特殊群体（拔尖学生、家庭特困生、少数民族学生、有心理困惑者、网络成瘾者、身体有疾病者、学生干部、个性学生等），结合大学生性格特点分别给予指导和疏导；七是对学生教育管理和人才培养等工作提供积极建议，并与辅导员、班主任保持有效沟通和交流。

第三步，在现有教师队伍中充分挖掘和吸引有爱心、有责任心且愿意与学生结对的教师加入，对于有高级职称、职务的教师可采用名誉班主任的方式吸引他们加入，采用前期考录、中期考核、后期考评相互结合的方式，发挥这些教师在大学生的思想引领、价值观念构建方面的潜在作用；另外，通过副班主任或者大学生生活知心朋友的形式，让青年教师从学习、生活方面关心关爱结对的大学生。

（二）推广师生共建，形成全员育人氛围

师生共建出现在传统教育模式的精英教育中，它对促进高校的育人工作发挥了积极作用。在个性化学习中，要推行师生共建这种全员育人教育模式，进而增强和不断完善大学生思想政治教育工作。[①]

师生共建的高效性主要表现在三个方面：首先，它凸显了大学生的主体性

[①] 赵敏. 新媒体视阈中的大学生道德教育创新研究 [D]. 济南：山东大学，2012：47.

地位，增强了学生参与校园建设的积极性和主人翁意识。学校通过师生共建的模式，激发大学生积极参与校园文化建设的兴趣，凸显大学生在校园建设工作的主体地位，同时还能推动大学生兴趣、爱好、意志和性格等非智力因素的发展和完善。其次，校园丰富的各种共建实践活动，更有利于教师了解学生、认可学生、引导学生，增强教师参与大学生思想政治教育的积极性。最后，师生共建能推动师生双方共同进步。在师生共建过程中，教师以自身道德品质、专业素养来正确引导学生，学生以师为范，自觉提升自身的道德修养，优化相关行为。① 此外，在教育实践过程中，学生把出现的问题及时反馈给教师，有利于教师改进和完善教学，高效推进教育实践。

推广师生共建，对顺利实施大学生思政教育具有重要作用。在师生共建过程中，既要注意科学规划建设内容和发展目标，立足思想政治教育内容，追求特色教育，充分发挥优势；又要定期进行总结，推广交流经验，以合理的考评方式来保证活动的展开和完成，最终实现良好的成效，推动全员育人格局的形成。

在师生共建的过程中，要积极引导大学生充分发挥自我潜能，实现大学生自我人格的自由个性发展。教师要引导大学生注重个人的自主性、个体创造力、个体意志力的培养，注重从大学生个人的爱好、兴趣出发，根据每个大学生的个体状况，建立以大学生为主体的思想政治教育方案，根据学生的能力和需要状况开展自主的教育工作，引导每个大学生产生强烈的自我发展想法，确定现实而可及的发展目标，遇到现实困难积极去克服，实现自我的提升。在实施共建的过程中，有一点需要特别注意，那就是要不断加强与大学生的交流和沟通，实现协调统一，引导大学生结合自身的情况，不断进行大胆的尝试和探索，突破固有思维的束缚，不断探索新的解决问题的思路、方法、途径，进而磨砺学生的品质，引导每个大学生形成和自己性格相匹配的独特品质。

笔者在访谈中了解到部分高校在师生共建、全员育人方面有很好的事例。比如有的高校，主要从共建制度建设、硬件设施保障、软件智力支持三个方面来完成师生共建，达到全员育人的目的。首先，部分高校结合学校的实际情况制定了详细的规章制度，并反复征求师生的意见和建议，然后试行一段时间，最后才将师生共建制度固定下来。在实施的过程中，若是遇到新的条件和变化，还会进行修订。其次，部分高校加大硬件设施保障的投入，建立了师生共建项目中心、师生实习互动实验室等。此外，还建立了师生友谊中心、洽谈中

---

① 赵敏. 新媒体视阈中的大学生道德教育创新研究［D］. 济南：山东大学，2012：47.

心、咖啡吧和师生阅览室等，并安排志愿者进行值班，为师生提供良好的硬件保障。最后，部分高校在软件智力支持上为师生共建提供帮助，开展师生座谈、交流、互动，并建立动态台账，通过动态台账实时跟踪并分析师生共建中做得好的地方和不足的地方，将成功经验进行认真梳理和总结提炼，编写成小册子，分发给共建的机构和师生，使其进一步发展扩大；对不足之处进行认真思考和改进，经过认真研讨后，进一步对其进行改善。这一点在对大学生的访谈中也得到了验证。

在校大学生：S8，男，中共党员，中南大学，长沙市

在我所在的中南大学实行了师生共建制度。我一进入大学就参加了中南大学外国语学院的一个师生共建项目——中南大学外国语学院与贫困山区儿童结对共建红色小学班级活动。我们认为贫困的根源是思想的局限，因此，从小就要教育孩子努力学习，发奋图强。学校每年都会选拔大学生去师生共建的项目中历练自己，通过共建项目来育人。

（三）形成选拔任用、教育培养和竞争择优的用人机制

个性化学习视域下，要力争形成一种大学生思政教育队伍选拔任用、教育培养和竞争择优的用人机制。要立足发展的需要，科学地制定大学生思政教育工作队伍的职业技能标准，严把"入口"关；抓好思政教育工作队伍的业务培训，逐步提高思政教育队伍的职业素养；强化联合培养，提升高校思政教育工作队伍的能力，拓宽他们的视野。可以采用进修班、训练班、研修班等形式，学习的内容包括马克思主义理论经典知识，马克思主义的心理学、教育学和共产主义道德学等基本理论知识，培训班可安排在不同的时间段，来满足个性化学习的需要。在选择大学生思想政治教育干部时要形成竞争择优的局面。要实行双推双考公开选拔竞争机制，通过建立和完善民主推荐制度、民主评议制度、差额考察制度、考察结果通报制度、领导干部任前公示制度等，完善大学生思想政治教育干部能上能下、能进能出的机制。大力推行领导干部聘任制、选任制、公示制、试用期制和干部交流制、辞聘制，形成竞争择优、充满活力的用人机制。重点要明确思政教育队伍的构成、定位和分工，强化大学生思政教育队伍建设的政策保障；加强队伍培训，重点是要保证大学生思政教师队伍建设规范化；在及时成立大学生网络思想政治教育的领导队伍、建立精干的专职队伍的同时，提升大学生的网络素质。

二、管理队伍建设方式方法的创新

思想政治教育管理队伍是高校师资力量中不可缺少的重要组成部分，是实现思政教育目标的基本保障。在个性化学习广泛开展的今天，思想政治教育管理队伍也在不断发展壮大。

（一）实施专兼结合，不断提高思想政治教育管理队伍素质

传统的高校思政教育工作队伍主要有高校党政和共青团干部、思政课任课老师、辅导员以及班主任等。党中央、国务院颁布的《关于进一步加强和改进大学生思想政治教育的意见》强调，高校党政和共青团干部、思政理论课老师、辅导员以及班主任，是大学生思想政治教育队伍的主体。① 高校党政和共青团员干部主要从事对大学生思政教育的组织、协调和管理工作。思政理论课老师根据教学内容和特点对学生进行思想政治理论教育、道德素质教育以及人文素养教育。辅导员和班主任是指导和教育大学生的中坚力量。辅导员要根据党委的要求，有目的、有针对性地对大学生进行定期思想政治教育。班主任担负着大学生在思想、生活和学习上的指导重任。从事高校学生思想政治教育的工作人员，都必须坚持党的正确领导，加强思想政治修养，增强责任意识，为大学生的心理健康成长提供有益借鉴和指导。高校大学生思想政治教育队伍建设应坚持以专为主、专兼结合的管理策略，不断改进高校思政教育管理队伍建设。

一是继续增加高校思想政治教育工作者的数量，确保教育活动的顺利进行。随着高校的不断扩招，大学生的人数与日俱增，但是高校从事思想政治教育的教师数量和比例并未提高太多。因此，要想提高高校大学生思想政治教学质量，促进思政教育的顺利进行，首先就要增加思政教育人员，充实教育工作队伍。从当前的发展形势来分析，要逐步增加"两课"教师的数量、增加辅导员和班主任的数量。以辅导员的配备为例，师生比例大于1：200才是比较合理的。② 只有确保思想政治教育队伍的稳定性，才能顺利地进行其他各项教育工作，才能确保大学生思想政治教育的顺利实施。

二是不断完善兼职辅导员和班主任工作模式。在保证大学生思想政治教育

---

① 王韬. 论思想政治教育传播的效果与优化对策 [D]. 南京：河海大学，2007：35.
② 韩柏光. 大众传媒对高校思想政治教育的影响与对策 [J]. 广东技术师范学院学报，2005（2）：78-81.

专职教师队伍的基础上,还要不断地增加兼职辅导员、兼职班主任,逐步完善高校大学生思想政治教育工作制度和模式。兼职班主任和辅导员是配合专职辅导员和班主任的工作而推行的工作模式,但是在某些方面兼职工作发挥的作用要比专职管理的效果更好。[①]例如,兼职辅导员通常由高校优秀任课教师兼任。任课教师和学生的接触时间更长,更了解学生的真实需求、学习态度以及道德素质,也就更容易受到学生的尊重和信赖。此外,在课堂中教师的言传身教更容易影响学生,兼职教师还能把专业知识传授和思想政治教育有机结合起来,起到的作用就很好。特别是在当前个性化学习中,从事思政教育的师资配比不足的形势下,更应注重兼职教师队伍的建设。尤其是在高校中,"两课"仍然是大班化教学,生师比过高,教师的人数相比学生非常缺乏。要实现教师队伍尤其是教师管理队伍的创新,就要在增加专业教师人数的基础上,大力调整现有教师队伍的结构,进而不断改进和完善专兼职辅导员和班主任工作制度,严把选拔关,强化管理机制,健全奖励措施,推动兼职辅导员和班主任的工作顺利实施。

三是促进思想政治教育工作队伍专业化发展。在高校教育大众化发展趋势下,很有必要探索和研究思政教育队伍的专业化和职业化发展道路。

第一,教育队伍结构必须要合理。在高校个性化学习中,思政教育教学队伍的结构要进行合理优化,既要体现出老中青合理组合、男女比例合理,又要确保专兼职人数比例科学合理。目前要注意增加专职人员编制,这不但有助于促进思政教育工作的连续性,还有助于实现教育队伍的稳定性,实现思政教育工作的可持续性和稳定发展。

第二,教育队伍要实现稳定。个性化学习视域下,思想政治教育工作队伍中,党政干部和专业课教师是比较稳定的,但是辅导员和班主任队伍不够稳定,通常每四年会出现人才的流动和流失。要确保思想政治教育的高效性就必须保证教育队伍的稳定性。如此就需要高校从自身实际情况出发,出台一系列优惠策略,留住人才。高校一方面要给予物质保障,另一方面还要给予精神支持,鼓励辅导员把思政教育工作当成终身事业,并以专业化的态度、敬业的精神来工作。[②]

第三,要进行专业化培训。这就要求我们根据高校思想政治教育的发展目标来对教师队伍进行专业化培训,提升教育队伍的专业化水平和程度。高校要

---

① 王畅. 大学生思想政治教育保障机制的构建研究 [D]. 大连:辽宁师范大学,2007:39.
② 陈茂生. 新媒体与思想政治教育载体研究 [D]. 武汉:华中师范大学,2007:51.

对思想政治教育工作人员进行专业化的理论教育培训，提升队伍整体的政治素养和思想觉悟。同时，还要针对个性化学习下大学生思政教育的新模式和新特点，专门组织专家和培训机构对其进行培训，增强教育队伍的专业化训练，推动思政教育队伍的专业化、职业化发展。

第四，综合素质要增强。当前，在个性化学习视域下，高校思政教育工作者不但需要具备一定的组织、协调、管理、思想表达等基本工作技能，还要具备创新、研究、探索、就业指导、心理咨询等专业能力素质，以此来满足大学生思想政治教育管理的实际需求。[①] 在个性化学习视域下，高校的大学生思想政治教育工作者要更加注重综合素质的不断提高。因为高校的大学生思想政治教育工作面对的是个性迥异的大学生，每个大学生的性格、特点都不一样，爱好不同，这就要求思政教育工作者应广泛涉猎各类学科知识，要成为知识的"杂家"、工作上的行家。在一定意义上，大学生思想政治教育工作者的综合素质往往决定了其工作业绩。

（二）后勤服务队伍管理创新

随着网络信息技术的快速发展，高校的后勤服务队伍也在不断发展和创新。高校后勤服务队伍是个性化学习视域下思政教育实施的基础和保障，要想实现后勤服务队伍管理创新必须坚持以下三点：首先，要培养一批网络技术和思政理论素质兼具的服务型人才；其次，要建立以学生思想政治教育辅导为主的专业队伍，在个性化学习中进行思想政治教育；最后，要根据分类，建立论坛版主等网络媒体使用人员在内的学生党员队伍。[②] 前两支队伍的管理创新是高校在个性化学习视域下进行思政教育工作创新的基础保障。有效的创新方法是选拔一批具有一定网络信息技术基础的辅导员，进行专业培训，培养他们树立网络教育环境的理念，增强个性化学习中思政教育的理论研究能力。还要着重在硬件建设和软件提高上，充分挖掘和使用这一批有专业技能的辅导员，使他们发挥特长，为大学生思想政治教育工作贡献自己的力量。

[①] 刘希林. 高校思想政治教育机制的探讨[J]. 湖北民族学院学报（哲学社会科学版），2005，23（5）：76—78.

[②] 刘长海. 德育变革中的制度建设问题[J]. 教育科学研究，2010（2）：16—19.

第二节　个性化学习视域下大学生思想政治教育评价机制的创新

在个性化学习视域下，完善大学生思想政治教育评价机制，通过评价机制促进思政教育建设，促进大学生思想政治教育改革，是改进大学生思政教育的有效方法。在评价机制的创新中，要做到评价内容全面立体化；要确定评价的主体，教育的过程与途径要全面评价；评价的方法要确保科学，要坚持全面评价与重点评价相结合；要坚持评价主体的多元化和评价功能的激励导向化。具体来讲，首先，要把大学生思想政治教育工作纳入评价和考核高校办学质量和教学质量的指标范围，归入高校教育教学和领导管理工作评估体系。其次，制定个性化学习视域下大学生思政教育评价系统、标准和机制时要做到科学性，具备可操作性。最后，建立和健全大学生思想政治教育奖惩机制，定期奖励在思政工作中表现优异的单位和个人。完善个性化学习视域下的大学生思想政治教育评价机制，及时有效地反馈思想政治教育工作开展过程中存在的问题或者需要改进的地方，这对于思想政治教育下一步工作的开展具有重要的价值。

完善个性化学习视域下大学生思想政治教育评价机制，需要按照思政教育的规律从大学生思想政治教育的实际情况着手：一是要保证评价主体的多元化。思政教育的评价主体不能仅仅是教育者，还要包括受教育者，以及独立于教育者和受教育者之外的第三方组织。二是要实施双向的评价机制。在实际的评价过程中，要始终坚持双向的评价机制，不能存在教育者和受教育者以及独立于教育者和受教育者之外第三方不平等的思想，不能只是单向度的评价机制，要采取互动的、双向的评价机制，坚持评价别人的同时也要评价自己。三是要坚持评价过程的全面性，不能遗漏评价的内容，对所有评价的内容要全面对待、客观评价，从而保证大学生思想政治教育评价机制的公平、公正。四是坚持动态评价机制。要求建立动态评价台账，不能一评定性，要用多次评价的平均值来衡量大学生思想政治教育的效果。

为保证大学生思想政治教育的顺利开展和正确检验大学生个性化学习的成果，我们必须要在个性化学习视域下建立科学合理的大学生思想政治教育评价体系。在评价的过程中，大致要遵循以下几个原则：

一是要明确大学生思想政治教育的评价目的、评价标准。个性化学习视域下，对大学生思想政治教育评价的目的多种多样，如为了检验大学生思政教育的效果、为了改进大学生思想政治教育的措施等。在评价的实施中，应该重视将纵向评价和横向评价相结合，帮助思想政治教育工作人员及时了解大学生思想的变化情况，进一步了解大学生在思想政治教育下的个性化学习情况、个性发展情况、个人的特征和优点等，以便大学生思想政治教育工作人员及时调整教育方法。

二是要丰富大学生思想政治教育评价的内容，扩展评价的项目。传统的大学生思想政治教育评价机制不能全面反映出每个大学生各方面的思想政治情况，也很容易挫伤大学生思想政治教育工作者和大学生的积极性。为了鼓励学生，安抚思政教育工作者，必须要丰富大学生思政教育的内容，相应扩展其评价项目，使大学生在接受思想政治教育的过程中得到全面的进步，强化大学生实现自我价值的动机。

三是要创新大学生思想政治教育评价机制的方式，完善评价体系。大学生思想政治教育评价机制应该以过程性评价为最基本的形式，在过程评价的基础上注重结果评价，要充分结合每个大学生的不同特点，采用定性与定量相结合的方式进行评价。评价的主体要多元化，学生、教师、家长、社会、政府都要参与评价。评价的方式也要多样化，可以集中评价，也可以分散评价，可以校内评价也可以校外评价，可以采用书面评价方式、网络评价方式、口头评价方式和情景测试评价等，主要的目的是完善大学生思想政治教育评价的机制，为大学生思想政治教育的有效开展提供机制保障。

一、在教育评价中引入学生参与

个性化学习视域下，高校思想政治教育的根本目的是为党和国家培育符合中国特色社会主义现代化建设要求的合格建设者和接班人。所以，高校思想政治教育应把推动大学生的全面发展和进步作为评价指标。高校思想政治教育教学是一项动态的育人过程。所以，在对个性化学习视域下高校思想政治教育教学进行评价时，既要考虑到思想政治教育评价结果，又要考虑到思想政治教育的评价过程。[①]

在高校思想政治教育评价中引入学生主体，将学生的全面发展融入教育理念中，逐步摒弃传统学习中以书面考试为中心的考核方式，把学生作为评价机制的主体、出发点以及落脚点。在个性化学习下，高校思想政治教育评价机制进行创新时，不但要将学生纳入考评范围，还要把对教师的考评纳入。根据高

---

① 王畅. 大学生思想政治教育保障机制的构建研究［D］. 大连：辽宁师范大学，2007：37.

校自身的特点创建和完善符合学校实际情况的评价制度，以学生为主体，以促进学生能力、素质、个性以及人际关系发展为目标，不断挖掘其自身的发展潜力，调动学生积极参与其中，推动学生主动加入教育活动过程中。[①]

高校只有制定清晰的思想政治教育评价指标，才能对实际的思政教育教学内容、教学效果、教学成绩进行科学的评价和分析，才能实现评价制度的不断改进和完善，将不利于学生发展的内容进行调整和优化。

二、建立政府、社会、学校、家庭联动的思想政治教育评价体系

个性化学习的推广和普及对大学生思想政治教育评价机制提出了新的要求。高校要想完善个性化学习中的思政教育评价制度，必须要建立政府、社会、学校和家庭四级联动的思政教育评价体系。

（一）个性化学习视域下大学生思想政治教育评价的主体

个性化学习中，大学生思政教育主体的内涵和特点发生了新的变化，大学生要理性认识和主动适应这一改变，使其能够推动个性化思政教育的发展。这种新变化对高校思想政治教育评价产生了深远影响：随着数字化技术的快速发展，思政教育者和学生会出现暂时的主体性迷失。鉴于此，让他们理性地认识和正确评价主体是个性化学习中大学生思想政治教育评价体系要解决的第一要务。[②] 个性化学习视域下，高校思想政治教育评价的主体是对网络环境中大学生思政教育实施主动性评价的承担者和实施者，它主导着思想政治教育评价的进程。在个性化学习视域下的思想政治教育评价机制中，评价主体逐渐呈现出多元发展的现实特点。

在个性化学习中，作为思政教育主体的政府、社会、学校、家庭和大学生本人的多元化，决定了思想政治教育评价主体的多样性。个性化的学习，为建立这些主体联动制的思想政治教育评价体系创造了外在条件。并且，个性化学习逐渐打破了传统的区域、时间限制，降低了学习的成本，增强了各主体参与评价的即时性和互动性，这也就为评价对象自身、教育管理机构、企业用人单位分别进行自我评价、教育部门评价以及社会评价的实现提供了物质条件和基础。

---

① 焦贺丽. 网络对高校德育的影响及其对策研究[D]. 上海：上海师范大学，2010：53.
② 胡孝忠. 基于现代教育技术的大学生思想政治教育实效性研究[D]. 芜湖：安徽工程大学，2010：39.

在传统评价体系中，评价主体是教育专家或领导。他们在评价过程中发挥着主导和权威作用。个性化学习中的思想政治教育评价将政府、社会和家庭纳入评价体系中，可以推动这三大主体来支持思想政治教育，充分发挥思政教育的合力作用。① 笔者认为，评价主体的多元化是个性化学习视域下大学生思想政治教育评价的显著特点。各主体在评价过程中都发挥着重要作用，共同构建起思想政治教育评价体系。

具体来讲，个性化学习视域下，政府起主导作用，社会起约束作用，学校起关键作用，家庭起基础作用。在个性化学习视域下，政府对大学生思想政治教育的评价起到主导作用，无论是评价规则的制定、评价过程的实施以及评价结果的反馈等，都必须在政府的主导下完成。学校是大学生思想政治教育的主要阵地，大学生世界观、人生观和价值观形成的关键时期就在这四年，在这期间，大学生思政教育的效果如何直接关系到大学生的成长成才，关系到是否能达到高等教育人才培养的目的。当然，大学生对思政教育也最有评价权。社会是思政教育的大环境，社会对大学生思政教育起到约束作用。人都具有社会属性，在社会中工作或交往都会受到社会道德的约束和制约，没有人能不顾及社会的约束而做出违反道德的事情。任何一个人从呱呱坠地开始，最先接受的道德和教育都来自家庭，来自自己最初的老师——父母，所以，在整个思政教育评价体系中，家庭处于基础性地位。家庭能第一时间感知到孩子在思想方面发生的变化，在道德养成方面的点滴进步，家庭在大学生思政教育评价体系中的基础地位是名副其实的。

（二）个性化学习视域下思想政治教育评价的内容

思想政治教育评价的内容决定了评价是否科学、合理、客观和全面。个性化学习视域下思想政治教育评价应根据学习环境的改变来确定评价内容。

第一，教育主体和教学成效评价。评价内容主要有：大学生思想政治教育课程设置、管理和领导体制是否科学、合理、健全，任课教师配备比例是否标准，教师队伍素质的高低。② 在个性化学习中，任课老师和管理者作为思政教育的引导者，既要具备理论知识，还要具备信息辨别能力，也就是需要具备敏锐的信息分析能力、运用能力以及良好的信息道德素质，为大学生提供理论指导和信息分析。此外，还要帮助学生不断提高"免疫力"，提升思想道德素质

---

① 胡志明. 信息化时代大学生思想政治教育接受研究 [D]. 焦作：河南理工大学，2010：43.
② 刘岚. 网络环境对高校德育管理的影响及对策研究 [D]. 上海：上海师范大学，2004：39.

和水平，增强学生对真假美丑的辨别能力，促使大学生在个性化学习中的言行符合社会道德规范。从本质上来分析，对思想政治教育效果的评价就是对大学生思想政治教育的评价，这是个性化学习视域下大学生思政教育评价的主要内容。

第二，思想政治教育模式和教育方法评价。当前，高校普遍意识到个性化学习的重要性，并积极利用新的学习方式来学习思想政治理论。思想政治教育模式和方法的评价应从以下几个方面着手：一是是否充分利用互联网、多媒体、手机、数字电视等新载体，二是是否建立网络虚拟思政教育仿真中心和现实思政教育实验室，三是是否形成社会、家庭、学校和网络结合的立体思想政治教育模式，四是是否在思政教育中贯穿互动式、引导式、渗透式、体验式等大学生思想政治教育方法。

第三，思想政治教育策略和环境评价。网络信息技术的发展及由此引发的大学生学习条件变化，对大学生的学习模式、思维方式、心理因素、行为方式都产生了深远影响。高校为适应这一新变化，追求思想政治教育成效，亟须思想政治教育策略的支持。由此可知，思想政治教育策略和环境的评价十分重要。这一评价结果能够在很大程度上促进思想政治教育的创新，应对个性化学习中出现的各种挑战。

（三）个性化学习视域下思想政治教育评价的方法

个性化学习中，大学生思想政治教育评价的方法指的是在网络化、信息化学习环境中，大学生思想政治教育评价所选择的方式和手段。制定出科学、合理、规范和智能的评价方法是个性化学习视域下大学生思想政治教育评价实施的基础和前提。

定性评价和定量评价结合的方法。具体而言，定量评价是运用数据分析手段，对评价对象进行定量分析的方法。当前大学生思想政治教育评价大多采用指标评价，量化评价内容，将思政教育过程中的各要素状况抽象成简单的几个量化指标。在实际的指标设置和评价过程中充分利用网络化环境，准确地给出评价结果。[①]

其一，利用现代数据处理技术实现量化评价。必须根据设计评价方案对主体进行真实评价，并把评价数据结果输入网络评价基础数据资料中，以此作为评价主体的初始数据资料，之后根据评价方案进行综合评价。

---

① 邢璐. 基于人性化的大学生道德教育接受研究 [D]. 新乡：河南师范大学，2012：41.

其二，充分利用个性化网络环境，在定性评价过程中，降低抽样评价的样本限制和面对面评价的主观性，确保评价的客观性。

在具体的实施中，可以从以下几个方面着手：第一，建立每个大学生思想政治教育的"档案袋"。要针对每个大学生的不同情况观察和记录其日常的思想变动情况，可以采用问卷调查、开座谈会、个别交谈、标准化和非标准化的测试等方法，来了解每一个大学生的思想变动情况。在电脑中建立动态数据库，掌握第一手资料，为以后利用互联网对大学生进行差别化的思想政治教育打下了基础。第二，要对大学生的思政教育档案进行归类和整理。在对每个大学生进行观察和记录后，接下来就是要对相同或相近个性的大学生的档案进行分类和整理。在整理的时候可以采用加德纳的多元智能理论，把观察得到的学生思想变动数据按照大学生思想政治教育的要素进行分类、归纳、整理，以便于更好地开展大学生思想政治教育。第三，共建共享大学生思想政治教育数据库。在现实的大学生思想政治教育过程中，单靠一个、几个学生工作干部很难将每个学生的思想政治教育数据进行录入和整理，但若是将大家的工作形成合力，就可以尽量全面、客观地了解每个大学生，就有可能共同构建大学生个性化的学习档案袋和数据库。在构建数据库的过程中，还要经常和每个学生的家长、亲友、同伴进行交流，交换信息，互通情况，共建并共享大学生思想政治教育数据库。

采用自评和他评结合的方法。传统评价体系中也会使用自评和他评的方式，但是这种方式还需改进和完善。

在大学生思想政治教育的自评方式中，参照法是一个很好的方法。参照法主要是采用"自我参照"标准，引导学生进行"自我内差异评价"；采用"他人参照"标准，引导大学生正确评价他人；采用"量化参照"标准，评价大学生思想政治教育的效果。参照法评价大学生思想政治教育具有简单明了的效果，思想政治教育进行得有没有效果，通过参照法是最容易看出来的。

在大学生思想政治教育的他评方式中，政府评价起到了主导的作用。依据国内思想政治教育的现行评估机制，在教育主管部门委托、授权和许可下，相关部门或专业性组织可对大学生思政教育效能进行评估。"评估活动主要由各级人民政府和教育行政部门组织实施，由教育评估领导小组具体负责。"[①]

个性化学习视域下的思想政治教育主体和过程不断变化，要科学评价个性化学习下的大学生思政教育成效，还要促进形成性评价与终结性评价的有机结

---

① 李美花. 我国高校思想政治理论课程的设置与演进［D］. 长春：吉林大学，2010：27.

合，明晰形成性评价在终结性评价中的基础性地位，以及终结性评价对形成性评价的指导性。

（四）个性化学习视域下大学生思想政治教育评价的实施

个性化学习视域下，大学生思想政治教育评价的实施主要包括评价指标制定、政策推动、效果反馈和问题修正。

首先是个性化学习视域下大学生思政教育评价指标制定。个性化学习视域下，大学生思想政治教育评价的内容，上文已有详细论述，主要涵盖教育主体、效果，教育模式和方法，教育策略和环境。要针对这些方面制定评价标准：第一，思政教育主体和思政教育成效的评价标准。高校教师队伍是大学生思政教育的主要力量，责任重大。对教师队伍的评价有助于促进高校思想政治教育的健康、有序、稳定进行。对教师队伍的评价要从教师的受教育程度、教师思想政治素养、教师的责任心和职业道德等方面入手。第二，思政教育模式和思政教育方法的评价标准，具体涵盖：高校拥有大学生思政教育专题网站的情况；是否及时展开个性化教育，并进行引导和教育；是否利用社会和家庭教育的积极功能，发挥它们在大学生思政教育中的积极作用；是否将思政教育同个性化学习紧密结合。第三，思政教育策略和环境的评价标准。依托第三方教育评价机构，在统一的评价标准指导下，对大学生思政教育策略和环境进行考评。[①]

其次是个性化学习视域下大学生思政教育政策推动。通过立法，优化相关政策规定，构建个性化学习视域下的高校思想政治教育考评机制，明确和引领思政教育评价的基本方向。同时，建立对第三方评价机构的规范机制。依据构建的规范机制对第三方评价机构的从业人员进行审查。[②] 此外，还要完善监督和提升高校个性化学习视域下思政教育评价质量的制度，保证思政教育评价的有序推进。

最后是个性化学习视域下大学生思政教育评价结果反馈和问题修正。不能任由评价机制僵化，而要与时俱进地推进相关机制创新，特别是当前在网络化环境中，评价机制要根据社会发展来不断完善和创新，对思想政治教育评价的实施过程进行定期或不定期的检查，来实现最佳的评价效果。

[①] 黄世虎．高校思想政治教育效果论［D］．南京：南京师范大学，2002：35．
[②] 杜亮．3G 背景下大学生思想政治教育载体研究［D］．济南：山东大学，2010：39．

三、实施独立于学校和学生之外的第三方思想政治教育评价机制

(一) 政府在个性化学习视域下思想政治教育评价机制建设中的作用

较学校和学生而言,政府是大学生思政教育的间接参与者,可以作为第三方评价主体。政府在高校思想政治教育评价中应发挥重要作用。个性化学习下的大学生思想政治教育评价制度的构建和改进,都是在政府的宏观指导和指挥下进行的。个性化学习视域下,政府在高校思想政治教育评级机制的创建过程中起着引导和宏观管理作用:引导和规范高校的思政教育行为,明确大学生思政教育目的和原则,并引导学生为实现这一发展目的而积极创新学习。

个性化学习视域下大学生思想政治教育评价制度的构建,依赖于政府的各种政策支持和外部环境保证。政府利用各种政策向高校和社会彰显党和国家重视大学生思想政治教育,不断增强和提高政府重视大学生思政教育的态度,为高校思政教育提供各种政策支持。[①] 个性化学习视域下的大学生思想政治教育评价制度的不断发展和完善,离不开政府的积极引导及其他思政教育评价主体的支持。要建立科学完善的个性化学习视域下的大学生思想政治教育评价制度,单纯地依靠高校自身的资源和力量是远远不够的。政府的有效介入,能够在最大程度上带动社会、家庭和高校构成教育合力,建立完善的"政府—社会—高校—家庭"的四级联动评价制度。

(二) 政府主动参与个性化学习视域下思政教育评价机制建设的原则

在传统的大学生思想政治教育中,政府发挥主导作用的评价模式,已经不能适应当前高校中的个性化学习。因此,我们必须要转变评价模式,发挥好政府应有的作用,主要坚持两个原则:

第一,优化学习环境,丰富学习平台。个性化学习条件下,大学生思政教育面临着前所未有的挑战。学习环境的改变给思政教育带来诸多问题,个性化学习能否深入推进在很大程度上取决于政府的态度。此外,要根据个性化学习中大学生思想政治理论学习的特点,完善思政教育评价的载体和平台,充分借鉴和利用新媒体等现代手段。

第二,疏与导相结合,增强自主学习。政府的主要行为是创建各种评价团

---

① 蔡丽华. 网络德育研究 [D]. 长春:吉林大学,2006:39.

体或评价机构,并对其进行指导、监督和调控。此外,还要制定清晰的评价方法和策略,从物质和精神两个不同层面支持大学生思想政治教育评价机制。① 在个性化学习下,促进疏与导相结合,坚持自主学习,政府要放弃"单纯管理"的观念,进一步强化服务大学生思政教育全过程的意识,提高评价机制的规范化、科学化水平,借此推动高校个性化学习视域下思想政治教育的创新工作。

(三)积极实施个性化学习视域下大学生思政教育的奖惩评价机制

奖惩评价机制是政府参与个性化学习视域下大学生思想政治教育评价的有效方式。个性化学习视域下大学生思政教育评价模式的建立过程中,奖惩评价机制是必不可少的方式。② 个性化学习视域下,大学生思政教育的奖惩评价机制指的是以高校思政教育各环节中的教师和学生的教学成效和学习行为为依据,通过奖惩措施来实现思想政治教育的目的。

奖惩评价机制的目的。政府实施奖惩评价机制的根本目的是推动个性化学习视域下高校大学生思想政治教育评价机制的不断发展和完善。政府利用奖惩制度对在大学生思想政治教育教学中表现优异的单位和个人进行表彰,并给予一定的奖励。而对于在教学中出现重大失误和问题的,要进行通报批评给予惩戒。政府的这种奖惩评价机制,有助于个性化学习视域下大学生思想政治教育评价的发展和完善。

奖惩评价机制的内容。总体来说,主要涉及物质和精神两个层面:首先,物质层面的内容。对在个性化学习视域下大学生思想政治教育教学活动中表现突出且成绩优异的高校和老师要进行物质奖励,对自觉践行思想政治教育内容并积极付诸实践、表现突出的学生进行一定的物质奖励,对出现严重问题的高校教师和学生要进行必要的惩罚。其次,精神层面的内容。对于积极践行社会主义核心价值观的个人和集体,在个性化学习视域下大学生思想政治教育教学成绩优异且效果显著的高校和老师,要进行表彰和精神层面的奖励。③ 而对在思想政治教育教学中出现重大纰漏的学校,要进行通报批评或纪律处理。媒体应对个性化学习视域下思政教育教学中先进的事迹或优异成绩进行宣传报道,对违反思政教育教学内容的言行进行批评和曝光,通过媒体和舆论把奖惩评价机制切实落到实处。

---

① 蔡丽华. 网络德育研究 [D]. 长春:吉林大学,2006:42.
② 徐建军. 大学生网络思想政治教育理论与方法 [M]. 北京:人民出版社,2010:48.
③ 张琰焱. 网络影响下的高校德育变革 [D]. 上海:华东师范大学,2002:97.

参考文献

专著类：

[1] 华东师范大学教育系教研室.教育学参考资料（上册）[M].北京：人民教育出版社，1980.

[2] 卢梭.社会契约论[M].何兆武，译.北京：商务印书馆，2003.

[3] 刘新庚.现代思想政治教育方法论[M].北京：人民出版社，2006.

[4] 刘献君.大学德育论[M].武汉：华中科技大学出版社，1996.

[5] 骆郁廷.精神动力论[M].武汉：武汉大学出版社，2003.

[6] 刘智峰.中国政治：当代中国政治若干问题分析[M].南昌：江西人民出版社，2007.

[7] 邹学荣.思想政治教育学[M].重庆：西南师范大学出版社，1992.

[8] 秦在东.思想政治教育管理论[M].武汉：湖北人民出版社，2003.

[9] 鲁宇红，郭建生.应用型本科高校学生思想政治教育评价体系研究[M].南京：东南大学出版社，2008.

[10] 邱柏生.高校思想政治教育的生态分析[M].上海：上海人民出版社，2009.

[11] 卢岚.断裂处的光缆：现代思想政治教育社会生态论[M].武汉：湖北人民出版社，2010.

[12] 王玄武.思想政治教育方法论[M].武汉：武汉大学出版社，1985.

[13] 郑永廷.思想政治教育方法论[M].北京：高等教育出版社，1999.

[14] 邱伟光，张耀灿.思想政治教育学原理[M].北京：高等教育出版社，1999.

[15] 黄蓉生.大学生思想政治教育若干论题研究[M].北京：人民出版社，2016.

[16] 祖嘉合.思想政治教育方法教程[M].北京：北京大学出版社，2004.

[17] 黄志斌.当代思想政治教育方法论[M].合肥：合肥工业大学出版

社，2012.

[18] 邹绍清.当代思想政治教育方法论发展研究［M］.北京：人民出版社，2013.

[19] 马崇明.中国现代化进程［M］.北京：经济科学出版社，2003.

[20] 孟兆怀，徐晓宗.大学生思想政治教育研究［M］.成都：西南交通大学出版社，2005.

[21] 彭晓玲，倪先敏，郭庆，等.高等教育大众化条件下大学生思想政治教育创新研究［M］.成都：四川大学出版社，2009.

[22] 皮亚杰.心理发生与科学史［M］.姜志辉，译.上海：华东师范大学出版社，2005.

[23] 曲建武，张贵仁，等.大学生思想政治工作科学体系研究［M］.大连：辽宁师范大学出版社，2004.

[24] 《社会学概论》编写组.社会学概论［M］.天津：天津人民出版社，1984.

[25] 中共中央文献研究室.十六大以来重要文献选编［M］.北京：中央文献出版社，2006.

[26] 孙其昂.社会学视野中的思想政治工作［M］.北京：中国物价出版社，2002.

[27] 宋秦年.大学生社会学［M］.北京：清华大学出版社，1995.

[28] 沈炜，宋来.大学生全面发展教育：科学发展观视角［M］.上海：华东理工大学出版社，2009.

[29] 邵献平.思想政治教育中介论［M］.北京：中国社会科学出版社，2007.

[30] 苏振芳.当代国外思想政治教育比较［M］.北京：社会科学文献出版社，2009.

[31] 沈壮海.思想政治教育的文化视野［M］.北京：人民出版社，2005.

[32] 沈壮海.思想政治教育有效性研究［M］.武汉：武汉大学出版社，2001.

[33] 唐汉卫.生活道德教育论［M］.北京：教育科学出版社，2005.

[34] 檀江林，等.高校网络思想政治教育研究［M］.合肥：合肥工业大学出版社，2007.

[35] 唐克军.比较公民教育［M］.北京：中国社会科学出版社，2008.

[36] 唐士其.西方政治思想史［M］.北京：北京大学出版社，2008.

[37] 王东莉. 德育人文关怀论 [M]. 北京：中国社会科学出版社，2005.

[38] 王金华. 大学生道德养成教育研究 [M]. 武汉：华中师范大学出版社，2008.

[39] 吴江霖. 社会学与社会心理学 [M]. 北京：工人出版社，1985.

[40] 王利华. 全球化进程中大学生民族精神培育研究 [M]. 北京：中国言实出版社，2008.

[41] 王明辉. 何谓政治学 [M]. 北京：中国戏剧出版社，2005.

[42] 王茂胜. 思想政治教育评价论 [M]. 北京：中国社会科学出版社，2006.

[43] 万美荣. 思想政治教育方法发展研究 [M]. 北京：中国社会科学出版社，2007.

[44] 荣发，等. 网上德育——大学生网络思想政治教育的思考与实践 [M]. 上海：华东理工大学出版社，2009.

[45] 王瑞荪. 比较思想政治教育学 [M]. 北京：高等教育出版社，2001.

[46] 王学俭. 现代思想政治教育前沿问题研究 [M]. 北京：人民出版社，2008.

[47] 徐国亮. 思想政治教育：基于新视野的系统分析 [M]. 济南：山东大学出版社，2007.

[48] 徐同文. 区域大学的使命 [M]. 北京：教育科学出版社，2004.

[49] 徐同文. 大学品牌战略 [M]. 北京：高等教育出版社，2008.

[50] 袁本新，王丽荣，等. 人本德育论：大学生思想政治教育的人文关怀与人力资源开发研究 [M]. 北京：人民出版社，2007.

[51] 约翰·奈斯比特，多丽丝·奈斯比特. 中国大趋势：新社会的八大支柱 [M]. 魏平，译. 北京：中华工商联合出版社，2009.

[52] 衣俊卿. 西方马克思主义概论 [M]. 北京：北京大学出版社，2008.

[53] 杨维，刘苍劲，等. 素质德育论：大学生的现代适应与综合素质培养研究 [M]. 北京：人民出版社，2008.

[54] 杨雄. 关注改革开放后出生的一代：华东地区大学生调研报告 [M]. 上海：上海社会科学院出版社，2008.

[55] 严玉明. 大学生思想教育、道德教育与宗教观教育研究 [M]. 北京：中央民族大学出版社，2008.

[56] 张斌贤. 外国教育史 [M]. 北京：教育科学出版社，2008.

[57] 中共中央宣传部理论局. 2005 理论热点面对面 [M]. 北京：学习出

版社，人民出版社，2005.

[58] 张翰书. 比较中西政治思想 [M]. 长春：吉林出版集团有限责任公司，2009.

[59] 赵晖. 社会转型与公民教育：中国公民教育目标与内容体系的建构 [M]. 北京：人民教育出版社，2007.

[60] 周浩波. 教育哲学 [M]. 北京：人民教育出版社，2000.

[61] 赵君. 新时期高校思想政治教育队伍建设实证研究 [M]. 北京：冶金工业出版社，2008.

[62] 张澍军. 思想政治教育理论前沿论略 [M]. 北京：人民出版社，2015.

[63] 张澍军. 德育哲学引论 [M]. 北京：中国社会科学出版社，2008.

[64] 张文强. 高校政治辅导员职业化研究 [M]. 开封：河南大学出版社，2007.

[65] 赵祥麟. 外国教育家评传：第 2 卷 [M]. 上海：上海教育出版社，1992.

[66] 赵祥麟，王承绪. 杜威教育名篇 [M]. 北京：教育科学出版社，2006.

[67] 朱小蔓. 道德教育论丛 [M]. 南京：南京师范大学出版社，2000.

[68] 张希贤. 中国道路的四次飞跃：中国共产党历次代表大会分析 [M]. 北京：中共中央党校出版社，2007.

[69] 赵新燕. 思想政治教育和谐模式构建研究 [M]. 北京：中国文联出版社，2009.

[70] 张耀灿，郑永廷，吴潜涛，等. 现代思想政治教育学 [M]. 北京：人民出版社，2006.

[71] 张耀灿，等. 思想政治教育学前沿 [M]. 北京：人民出版社，2006.

[72] 张耀灿. 中国共产党思想政治教育史论 [M]. 北京：高等教育出版社，2006.

[73] 郑永廷. 思想政治教育方法论 [M]. 北京：高等教育出版社，1999.

[74] 郑永廷，江传月，等. 主导德育论：大学生思想政治教育一元主导与多样发展研究 [M]. 北京：人民出版社，2008.

[75] 刘卓红，钟明华，等. 开放德育论：大学生思想政治教育继承借鉴与批判创新研究 [M]. 北京：人民出版社，2008.

[76] 乌美娜. 教学设计 [M]. 北京：高等教育出版社，1994.

[77] 刘书林，陈立思.青年思想政治教育学原理 [M].北京：中国青年出版社，2009.

[78] 邓志伟.个性化教学论 [M]. 上海：上海教育出版社，2002.

[79] 黛安·弗谷森. 个性化学习设计指南 [M].王玲玲，译. 上海：华东师范大学出版社，2009.

[80] 林伯海.思想政治教育的人学取向 [M].北京：现代教育出版社，2015.

[81] 史爱荣，等.教育个性化和教学策略 [M].济南：山东教育出版社，2001.

[82] 联合国教科文组织国际教育发展委员会.学会生存——教育世界的今天和明天 [M].华东师范大学比较教育研究所，译.北京：教育科学出版社，1996.

论文类：

[1] 顾明远.大学文化的本质是求真育人 [J].教育研究，2010（1）.

[2] 叶飞，檀传宝.改革开放 30 年德育理论发展脉络探析 [J].教育研究，2009（1）.

[3] 朱前星.关于大学生价值取向与思想政治教育实效性调查报告 [J].零陵学院学报，2005（3）.

[4] 万光侠.思想政治教育基本规律的人性基础探析 [J].思想教育研究，2007（6）.

[5] 杨立英.用社会主义核心价值体系引领网络文化的思考 [J].思想理论教育导刊，2010（3）.

[6] 邱钰斌，林伯海.我国当代大学生政治信仰研究综述 [J].中华文化论坛，2011（5）.

[7] 何海兵.论高校社团文化与大学生思想政治工作 [J].探索，2002（8）.

[8] 魏强.论思想政治教育的主体性责任 [J].思想教育研究，2009（12）.

[9] 程亚萍.论高校全员育人思想政治教育机制的构建 [J].湖北广播电视大学学报，2010（3）.

[10] 潘秀山.构建新世纪高校全员德育的新格局 [J].中国轻工教育，2003（5）.

[11] 彭希林，李苗.论学习力 [J].黑龙江教育（高教研究与评估），2009

(2).

［12］胡学俭，栗成良，齐宪磊.建立社会实践的长效机制，丰富和完善实践育人体系［J］.内蒙古农业大学学报（社会科学版），2007（10）.

［13］朱家安.德育生态论［D］.武汉：华中师范大学，2008.

［14］李金宝.德育生态论——当代德育生态危机与重构［D］.长春：吉林大学，2009.

［15］黄平槐.高校思想政治教育的生态化发展价值研究［D］.南昌：南昌大学，2010.

［16］孙昌勇.大学生思想政治教育途径和方法创新［J］.教育与职业，2005（12）.

［17］苏宝芳.大学生爱国主义教育的新思考［J］.思想政治教育研究，2007（8）.

［18］张新慧.微博时代高校思想政治教育工作浅论［J］.高等函授学报（哲学社会科学版），2011（4）.

［19］李佺芳.大学生网络思想政治教育方法及有效运行的研究［D］.重庆：西南大学，2010.

［20］王涛.社会工作方法在大学生思想政治教育中的运用［J］.赤峰学院学报（自然科学版），2013（13）.

［21］易健民.论个性化教学与个性化学习［J］.教育与职业，2005（5）.

［22］李广，姜英杰.个性化学习的理论建构与特征分析［J］.东北师大学报（哲学社会科学版），2005（3）.

［23］余伟康.个性化、自主式学习环境的创建［J］.外语电化教学，2006（2）.

［24］陈清华.普适学习环境下的个性化服务的研究与实现［D］.上海：上海交通大学，2008.

［25］张岸.个性化网络学习环境的优化策略［J］.辽宁医学学报（社会科学版），2008（5）.

［26］王芮.教育革新：基于1∶1数字环境的个性化学习探究［J］.软件导刊，2009（11）.

［27］费龙.发展个性化学习促进教育公正——英国个性化学习基本理论及实践经验探讨［J］.全球教育展望，2010（8）.

［28］林少苑.谈大学生的个性化思想政治教育［J］.湖北广播电视大学学报，2010（6）.

[29] 罗春风.个性化学习内容管理系统的研究[D].武汉：武汉理工大学，2011.

[30] 于波.个性化学习环境中分析学生行为并视觉化反馈信息[D].上海：上海交通大学，2011.

[31] 张丹.能力导向的终身学习个性化学习路径的构建研究[D].长春：东北师范大学，2011.

[32] 涂飞，张小真，周竹荣.WWW环境下基于XML的个性化学习资源组织[J].网络时代计算教育，2011（9）.

[33] 杨丽娜.面向泛在学习环境的个性化资源服务框架[J].中国电化教育，2012（7）.

[34] 蔡晓宇.基于个性化学习的文本过滤算法研究[D].武汉：华中师范大学，2013.

[35] 陈桃利.个性化学习中的知识推送系统研究[D].长沙：湖南大学，2013.

[36] 陈灵坚，力琼.工作流在高校教学及个性化学习中的探索和分析[J].教育教学研究，2013（2）.

[37] 刘勇.个性化学习支持服务的探索与实践[J].重庆广播电视大学学报，2013（5）.

[38] 王吉林.基于定制服务的个性化学习系统的设计与实现[D].武汉：华中师范大学，2014.

[39] 陈平，刘鸣宇，顾华.从"被动授课"到"主动学习"的个性化培养教学改革实践探索[J].教育教学论坛，2014（13）.

[40] 杨南昌.基于多元智能（MI）的个性化学习研究[D].南昌：江西师范大学，2003.

[41] 孙志梅.个性化学习内容组织策略研究[D].武汉：华中师范大学，2006.

[42] 李广.思想品德循环教学的必要性和可行性研究[J].思想政治课教学，2011（3）.

[43] 庞维国.论学生的自主学习[J].华东师范大学学报，2012（12）.

[44] 邵永方.基于XML的个性化网络教学课件系统的研究和实现[J].计算机与信息技术，2004（3）.

[45] 陈福集，杨善林.基于XML的个性化课件开发环境研究[J].计算机工程，2003（2）.

［46］李华，何茜，等.基于 WEB 的个性化学习系统研究［J］.计算机工程与应用，2002（13）.

［47］王新民.人本主义学习理论及其对新课程改革的启示［J］.河南职业技术师范学院学报（职业教育版），2008（5）.

［48］张丕丽.多元智能理论在教学实践中的应用［J］.山西煤炭管理干部学院学报，2009（2）.

［49］汪玲，等.元认知要素的研究［J］.心理发展与教育，2002（1）.

附录1　访谈提纲（在校大学生）
——个性化学习给大学生思想政治教育带来的机遇与挑战

1. 访谈背景

个性化的学习给当代大学生的学习、工作和生活等各个方面都带了很多的机遇，同时也带来了众多的挑战，为了深入了解个性化学习对当代大学生的影响，进一步加强思想政治教育的针对性和时效性，创新思想政治教育工作途径和方式，我们设计了这一访谈，希望你的切身体会和独到见解能给我们的研究带来好的意见和建议，衷心感谢你对我们研究的无私帮助和支持！

2. 访谈对象

全日制在校大学生。

3. 访谈方式

当面采访/电话采访/微信、QQ视频交流采访等。

4. 访谈内容

1）个性化学习的背景与现状

（1）请谈谈你经常去学习的地方，在那些地方一般能学习多长时间？

（2）一起上选修课程的同学都是来自不同学院或班级吗？大概有多少是外学院或其他班级的学生？选修课程是基于兴趣和爱好选择的吗？

（3）你寝室的同学都是和你一个专业吗？他们经常采取什么样的学习方式来完成自己的大学学习？

（4）你们一般多少人在一起上课？你认为上课的班级人数多不多？老师会针对你们的爱好、兴趣和特长采取不同的上课方式吗？

（5）你经常使用网络学习的方式吗？一天上网学习时间大概是多少？你认

为网络学习方式对你的个性发展和成长作用大吗？

（6）你们采用慕课或者翻转课堂的方式来上课吗？有的话大概占多大的比例？你喜欢这种上课方式吗？

（7）你们学校在普遍使用弹性学分制和自主选课制吗？你喜欢这种选课方式吗？选课的时候你偏向于选择什么样的课程？选课的时候，兴趣、爱好和特长会影响你的选课吗？

（8）你们学校在实施分类培养、分层次培养和合作培养等人才培养方式吗？你喜欢这种培养方式吗？这种培养方式对你个人的成长和发展会带来什么作用？在多大程度上能对你的个性学习和发展起到作用？若是有作用，可以以自己为例子详细谈谈吗？

（9）你们上课的时候，是老师主讲学生集中听课的方式还是老师经常根据不同学生的性格、兴趣和特长来采取交互式、开放式、共享式、沙龙式、无中心小组讨论式、轮流发言式、情境性和人文性模拟式、个性展示式等多样化的上课方式？师生交流互动多不多？你更喜欢哪种方式？你认为哪种方式更有利于你自己思想认识的提高和获得充分发展？为什么？请谈谈你的认识和体会。

2）个性化学习对大学生思想政治教育效果的影响

（1）请你谈谈不同学院的同学在一起学习和交流对你思想认识的提高有没有帮助？

（2）你认为不同专业的学生混住在一起，对你的人生观、价值观和世界观有影响吗？是哪些方面的影响？能具体谈谈吗？

（3）你能谈谈小班化上大学生思政课和大班教学对你的影响吗？

（4）你认同网络学习方式吗？你怎么认识目前流行的网络话语"知识在网上，思想在微博上，朋友在QQ上，感情在短信上"？

（5）你的思政老师讲课的方式是什么样的？你满意这样的讲课方式吗？若是不认同，你希望老师采用什么样的授课方式？

（6）你认同目前有些高校实施的分类培养、分层次培养、合作培养、学分选修等针对学生发展特点而制定的人才培养方式吗？原因是什么呢？

3）个性化学习给大学生思想政治教育带来的机遇

（1）你认为和不同班级、不同寝室的同学在一起上课、学习和生活对你思想认识的提高有好处吗？

（2）如果思想政治理论课教师根据你的兴趣、爱好和特征有针对性地进行课堂设计，这样对你思想理论素质的提高有帮助吗？

（3）选择自己喜欢、有兴趣、符合自己个性的选修课能给你成长成才带来怎样的影响？请举例谈谈。

（4）现代化（非传统化）、网络化（无纸化）、个性化（非统一化）的学习载体和平台给你的潜力挖掘、思想观念的形成带来了哪些积极因素？请结合自己的情况谈谈。

（5）你们平时上课会用到模拟情境学习、讨论式学习、互动式学习、无中心式辩论学习等学习方式吗？你认为这些学习方式对你平时待人处事能力的提高、思想进步会起到什么样的作用和效果？为什么？

4）个性化学习给大学生思想政治教育带来的挑战

（1）在教师针对你的兴趣、爱好和特征讲授课程的时候，你需要做充分的准备才能和老师进行有效的交流和沟通，你认为这对你是一个小小的挑战吗？为什么？

（2）你想过深层次挖掘、分析自己的性格、特征、兴趣、爱好吗？若是针对你进行个性化教学，你认为有哪些是自己难以做到的呢？

（3）假如让你结合自己的个性特点和兴趣爱好独立开展一次学习讨论，你要如何组织，需要准备些什么？

（4）假如改变目前的大班授课，实施小班化教授思想政治理论课，课前需要做充分的准备工作、学生需要尽快适应并掌握个性化学习下的思想政治教育模式，你认为这些对你而言，是一个挑战吗？是多大挑战，详细谈谈好吗？

（5）面对浩瀚如海的知识，要想从中选择和自己的兴趣、爱好和性格相关的知识加强学习，你是不是常常感到很困难？

（6）在目前学习方式现代化、学习载体多样化、学习方式因人而异的大数据时代，你是不是经常感到知识匮乏？

5）总　结

（1）你认为个性化的学习手段对你的思想认识提高有帮助吗？如有，能起多大作用？如没有，为什么？

（2）你喜欢个性化的学习方式和载体吗？这些会给你带来什么样的影响？

（3）个性化的学习方式给你的学习和生活带来了哪些机遇，有哪些好的改变？

（4）个性化学习给你的思想、学习、工作和生活带来了哪些挑战？你打算从哪些方面应对这些挑战？

（5）最后一个小问题，能谈谈你对个性化学习视域下大学生思想政治教育创新的个人理解吗？

谢谢你的积极参与，衷心感谢你的大力支持！

附录2 访谈提纲（高校教学管理者）
——个性化学习给大学生思想政治教育带来的机遇与挑战

1. 访谈背景

个性化的学习给当代大学生的学习、工作和生活等各个方面都带了很多的机遇，同时也带来了很多的挑战，为了深入了解个性化学习对当代大学生的影响，进一步加强思想政治教育的针对性和时效性，创新思想政治教育工作途径和方式，我们设计了这一访谈，希望你的切身体会和独到见解能给我们的研究带来好的意见和建议，衷心感谢你对我们研究的无私帮助和支持！

2. 访谈对象

高校教学管理者。

3. 访谈方式

当面采访/电话采访/微信、QQ视频交流采访等。

4. 访谈内容

1）个性化学习的背景与现状

（1）作为教学管理者，从你的角度谈谈大学生经常学习的地方主要有哪些？他们在那些地方一般能学习多长时间？

（2）学校会针对学生的不同特点来分类管理吗？若会，请详细谈谈如何进行管理的？若不会，请简要说说目前的管理模式。

（3）学校自主学习活动中心、图书馆、数字自助学习平台、在线学习中心等资源多不多？大概是什么规模？学生的利用率大概是多少？这些在多大程度上对学生个性化的培养起到了积极作用？此外，学生在使用过程中，有什么样的反馈？能详细谈谈吗？

（4）学校的思想政治理论课每年要给多少学生上课？平均下来，一个班级大概多少学生？学校会要求老师针对学生的爱好、兴趣和特长采取不同的上课方式吗？

（5）学校在开设网络思想政治教育课程吗？你认为网络思想政治教育课程对当前大学生的个性发展和成长的作用大吗？学校推动网络学习采取了哪些措施和独特的做法，取得了哪些效果，还有哪些不足？能详细谈谈吗？

（6）作为高校教学管理者，学校在鼓励教师上课采用慕课、微课或翻转课堂方面出台了哪些激励措施？目前取得了哪些效果？学生喜欢这种上课方式吗？你认为这种教学方式对学生的个性发展和成长成才有哪些帮助？具体体现在哪些方面？

（7）贵校在普遍使用弹性学分制和自主选课制吗？在制定这个政策的时候，是否充分考虑了学生个人的兴趣、爱好、特点等个性化因素？能具体谈谈吗？

（8）学校在实施分类培养、分层次培养和合作培养等人才培养方式吗？如是，请谈谈这种培养方式给每个大学生自身的成长和发展会带来什么作用？在多大程度上起到作用，有没有前后的大致对照数据？这个数据说明了什么？没有的话，为什么没实施？能简单介绍一下吗？

（9）目前学校在思想政治理论课教育方面鼓励教师设置创新学分吗？若有，设置了多少创新学分？这些创新学分会结合学生的个性特征来设置吗？若没有，学校近期会考虑设置吗？为什么？

2）个性化学习对大学生思想政治教育效果的影响

（1）请你谈谈目前学校选课制度实施后，不同专业的学生混合上课的情况多不多？大概是一个什么样的比例？

（2）学生住宿情况是分学院入住，是各个学院混杂入住，还是入校后随机分配入住？这种住宿方式是基于什么考虑的？你认为不同学院、不同专业的学生混住在一起，对学生的世界观、人生观和价值观有影响吗？若有，主要是哪些方面的影响？能具体谈谈吗？若没有，能说说理由吗？

（3）你经常关注教师和学生网络学习的情况吗？学校在软硬件条件方面支持网络学习吗？能结合学校的实际情况详细谈谈吗？

（4）目前学校的思想政治理论课主要采取的是什么样的教学方式？是以教师为中心的传统教学方式，还是尊重学生的个性化特征采取小组讨论、去中心化的教学方式？你认为哪一种教学方式更有利于学生的个性化发展和培养？针对目前的教学方式，作为一名教学管理者，你能谈谈自己的看法吗？

3）个性化学习给大学生思想政治教育带来的机遇

（1）你认为不同班级、不同寝室的同学在一起上课、学习和生活对学生的思想认识提高有好处吗？

（2）你鼓励思想政治理论课教师根据学生的兴趣、爱好和特征有针对性地进行课堂设计吗？你认为这样对学生的思想理论素质提高有帮助吗？为什么？

（3）给学生提供个性化的选课平台，提供多样化的选修机制，让学生选择自己喜欢、有兴趣，符合自己个性的课程对大学生成长成才会带来怎样的影响？请结合你工作中的具体例子谈谈，好吗？

（4）现代化（非传统化）、网络化（无纸化）、个性化（非统一化）的学习载体和平台给学生的潜力挖掘、思想观念的形成带来了哪些积极因素和不利影响？能结合你的工作实际谈谈吗？

4）个性化学习给大学生思想政治教育带来的挑战

（1）实施个性化教学和学习，要求教师针对学生的兴趣、爱好和特征讲授课程，要求学生结合自己的个性特征展开学习，贵校要达到这样的要求，目前还有哪些差距？主要表现在哪些方面？能具体谈谈吗？

（2）学校目前的硬件条件和软件条件大致是什么情况？思想政治教育理论课教师有多少人？学生有多少人？师生比大致是多少？要针对每个学生的自身特点开展教学，教师数量够不够？若不够，缺口大概是多少？另外，教室等个性化教学硬件设施还差多少？假如实施个性化教学，对贵校来讲，是一个挑战吗？针对这个挑战，贵校采取了哪些措施？成效如何？

（3）作为高校教学管理者，若是管理学生，需要针对学生的不同情况来进行差别化管理，这对高校教学管理者的管理理念、管理能力和管理水平提出了相应的要求，这对你来讲，算是一个挑战吗？若是，这种挑战具体体现在哪些地方？

（4）在学生个性化学习、个性化培养和教师个性化备课授课、个性化指导的内在要求下，作为高校教学的管理者，要尽快转变角色、适应新形势、创新管理方法，你有哪些思考？能具体说说吗？

（5）在目前学习方式现代化、学习载体多样化、学习方法因人而异的大数据时代，作为高校教学管理者，需要从哪几个方面着手努力，给教师和学生提供个性化教与学的良好条件？贵校目前已经做了哪些工作？取得了哪些成效？

还有哪些不足？下一步的打算是什么？

5）总　　结

（1）你认为个性化的学习手段、学习方法和学习载体对大学生思想认识的提高和正确价值观的养成有帮助吗？若有，主要表现在哪些方面？若没有，为什么没有？

（2）大学生个性化的学习和培养要求给你的管理工作带来了哪些新变化和新要求？你打算从哪些方面应对这些挑战？

（3）最后一个问题，作为高校教学管理者，能详细谈谈你对个性化学习视域下大学生思想政治教育创新的个人理解吗？

谢谢你的积极参与，衷心感谢你的大力支持！

附录3　访谈提纲（高校思想政治理论课教师）
——个性化学习给大学生思想政治教育带来的机遇与挑战

1. 访谈背景

个性化的学习给当代大学生的学习、工作和生活等各个方面都带来了很多的机遇，同时也带来了众多的挑战，为了深入了解个性化学习对当代大学生的影响，进一步加强思想政治教育的针对性和时效性，创新思想政治教育工作途径和方式，我们设计了这一访谈，希望你的切身体会和独到见解能给我们的研究带来好的意见和建议，衷心感谢你对我们研究的无私帮助和支持！

2. 访谈对象

高校思想政治理论课教师。

3. 访谈方式

当面采访/电话采访/微信、QQ视频交流采访等。

4. 访谈内容

1) 个性化学习的背景与现状

（1）请谈谈你备课的时候会考虑到学生的个人兴趣、爱好和特点吗？若会，请详细谈谈你是如何结合学生的不同情况来针对性备课的？

（2）请问你课堂上的学生是来自不同学院或班级吗？大概有多少是外学院或其他班级的学生？在给这些学生上课时你会结合他们的兴趣、爱好和特点给予指导吗？

（3）作为思政课教师，你经常采用什么样的学习方式来指导你的学生并提高他们的学习能力？相比传统的学习方式，你认为新的学习方式在哪些方面结合了学生自身的兴趣、爱好和特点？

（4）你授课的班级是小班化教学吗？若不是，那平均下来每个班级学生人数是多少？你认为上课的班级人数多不多？请问你会针对学生的爱好、兴趣和特长采取不同的备课和上课方式吗？

（5）你经常使用网络来进行备课和授课吗？你一天上网学习的时间大概是多少？你认为网络学习方式对学生的个性发展和成长作用大吗？可以找你熟悉的例子详细谈谈吗？

（6）你喜欢采用微课、慕课或者翻转课堂的方式来上课吗？若有，大概占多大的比例？相比传统的上课方式，你认为新的上课方式对学生的个人发展和成长成才有哪些方面的作用和效果？

（7）作为思政课教师，你对学校实施的新型学分制、选修制和大类培养、分层次培养、合作培养等培养方式有什么看法呢？就你看来，这些方式在哪些方面、多大程度上对学生的个性化发展和社会主义核心价值观的培养起作用？有没有印象深刻的事例？

（8）你上课的时候，是你主讲、学生集中听课的方式还是经常根据不同学生的性格、兴趣和特长来采取交互式、开放式、共享式、沙龙式、无中心小组讨论式、轮流发言式、情境性和人文性模拟式、个性展示式等多样化的上课方式？你和学生交流互动多不多？你更喜欢哪种方式？你认为哪种方式更有利于学生思想认识的提高和获得充分发展？为什么？请谈谈你的认识和体会。

2）个性化学习对大学生思想政治教育效果的影响

（1）你曾经针对某个学生个人的兴趣、爱好和特点进行过教学方案设计和备课吗？经过实践，取得了哪些效果呢？能否举个典型的事例具体谈谈？

（2）你认为不同专业的学生混住在一起，对学生的人生观、价值观和世界观有影响吗？有多大程度的影响？具体是哪些方面的影响？你任课班级上有学生和你说起过吗？能详细说说吗？

（3）你能谈谈小班化教授思政课和大班化教授思政课对学生个人的成长、成才和思想理念形成有哪些不同的影响吗？

（4）作为思想政治理论课教师，你经常鼓励你的学生采用网络学习方式吗？你怎么认识目前流行的网络话语"知识在网上，思想在微博上，朋友在QQ上，感情在短信上"？

（5）思政课上，你经常采用什么样的讲课方式？从因材施教的角度，你满意自己的讲课方式吗？若是感到不满意，你将来希望自己采用什么样的授课方式？为什么？

（6）目前有些高校实施分类培养、分层次培养、合作培养、学分选修等针对学生自身发展特点而制定的人才培养尝试，就思政课来说，若是采用相同的方式，你认为效果如何？哪些方面比较好，哪些方面还有待提高？

3）个性化学习给大学生思想政治教育带来的机遇

（1）教授来自不同学院和班级的学生，对提高上课的效果会有帮助吗？对学生个性化发展、正确价值观的形成会有帮助吗？为什么？

（2）如果根据学生的兴趣、爱好和特征有针对性地进行课堂设计，你认为这样对你思想理论素质的提高有帮助吗？

（3）个性化教学要求针对每个学生的性格、特点选择不同的教授方式，进行个别化的指导，进而逐步影响和改变每个学生对事物的认识和看法，树立正确的世界观、人生观和价值观。你课堂上有这样的例子吗？可以深入地聊聊吗？

（4）现代化（非传统化）、网络化（无纸化）、个性化（非统一化）的学习载体和平台给学生的潜力挖掘、思想观念的形成带来了哪些积极因素？能结合自己上课的实际情况详细谈谈吗？

（5）你平时上课会带领学生进行模拟情境学习、讨论式学习、互动式学习、无中心式辩论学习吗？你认为这些学习方式对学生平时待人处事能力的提高、思想进步会起到什么样的作用？为什么？通过这样的方式，作为思政课教师，你会获得成就感吗？你的幸福指数会有所提升吗？为什么？

4）个性化学习给大学生思想政治教育带来的挑战

（1）作为思政教师，要做充分准备才能针对你所教授学生的兴趣、爱好和特征进行差别化备课、授课，你认为这对你是一个挑战吗？为什么？

（2）咱们学校思政课教师有多少人？学生多少人？师生比大概是多少？你认为，这样的师生比会给个性化教学的实施带来哪些挑战？为什么？

（3）作为思政教师，进行个性化教学需要哪些方面的素质和能力？对比目前的情况，教师需要从哪些方面努力提高自己才能更好地适应个性化教学的大趋势？

（4）假如改变目前的大班授课，实施小班化教授思想政治理论课，课前需要做充分的准备工作，需要尽快适应并掌握个性化学习下的思想政治教育模式，你认为这些对你而言是一个挑战吗？详细谈谈好吗？

（5）面对浩瀚如海的知识，要想从中选择和自己课程相关的知识点，整理后再和学生的兴趣、爱好和性格相结合,你是不是常常感到很困难?

(6) 在目前学习方式现代化、学习载体多样化、学习方法因人而异的大数据时代,课前课中课后的指导若仍旧采取"满堂灌""填鸭式"的教学方式,忽略学生的个性特点,会给教学带来哪些影响?若是改善这样的情况,应该从哪些方面来努力?

5) 总　结

(1) 作为思政课教师,你认为个性化的学习手段对大学生思想认识的提高有帮助吗?若有,主要作用表现在哪些方面?若没有,为什么?

(2) 你喜欢个性化的教学方式吗?你认为这会给学生的成长、成才带来哪些影响?

(3) 个性化的学习环境给你的教学和育人带来了哪些挑战?你打算从哪些方面应对这些挑战?

(4) 最后一个小问题,作为思政课教师,能谈谈你对个性化学习下大学生思想政治教育创新的个人理解吗?

谢谢你的积极参与,衷心感谢你的大力支持!

附录4　访谈提纲（高校辅导员）
——个性化学习给大学生思想政治教育带来的机遇与挑战

1. 访谈背景

个性化的学习给当代大学生的学习、工作和生活等各个方面都带来了很多的机遇，同时也带来了众多的挑战，为了深入了解个性化学习对当代大学生的影响，进一步加强思想政治教育的针对性和时效性，创新思想政治教育工作途径和方式，我们设计了这一访谈，希望你的切身体会和独到见解能给我们的研究带来好的意见和建议，衷心感谢你对我们研究的无私帮助和支持！

2. 访谈对象

高校大学生辅导员。

3. 访谈方式

当面采访/电话采访/微信、QQ 视频交流采访等。

4. 访谈内容

1) 个性化学习的背景与现状

（1）请谈谈你开展工作的时候会考虑到学生的个人兴趣、爱好和特点吗？若会，请详细谈谈你是如何结合学生的不同情况来针对性开展大学生思想政治教育工作的？

（2）请问你课堂上的学生是来自不同学院或班级吗？大概有多少是外学院或其他班级的学生？在给这些学生上课时你会结合他们的兴趣、爱好和特点给予指导吗？

（3）作为大学生辅导员，你经常采用什么样的学习方式来指导你的学生并提高他们的学习能力？相比传统的学习方式，你认为新的学习方式在哪些方面结合了学生自身的兴趣、爱好和特点？

（4）你授课的班级是小班化教学吗？若不是，那平均下来每个班级学生人数是多少？你认为上课的班级人数多不多？请问你会针对学生的爱好、兴趣和特长采取不同的备课和上课方式吗？

（5）你经常使用网络来进行备课、授课及开展大学生网络思想政治教育吗？你一天上网学习的时间大概是多少？你认为网络学习方式对学生的个性发展和成长作用大吗？可以找你熟悉的例子详细谈谈吗？

（6）你喜欢采用微课、慕课或者翻转课堂的方式来上课吗？若有，大概占多大的比例？相比传统的上课方式，你认为新的上课方式对学生的个人发展和成长成才有哪些方面的作用和效果？

（7）作为大学生辅导员，你对学校实施的新型学分制、选修制和大类培养、分层次培养、合作培养等培养方式有什么看法呢？就你看来，这些方式在哪些方面、多大程度上对学生的个性化发展和社会主义核心价值观的培养起作用？有没有印象深刻的事例？

（8）你上课的时候，是你主讲、学生集中听课的方式还是经常根据不同学生的性格、兴趣和特长来采取交互式、开放式、共享式、沙龙式、无中心小组讨论式、轮流发言式、情境性和人文性模拟式、个性展示式等多样化的上课方式？你和学生交流互动多不多？你更喜欢哪种方式？你认为哪种方式更有利于学生思想认识的提高和获得充分发展？为什么？请谈谈你的认识和体会。

2）个性化学习对大学生思想政治教育效果的影响

（1）你曾经针对某个学生个人的兴趣、爱好和特点进行过引导教育吗？经过实践，取得了哪些效果呢？能否举个典型的事例具体谈谈？

（2）你认为不同专业的学生混住在一起，对学生的人生观、价值观和世界观有影响吗？有多大程度的影响？是哪些方面的影响？你所负责的学生和你说起过吗？能详细说说吗？

（3）你能谈谈小班化教授思政课和大班化教授思政课对学生个人的成长、成才和思想理念形成有哪些不同的影响吗？

（4）作为大学生辅导员，你经常鼓励你的学生采用网络学习的方式吗？你怎么认识目前流行的网络话语"知识在网上，思想在微博上，朋友在QQ上，感情在短信上"？

（5）思政课上，你经常采用什么样的讲课方式？站在因材施教的角度，你满意自己的讲课方式吗？若是感到不满意，你将来希望自己采用什么样的授课方式？为什么？

（6）目前有些高校实施分类培养、分层次培养、合作培养、学分选修等针对学生自身发展特点而制定的人才培养尝试，就思政课来说，若是采用相同的方式，你认为效果如何？哪些方面比较好，哪些方面还有待提高？

3）个性化学习给大学生思想政治教育带来的机遇

（1）教授来自不同学院和班级的学生，对提高上课的效果会有帮助吗？对学生个性化发展、正确价值观的形成会有帮助吗？为什么？

（2）如果根据学生的兴趣、爱好和特征有针对性地进行课堂设计，你认为这样对你思想理论素质的提高有帮助吗？

（3）个性化教学要求针对每个学生的性格、特点选择不同的教育方式，进行个别化的指导，进而逐步影响和改变每个学生对事物的认识和看法，树立正确的世界观、人生观和价值观。你在工作上有这样的例子吗？可以深入地聊聊吗？

（4）现代化（非传统化）、网络化（无纸化）、个性化（非统一化）的学习载体和平台给学生的潜力挖掘、思想观念的形成带来了哪些积极因素？能结合自己工作的实际情况详细谈谈吗？

（5）你平时上课会带领学生进行模拟情境学习、讨论式学习、互动式学习、无中心式辩论学习吗？你认为这些学习方式对学生平时待人处事能力的提高、思想进步会起到什么样的作用和效果？为什么？通过这样的方式，作为高校辅导员，你会获得成就感吗？你的幸福指数会有所提升吗？为什么？

4）个性化学习给大学生思想政治教育带来的挑战

（1）作为大学生辅导员，要做充分准备才能针对你所负责学生的兴趣、爱好和特征进行差别化备课、授课，你认为这对你是一个挑战吗？为什么？

（2）贵校大学生辅导员大概有多少人？学生多少人？师生比例大概是多少？你认为，这样的比例会给个性化教学的实施带来哪些挑战？为什么？

（3）作为辅导员，进行个性化教学需要哪些方面的素质和能力，对比目前的情况，高校辅导员需要从哪些方面努力提高自己才能更好地适应个性化教学的大趋势？

（4）假如改变目前的大班授课，实施小班化教授思想政治理论课，课前需要做充分的准备工作，需要尽快适应并掌握个性化学习下的思想政治教育模式，你认为这些对你而言是一个挑战吗？详细谈谈好吗？

（5）面对浩瀚如海的知识，要想从中选择和自己课程相关的知识点，整理后再和学生的兴趣、爱好和性格相结合，你是不是常常感到很困难？

（6）在目前学习方式现代化、学习载体多样化、学习方法因人而异的大数据时代，课前课中课后的指导若仍旧采取"满堂灌""填鸭式"的教学方式，忽略学生的个性特点，会给教学带来哪些影响？若是改善这样的情况，应该从哪些方面来努力？

5）总　结

（1）作为辅导员，你认为个性化的学习手段对大学生思想认识的提高有帮助吗？若有，主要作用表现在哪些方面？若没有，为什么？

（2）你喜欢个性化的教学方式吗？你认为这会给学生的成长、成才带来哪些影响？

（3）个性化的学习环境给你的教学和育人带来了哪些挑战？你打算从哪些方面应对这些挑战？

（4）最后一个小问题，作为辅导员，能谈谈你对个性化学习下大学生思想政治教育创新的个人理解吗？

谢谢你的积极参与，衷心感谢你的大力支持！

附录5　访谈对象编码信息表

编号	性别	职业	政治面貌	工作或学习单位	单位所在地
S1	男	大学生	中共党员	四川大学	成都市
S2	女	大学生	中共预备党员	成都理工大学	成都市
S3	女	大学生	共青团员	四川师范大学	成都市
S4	男	大学生	中共预备党员	东华大学	上海市
S5	女	大学生	中共党员	广东工业大学	广州市
S6	男	大学生	共青团员	华南理工大学	广州市
S7	女	大学生	共青团员	湖南师范大学	长沙市
S8	男	大学生	中共党员	中南大学	长沙市
S9	女	大学生	中共预备党员	西藏民族大学	咸阳市
S10	男	大学生	中共党员	中国社科院	北京市
S11	男	大学生	中共党员	外交学院	北京市
S12	男	大学生	共青团员	西南大学	重庆市
T1	男	高校思政教师	中共党员	四川大学	成都市
T2	男	高校思政教师	中共党员	成都理工大学	成都市
T3	女	高校思政教师	中共党员	西南财经大学	成都市
T4	女	高校思政教师	中共党员	中南大学	长沙市
T5	女	高校思政教师	中共党员	河北师范大学	石家庄市
T6	男	高校思政教师	中共党员	北京航空航天大学	北京市
T7	男	高校思政教师	中共党员	南京大学	南京市
T8	男	高校思政教师	中共党员	上海大学	上海市
T9	女	高校思政教师	中共党员	西藏民族大学	咸阳市
T10	男	高校思政教师	中共党员	东北师范大学	长春市

续表

编号	性别	职业	政治面貌	工作或学习单位	单位所在地
T11	男	高校思政教师	中共党员	安徽师范大学	合肥市
T12	男	高校思政教师	中共党员	江西宜春职业技术学院	宜春市
G1	女	高校教学管理者	中共党员	成都理工大学	成都市
G2	男	高校教学管理者	中共党员	西南大学	重庆市
G3	男	高校教学管理者	中共党员	上海外国语大学	上海市
G4	女	高校教学管理者	中共党员	东华大学	上海市
G5	女	高校教学管理者	中共党员	广东工业大学	广州市
G6	女	高校教学管理者	中共党员	南京大学	南京市
G7	男	高校教学管理者	中共党员	湖南师范大学	长沙市
G8	男	高校教学管理者	中共党员	武汉大学	武汉市
G9	男	高校教学管理者	中共党员	东北师范大学	长春市
G10	男	高校教学管理者	中共党员	山东理工大学	淄博市
G11	女	高校教学管理者	中共党员	湖北三峡大学	宜昌市
G12	男	高校教学管理者	中共党员	河北师范大学	石家庄市
F1	女	高校辅导员	中共党员	华南理工大学	广州市
F2	男	高校辅导员	中共党员	广东工业大学	广州市
F3	男	高校辅导员	中共党员	湖南师范大学	长沙市
F4	女	高校辅导员	中共党员	中南大学	长沙市
F5	男	高校辅导员	中共党员	东北师范大学	长春市
F6	男	高校辅导员	中共党员	河北师范大学	石家庄
F7	女	高校辅导员	中共党员	上海外国语大学	上海市
F8	女	高校辅导员	中共党员	华东师范大学	上海市
F9	女	高校辅导员	中共预备党员	西藏民族大学	咸阳市
F10	男	高校辅导员	中共党员	云南大学	昆明市
F11	男	高校辅导员	中共党员	成都理工大学	成都市
F12	女	高校辅导员	中共党员	中国政法大学	北京市

附录6　致参与"个性化学习视域下大学生思想政治教育创新研究"的受访对象

老师/同学：

　　您好！非常高兴能够认识您！

　　我叫谷照亮，是成都理工大学外国语学院一名大学生专职辅导员，同时也是西南交通大学马克思主义学院思想政治教育专业一名在读博士研究生。

　　在多年从事学生工作的过程中，我发现个性化学习给当前大学生思想政治教育带来了很大的机遇和挑战。如何抓住机遇，应对挑战，创新开展大学生思想政治教育工作是我一直思考的问题，因此我以"个性化学习视域下大学生思想政治教育创新研究"作为我的博士论文题目，并打算采用访谈法来了解您对个性化学习视域下大学生思想政治教育创新的认识和见解。为便于后期资料整理分析，在整个访谈过程中，我会全程录音，但请您相信，我会严格遵守《中华人民共和国统计法》的规定，不向任何人泄漏关于您的访谈记录，研究报告中也会使用代号来代替您的姓名。

　　祝您工作学习顺利，生活愉快！

签名：

年　月　日